殷周青銅器綜覽

裘錫圭署端

殷周時代青銅器紋飾之研究

【日】林巳奈夫 著

【日】廣瀬薫雄
近藤晴香 譯
郭永秉 潤文

第一卷 圖片

上海古籍出版社

目　録

6　介於龍鳥之間的鬼神

7　鳳凰

8　各時期的各種鳳凰

9　鳳凰以外的鳥形神

10　其他動物形鬼神

11　人形鬼神

14　幾何紋

圖版出處目録

黑白圖版

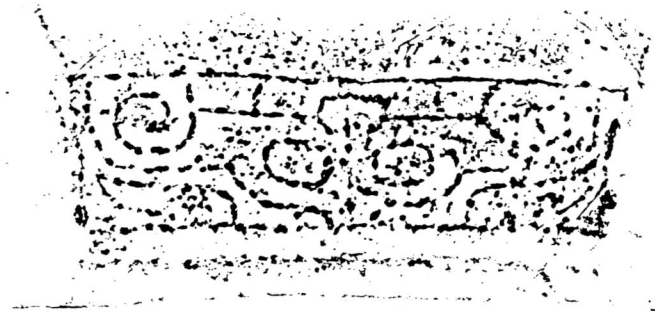

2-1

2-5

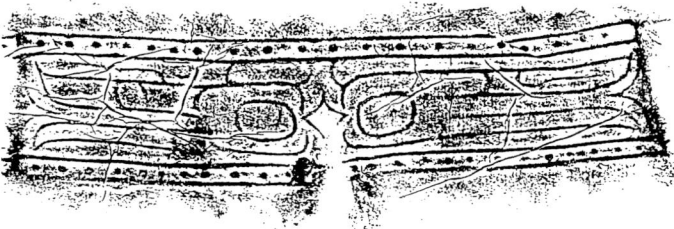

2-2

2-6

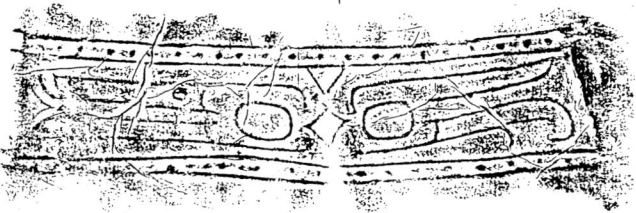

2-3

2-4

2-7

2-8

2-1，無角饕餮，（1）類，（原寸），爵，殷中期Ⅰ，黑川古文化研究所　　2-2，無角饕餮，（1）類，（2/3），盉，殷中期Ⅰ，Asian Art Museum of San Francisco, Avery Brundage Collection　　2-3，無角饕餮，（2）類，斝，殷中期Ⅰ　　2-4，無角饕餮，（2）類，（1/3），有肩尊，殷中期Ⅰ，Dr. Arther M. Sackler Collection, New York　　2-5，無角饕餮，（3）類，爵，殷中期Ⅰ，輝縣琉璃閣　　2-6，無角饕餮，（3）類，鬲鼎，殷後期ⅠA，by Courtesy of Cernusci Museum-City of Paris　　2-7，無角饕餮，（3）類，角，殷後期Ⅱ，Ashmolean Museum, Ingram Gift　　2-8，無角饕餮，（3）類，甗，殷後期Ⅱ，安陽小屯

2-9

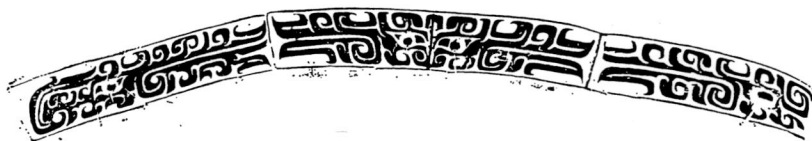

2-15

2-10

2-16

2-11

2-17

2-12

2-13

2-18

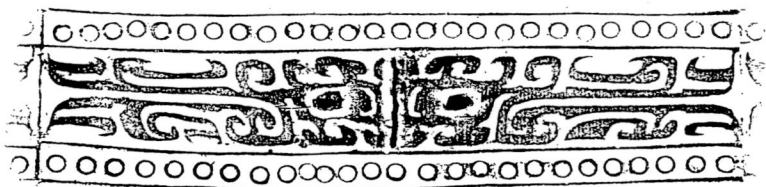

2-14

2-19

2-20

2-9，T形羊角饕餮，(1)類A型，鼎，殷中期Ⅰ　　2-10，T形羊角饕餮，(1)類A型，(原寸)，瓵，殷中期Ⅰ，安陽小屯　　2-11，T形羊角饕餮，(1)類A型，(2/3)，罍，殷中期Ⅰ　　2-12，T形羊角饕餮，(1)類A型，罍，殷中期Ⅰ，隨縣淅河公社　　2-13，T形羊角饕餮，(1)類A型，(2/3)，扁足鼎，殷中期Ⅰ，安陽小屯　　2-14，T形羊角饕餮，(1)類A型，(2/3)，鼎，殷中期Ⅰ，東京國立博物館　　2-15，T形羊角饕餮，(1)類A型，罍，殷中期Ⅰ，黃陂盤龍城　　2-16，T形羊角饕餮，(1)類A型，(原寸)，爵，殷中期Ⅰ　　2-17，T形羊角饕餮，(1)類A型，(原寸)，爵，殷中期Ⅰ，京都大學人文科學研究所　　2-18，T形羊角饕餮，(1)類A型，(2/3)，罍，殷中期Ⅱ，黑川古文化研究所　　2-19，T形羊角饕餮，(1)類A型，鬲，西周Ⅰ，涇川涇明公社　　2-20，T形羊角饕餮，(1)類A型，(2/3)，簋，西周ⅠA

2 - 21

2 - 28

2 - 22

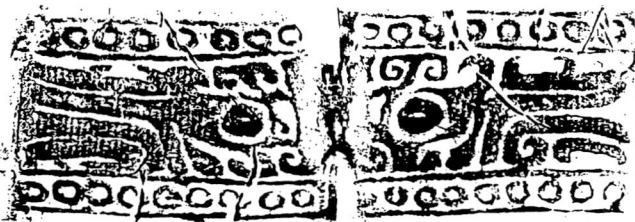

2 - 29

2 - 23

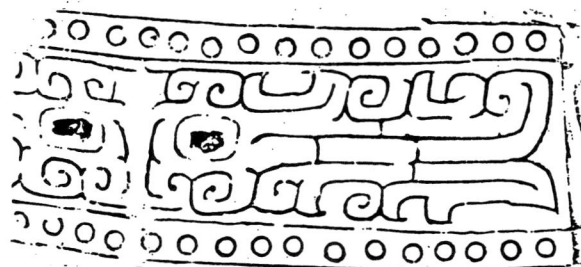

2 - 30

2 - 24

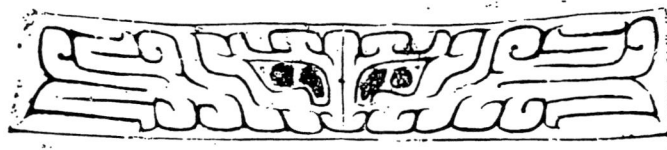

2 - 31

2 - 25

2 - 32

2 - 26

2 - 33

2 - 27

2 - 34

2‐21、T形羊角饕餮，（1）類B型，（原寸），瓿，殷中期Ⅰ，Asian Art Museum of San Francisco, Avery Brundage Collection   2‐22、T形羊角饕餮，（1）類B型，（原寸），瓿，殷中期Ⅱ，From: Eleanor von Erdberg, *Chinese Bronzes from the Collection of Chester Dale and Dolly Carter*, no, 65, with kind permission of *Artibus Asiae*   2‐23、T形羊角饕餮，（2）類A型，斝，殷中期Ⅰ，項城孫店公社   2‐24、T形羊角饕餮，（2）類A型，瓿，殷中期Ⅰ，隨縣淅河公社   2‐25、T形羊角饕餮，（2）類A型，斝，殷中期Ⅰ，隨縣淅河公社   2‐26、T形羊角饕餮，（2）類A型，爵，殷中期Ⅰ，鄭州銘功路西側   2‐27、T形羊角饕餮，（2）類A型，盤，殷中期，黃陂盤龍城   2‐28、T形羊角饕餮，（2）類A型，鼎，殷中期Ⅰ，靈寶川口公社   2‐29、T形羊角饕餮，（3）類，（2/3），簋形器，殷中期Ⅰ   2‐30、T形羊角饕餮，（3）類，（2/3），盉，殷中期Ⅰ   2‐31、T形羊角饕餮，（3）類，鼎，殷中期Ⅰ，黃陂盤龍城   2‐32、T形羊角饕餮，（3）類，爵，殷中期Ⅰ，隨縣淅河公社   2‐33、T形羊角饕餮，（3）類，鼎，殷中期Ⅰ   2‐34、T形羊角饕餮，（3）類，截頭尊，殷中期Ⅰ，黃陂盤龍城

2－35

2－40

2－36

2－41

2－37

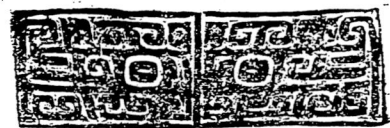

2－42

2－43

2－38

2－44

2－39

2－45

2-35，Ｔ形羊角饕餮，(3)類，罍，殷中期Ⅰ，黄陂盤龍城　　2-36，Ｔ形羊角饕餮，(3)類，瓠，殷中期Ⅰ，黄陂盤龍城　　2-37，Ｔ形羊角饕餮，(3)類，(2/3)，爵，殷中期Ⅱ，安陽小屯　　2-38，Ｔ形羊角饕餮，(3)類，罍，殷中期Ⅱ，岐山京當公社　　2-39，Ｔ形羊角饕餮，(3)類，罍，殷中期Ⅱ，安陽小屯　　2-40，Ｔ形羊角饕餮，(3)類，罍，殷中期Ⅱ，平谷南獨樂河公社　　2-41，Ｔ形羊角饕餮，(3)類，罍，殷中期Ⅱ　　2-42，Ｔ形羊角饕餮，(3)類，方鼎，殷後期Ⅱ，東京國立博物館　　2-43，Ｔ形羊角饕餮，(3)類，瓠形尊，西周ⅠＡ　　2-44，Ｔ形羊角饕餮，(3)類，(原寸)，鼎，西周ⅠＡ，臺北，故宮博物院　　2-45，Ｔ形羊角饕餮，(3)類，有肩尊，特定地域型

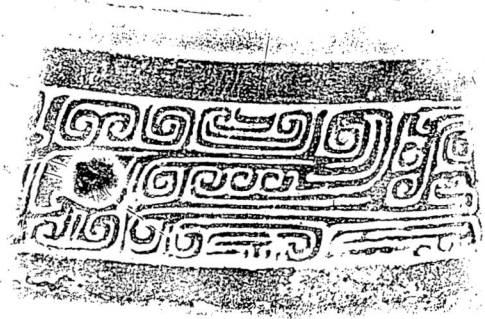

2-51

2-52

2-46

2-47

2-53

2-54

2-48

2-55

2-49

2-56

2-50

2-57

2-46，T形羊角饕餮，（3）類，（1/2），有肩尊，特定地域型，根津美術館　　2-47，T形羊角饕餮，（3）類，（1/4），有肩尊，特定地域型，東京國立博物館　　2-48，T形羊角饕餮，（3）類，（2/3），有肩尊，特定地域型，出光美術館　　2-49，T形羊角饕餮，（3）類，鼎，特定地域型，東鄉　　2-50，T形羊角饕餮，（3）類，斝，殷後期Ⅰ，安陽小屯　　2-51，T形羊角饕餮，（3）類，（4/5），鼎，殷後期Ⅱ　　2-52，T形羊角饕餮，（3）類，簋，殷後期Ⅱ，蒼山層山公社　　2-53，T形羊角饕餮，（3）類，簋，殷後期Ⅱ　　2-54，T形羊角饕餮，（3）類，（1/2），斝，殷後期Ⅱ，St, Louis Art Museum　　2-55，T形羊角饕餮，（3）類，盉，殷後期Ⅲ，出光美術館　　2-56，T形羊角饕餮，（3）類，鬲，殷後期Ⅲ，安陽殷墟西區　　2-57，T形羊角饕餮，（3）類，觶，殷後期Ⅲ，安陽殷墟西區

2-58

2-63

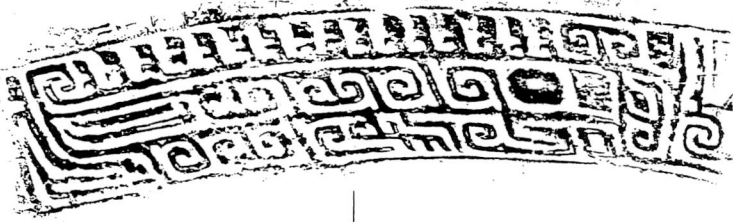

2-64

2-59

2-65

2-60

2-66

2-67

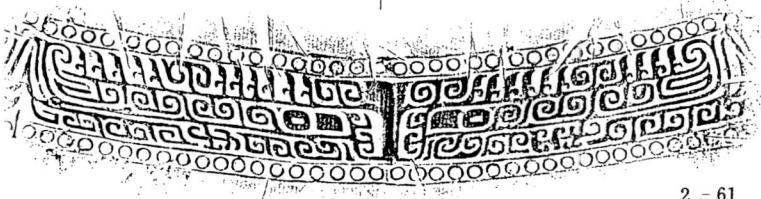

2-61

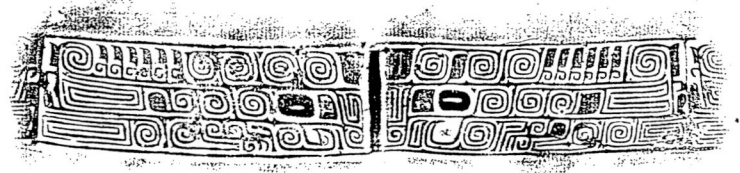

2-68

2-62

2-58，Ｔ形羊角饕餮，（3）類，（1/3），甑，西周ⅠA，東京國立博物館　　2-59，Ｔ形羊角饕餮，（3）類，（2/3），盤，西周ⅠA　　2-60，Ｔ形羊角饕餮，（3）類，甑，西周ⅠA，上蔡田莊村　　2-61，Ｔ形羊角饕餮，（3）類，（下3/5），卣，西周ⅠA　　2-62，Ｔ形羊角饕餮，（3）類，（2/3），方鼎，西周ⅠA　　2-63，Ｔ形羊角饕餮，（3）類，（2/5），鼎，西周ⅠA　　2-64，Ｔ形羊角饕餮，（3）類，（原寸），爵，西周ⅠA，白鶴美術館　　2-65，Ｔ形羊角饕餮，（3）類，（1/2），盤，西周ⅠA，Dr. Arthur M. Sackler Collection, New York　　2-66，Ｔ形羊角饕餮，（3）類，（4/5），爵，西周ⅠA，Dr. Arthur M. Sackler Collection, New York　　2-67，Ｔ形羊角饕餮，（3）類，（1/2），鬲鼎，西周ⅠB　　2-68，Ｔ形羊角饕餮，（3）類，（1/2），盤，西周ⅠB

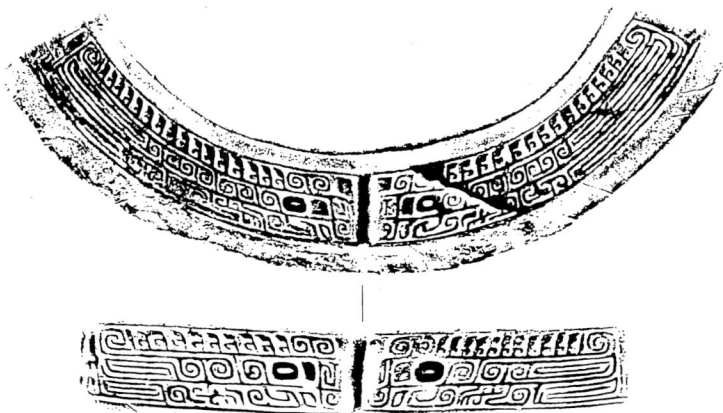

2－69

2－70

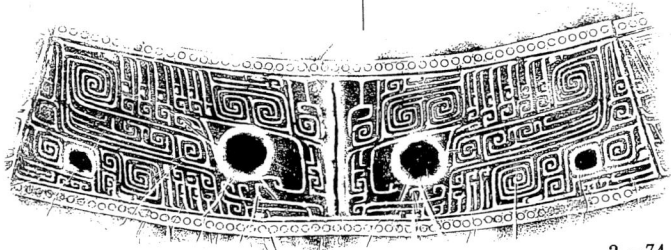

2－74

2－71

2－75

2－72

2－76

2－73

2－77

2－78

2-69，T形羊角饕餮，（3）類，（2/3），盉，西周Ⅰ B　　2-70，T形羊角饕餮，（3）類，（2/3），鼎，西周Ⅱ A　　2-71，T形羊角饕餮，（3）類，（2/3），簋，西周Ⅱ A，
Dr. Arthur M. Sackler Collection, New York　　2-72，T形羊角饕餮，（3）類，（1/2），甗，西周Ⅱ，Museum of Fine Arts, Boston　　2-73，T形羊角饕餮，（3）類，鼎，
特定地域型，清江三橋公社　　2-74，T形羊角饕餮，（3）類，（1/4），有肩尊，特定地域型，東京國立博物館　　2-75，T形羊角饕餮，（4）類，（1/2），鼎，殷後期Ⅱ
2-76，T形羊角饕餮，（4）類，鼎，殷後期Ⅱ，寶雞市郊區　　2-77，T形羊角饕餮，（4）類，（2/3），卣，殷後期Ⅲ　　2-78，T形羊角饕餮，（4）類，（2/5），鼎，殷
後期Ⅲ

2 - 79

2 - 84

2 - 80

2 - 85

2 - 81

2 - 86

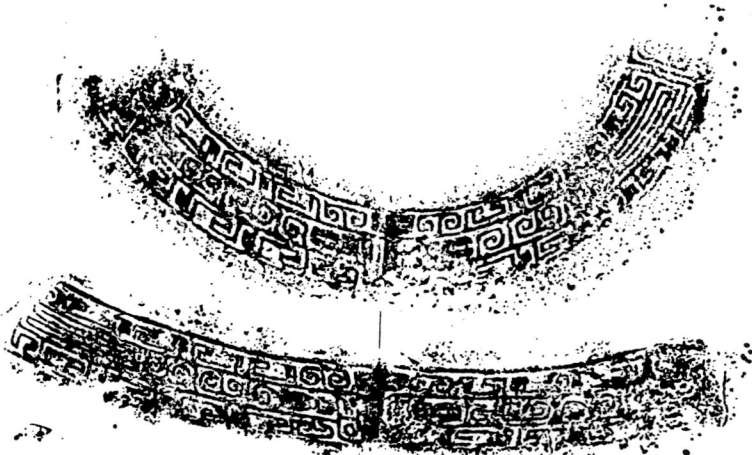

2 - 82

2 - 87

2 - 88

2 - 83

2 - 89

2-79，Ｔ形羊角饕餮，(4)類，(1/2)，鼎，殷後期Ⅲ　　2-80，Ｔ形羊角饕餮，(4)類，(2/5)，甗，西周ⅠA　　2-81，Ｔ形羊角饕餮，(4)類，(1/3)，鼎，西周ⅠA
2-82，Ｔ形羊角饕餮，(4)類，盉，西周ⅠA　　2-83，Ｔ形羊角饕餮，(4)類，(2/3)，方鼎，西周ⅠA　　2-84，Ｔ形羊角饕餮，(4)類，(1/2)，簋，西周ⅠB
2-85，Ｔ形羊角饕餮，(4)類，鼎，特定地域型，醴泉北牌公社　　2-86，Ｔ形羊角饕餮，(4)類，(2/3)，簋，西周ⅠA　　2-87，Ｔ形羊角饕餮，(4)類，(2/5)，甗，
西周Ⅱ　　2-88，Ｔ形羊角饕餮，(4)類，甗，西周Ⅱ，長安普渡村　　2-89，Ｔ形羊角饕餮，(4)類，(2/3)，卣，西周ⅡA，黑川古文化研究所

2-90

2-95

2-96

2-91

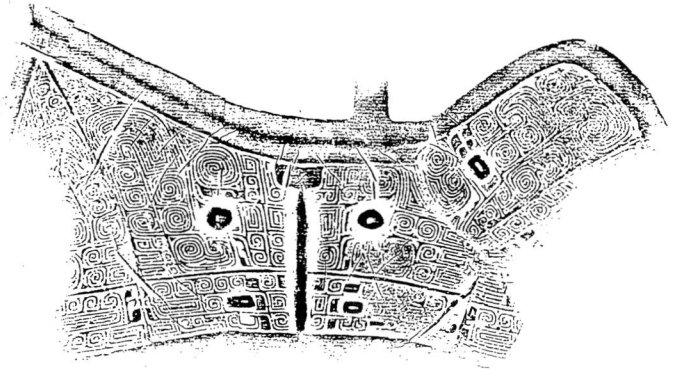

2-97

2-92

2-98

2-99

2-93

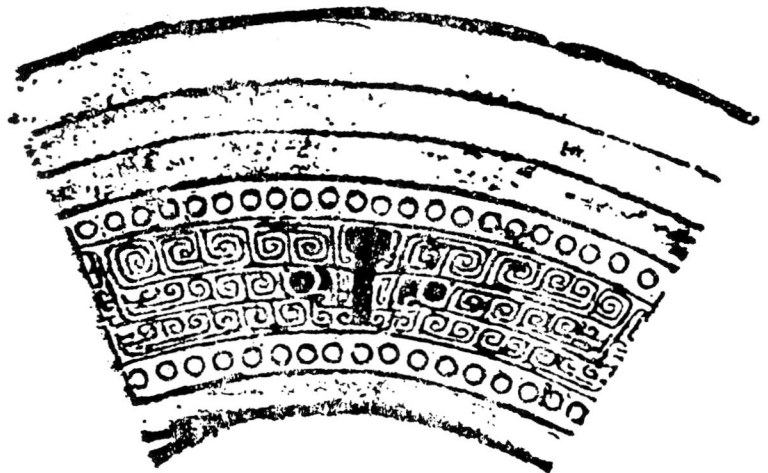

2-100

2-94

2-90，Ｔ形羊角饕餮，(4)類，卣，西周Ⅱ A，黒川古文化研究所，樋口隆康先生撮　　2-91，Ｔ形羊角饕餮，(4)類，鼎，特定地域型，清江三橋公社　　2-92，Ｔ形羊角饕餮，(5)類，有肩尊，殷後期Ⅰ，出光美術館　　2-93，Ｔ形羊角饕餮，(5)類，(1/2)，鼎，殷後期Ⅲ B　　2-94，Ｔ形羊角饕餮，(5)類，(4/5)，爵，西周Ⅰ A　　2-95，Ｔ形羊角饕餮，(5)類，(原寸)，爵，西周Ⅰ A．From: Eleanor von Erdberg, *Chinese Bronzes from the Collection of Chester Dale and Dolly Carter Collection*, no.10, with kind permission of *Artibus Asiae*　　2-96，Ｔ形羊角饕餮，(5)類，(1/2)，簋，西周Ⅰ B　　2-97，Ｔ形羊角饕餮，(5)類，(1/2)，爵，西周Ⅰ B　　2-98，Ｔ形羊角饕餮，(5)類，(1/2)，鼎，西周Ⅱ A　　2-99，Ｔ形羊角饕餮，(5)類，簋，特定地域型，扶風雲塘　　2-100，Ｔ形羊角饕餮，(5)類，高足杯，西周，扶風美陽

2 - 101

2 - 108

2 - 102

2 - 109

2 - 103

2 - 110

2 - 104

2 - 105

2 - 111

2 - 106

2 - 112

2 - 107

2 - 113

2-101，T形羊角饕餮，（6）類，（2/3），鼎，殷後期Ⅰ　　2-102，T形羊角饕餮，（6）類，（2/3），鬲，西周ⅠB　　2-103，T形羊角饕餮，（6）類，（2/3），鼎，西周ⅡA　　2-104，T形羊角饕餮，（6）類，甗，西周Ⅱ，寶雞茹家莊　　2-105，T形羊角饕餮，（6）類，簋，西周ⅢA，岐山鳳雛　　2-106，T形羊角饕餮，（7）類，鼎，殷後期Ⅰ，安陽小屯　　2-107，T形羊角饕餮，（7）類，罍，殷後期Ⅱ，安陽小屯　　2-108，T形羊角饕餮，（7）類，（1/2），小型盉，殷後期Ⅱ，MOA美術館　　2-109，T形羊角饕餮，（7）類，（1/2），鼎，殷後期Ⅱ　　2-110，T形羊角饕餮，（7）類，（1/2），小型盉，殷後期Ⅱ　　2-111，T形羊角饕餮，（7）類，斝，殷後期Ⅱ　　2-112，T形羊角饕餮，（7）類，（2/3），鼎，殷後期Ⅲ，臺北，故宮博物院　　2-113，T形羊角饕餮，（7）類，鼎，殷後期ⅢB，安陽殷墟西區

2 - 114

2 - 115

2 - 116

2 - 117

2-114、T形羊角饕餮、（7）類、（下1/2）、觚形尊、殷後期Ⅲ　　2-115、T形羊角饕餮、（7）類、（1/2）、盉、西周ⅠA　　2-116、T形羊角饕餮、（7）類、（2/3）、簋、西周ⅠA、臺北、故宮博物院　　2-117、T形羊角饕餮、小型盉、特定地域型、Metropolitan Museum of Arts

2 - 121

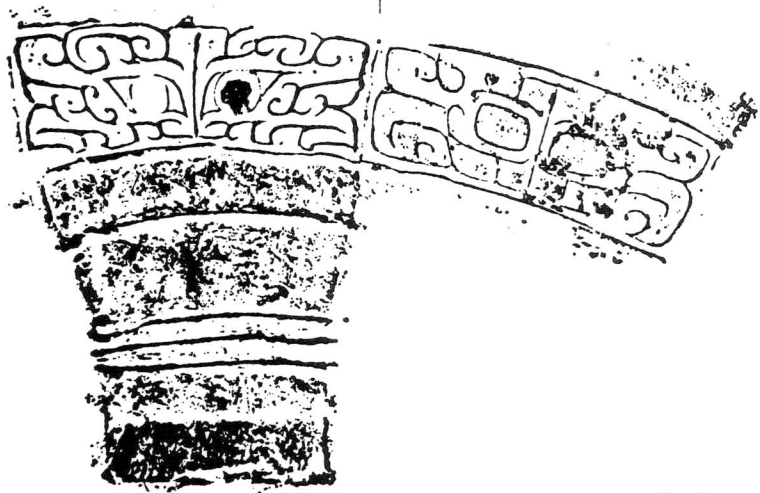

2 - 118

2 - 122

2 - 119

2 - 123

2 - 120

2 - 124

2-118，羊角饕餮，（1）類，方鼎，殷中期，鄭州張寨南街　　2-119，羊角饕餮，（1）類，斝，殷中期Ⅰ，鄭州白家莊　　2-120，羊角饕餮，（1）類，（4/5），觚，殷後期ⅢB，根津美術館　　2-121，羊角饕餮，（2）類甲，斝，殷中期Ⅰ，上海博物館，樋口隆康先生攝　　2-122，羊角饕餮，（2）類甲，有肩尊，殷中期Ⅰ，泉屋博古館，樋口隆康先生攝　　2-123，羊角饕餮，（2）類甲，簋，殷中期，黃陂盤龍城　　2-124，羊角饕餮，（2）類甲，瓿，殷中期Ⅰ，安陽小屯

2 - 125

2 - 130

2 - 126

2 - 131

2 - 127

2 - 132

2 - 128

2 - 133

2 - 129

2 - 134

2-125，羊角饕餮，（2）類甲，截頭尊，殷中期，安陽小屯　　2-126，羊角饕餮，（2）類甲，截頭尊，殷中期，安陽小屯　　2-127，羊角饕餮，（2）類甲，（1/2），盉，殷中期　　2-128，羊角饕餮，（2）類甲，斝，殷中期Ⅱ，安陽殷墟西區　　2-129，羊角饕餮，（2）類甲，（2/3），斝，殷中期Ⅱ，安陽小屯　　2-130，羊角饕餮，（2）類甲，爵，殷中期Ⅱ，岐山京當公社　　2-131，羊角饕餮，（2）類甲，截頭尊，殷中期Ⅱ，安陽小屯　　2-132，羊角饕餮，（2）類甲，斝，殷中期Ⅱ，嘉山泊崗　　2-133，羊角饕餮，（2）類甲，爵，殷中期Ⅱ，平谷南獨樂河公社　　2-134，羊角饕餮，（2）類甲，瓿，殷中期Ⅱ，靈寶文底公社

2 - 153

2 - 154

2 - 157

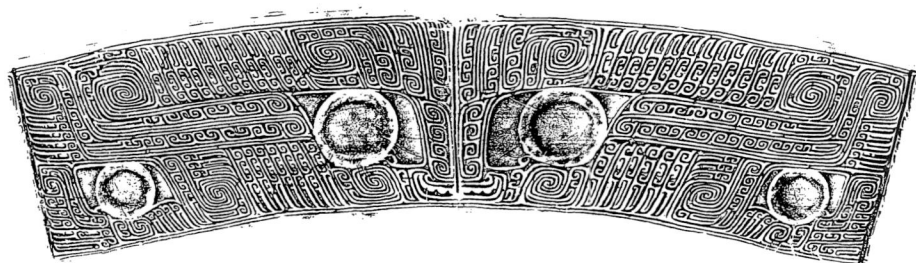

2 - 155

2 - 156

2 - 158

2-153，羊角饕餮，（2）類甲，（2/3），爵，殷後期Ⅱ　　2-154，羊角饕餮，（2）類甲，（2/3），爵，殷後期Ⅱ　　2-155，羊角饕餮，（2）類甲，截頭尊，殷後期Ⅱ，北京，故宮博物院　　2-156，羊角饕餮，（2）類甲，（原寸），觚，殷後期Ⅱ　　2-157，羊角饕餮，（2）類甲，（下1/2），斝，殷後期Ⅱ　　2-158，羊角饕餮，（2）類甲，（下2/3），有肩尊，殷後期Ⅱ，根津美術館，樋口隆康先生攝

2－159

2－160

2－161

2－162

2－163

2－164

2－165

2-159、羊角饕餮、（2）類甲、（3/5）、壺、殷後期Ⅱ　　2-160、羊角饕餮、（2）類甲、扁足鼎、殷後期Ⅱ、安陽小屯　　2-161、羊角饕餮、（2）類甲、罍、殷後期Ⅱ、Museum für Völkerkunde　　2-162、羊角饕餮、（2）類甲、瓿、殷後期Ⅱ、藤井有鄰館　　2-163、羊角饕餮、（2）類甲、鬲鼎、殷後期Ⅱ、Museum für Ostasiatische Kunst　　2-164、羊角饕餮、（2）類甲、方彝、殷後期Ⅱ、白鶴美術館　　2-165、羊角饕餮、（2）類甲、罍、殷後期Ⅱ、根津美術館、樋口隆康先生攝

2 - 179

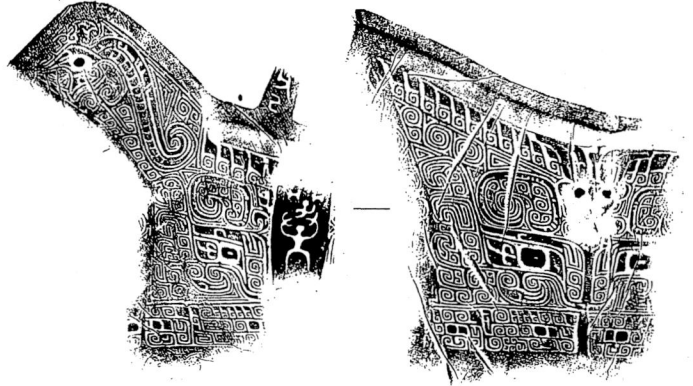

2 - 183

2 - 180

2 - 181

2 - 184

通柱高二十

腹深九・九

前後十

左右七

2 - 182

2 - 185

2-179, 羊角饕餮,（2）類甲,（1/2）, 高鼎, 殷後期Ⅲ　　2-180, 羊角饕餮,（2）類甲,（2/3）, 觚形尊, 殷後期Ⅲ　　2-181, 羊角饕餮,（2）類甲, 壺, 殷後期Ⅲ, 臺北, 故宮博物院　　2-182, 羊角饕餮,（2）類甲,（1/2）, 爵, 西周Ⅰ　　2-183, 羊角饕餮,（2）類甲,（2/5）, 爵, 西周ⅠB　　2-184, 羊角饕餮,（2）類甲, 角, 西周ⅠA　　2-185, 羊角饕餮,（2）類甲, 罍, 西周ⅠA, 泉屋博物館, 樋口隆康先生攝

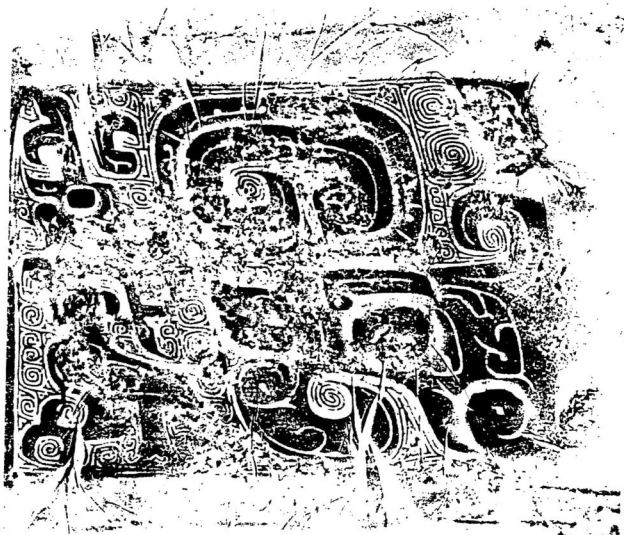

2 - 186

2 - 190

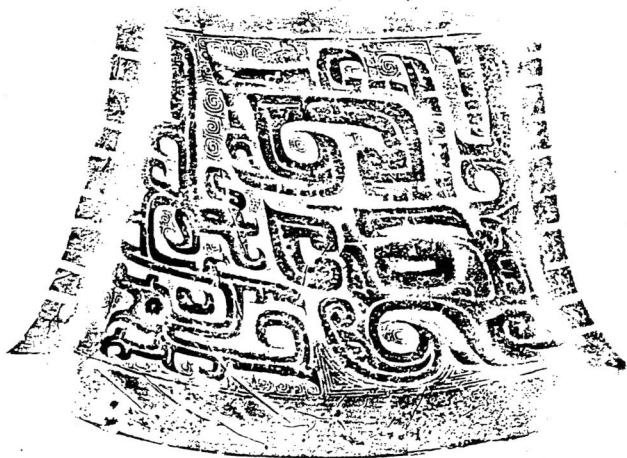

2 - 187

2 - 191

2 - 188

2 - 192

2 - 189

2 - 193

2-186，羊角饕餮，（2）類甲，（2/3），瓠形尊，西周ⅠA　　2-187，羊角饕餮，（2）類甲，（2/3），瓠形尊，西周ⅠA，根津美術館　　2-188，羊角饕餮，（2）類甲，（1/2），方鼎，西周ⅠA，Dr. Arthur M. Sackler Collection, New York　　2-189，羊角饕餮，（2）類甲，瓠形尊，西周ⅠB，扶風雲塘　　2-190，羊角饕餮，（2）類甲，（1/2），瓠形尊，西周ⅠB，Nelson-Atkins Museum of Art, Kansas City, Missouri　　2-191，羊角饕餮，（2）類甲，（1/2），觶，西周ⅠB，Dr. Arthur M. Sackler Collection, New York　　2-192，羊角饕餮，（2）類甲，匜，西周ⅠB，Courtesy of the Freer Gallery of Art, Smithsonian Institution, Washington D. C.，樋口隆康先生攝　　2-193，羊角饕餮，（2）類甲，方彝，西周ⅠB，Courtesy of the Freer Gallery of Art, Smithsonian Institution, Washiongton D. C.，樋口隆康先生攝

2 - 194

2 - 197

2 - 198

2 - 195

2 - 199

2 - 196

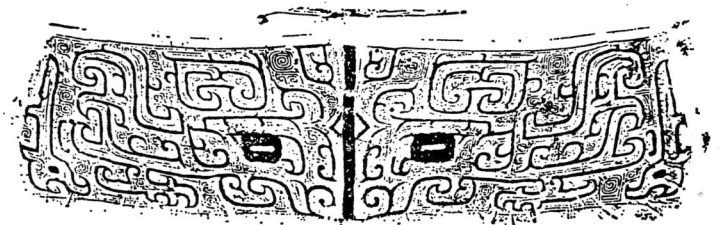

2 - 200

2-194，羊角饕餮，(2)類甲，方彝，西周Ⅰ B，根津美術館，樋口隆康先生攝　2-195，羊角饕餮，(2)類甲，觚形尊，西周Ⅰ B，白鶴美術館　2-196，羊角饕餮，(2)類甲，方鼎，西周Ⅰ B，臺北，故宮博物院　2-197，羊角饕餮，(2)類甲，(3/5)，鬲，西周Ⅰ　2-198，羊角饕餮，(2)類甲，方鼎，西周Ⅰ，Museum of Decorative Art, Copenhagen　2-199，羊角饕餮，(2)類甲，盤，西周Ⅱ，臺北，故宮博物院　2-200，羊角饕餮，(2)類甲，卣，西周Ⅱ B，扶風召李村

2 - 201

2 - 205

2 - 202

2 - 206

2 - 203

2 - 207

2 - 204

2 - 208

2-201，羊角饕餮，（2）類甲，（原寸），鼎，西周Ⅱ A，白鶴美術館　　2-202，羊角饕餮，（2）類甲，瓿，特定地域型，上海博物館　　2-203，羊角饕餮，（2）類甲，
（1/2），高鼎，特定地域型，寧樂美術館　　2-204，羊角饕餮，（2）類甲，（1/4），鼎，特定地域型　　2-205，羊角饕餮，（2）類甲，（1/2），觚形尊，西周Ⅰ A，Dr.
Arthur M. Sackler Collection, New York　　2-206，羊角饕餮，（2）類甲，觚形尊，西周Ⅰ A，寶雞　　2-207，羊角饕餮，（2）類甲，（2/5），觚形尊，西周Ⅰ A
2-208，羊角饕餮，（2）類甲，（2/5），觚形尊，西周Ⅰ A

2－213

2－209

2－214

2－210

2－215

2－211

2－216

2－212

2－209，羊角饕餮，(2)類甲，簋，西周ⅠA，寶雞茹家莊　　2－210，羊角饕餮，(2)類甲，(1/2)，瓠形尊，西周ⅠB　　2－211，羊角饕餮，(2)類甲，鼎，西周ⅠB，郿縣相家大隊　　2－212，羊角饕餮，(2)類甲，小型盉，西周Ⅱ，喀左山灣子　　2－213，羊角饕餮，(2)類甲，(3/5)，瓿，西周Ⅱ　　2－214，羊角饕餮，(2)類乙，截頭尊，殷中期，鄭州白家莊　　2－215，羊角饕餮，(2)類乙，截頭尊，殷中期，黃陂盤龍城　　2－216，羊角饕餮，(2)類乙，截頭尊，殷中期，安陽小屯

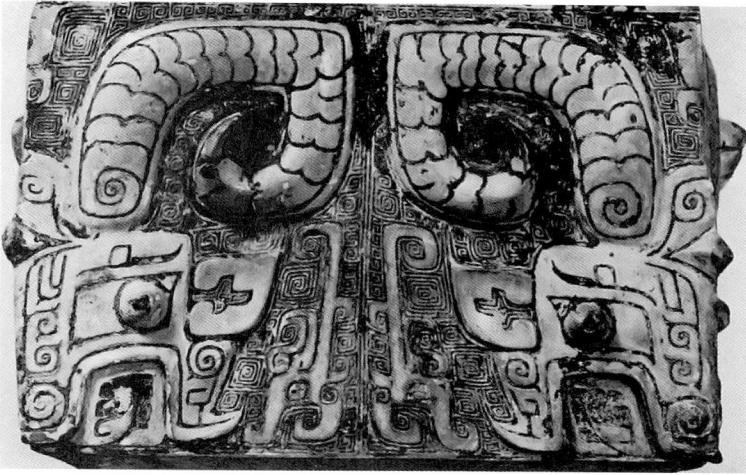

2 - 217

2 - 219

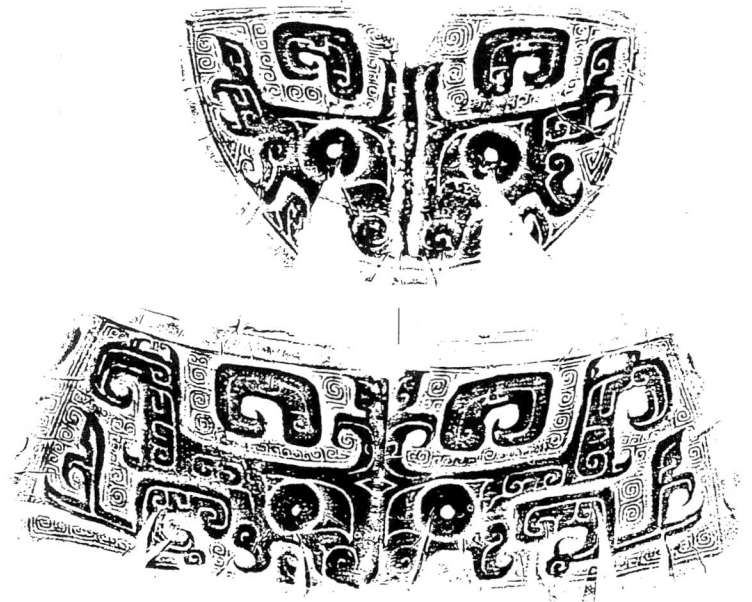

2 - 220

2 - 218

2 - 221

2-217，羊角饕餮，(2)類乙，卣，殷後期Ⅲ，白鶴美術館　　2-218，羊角饕餮，(2)類乙，(下原寸)，觶，殷後期Ⅲ，Ethnoghaphy Department of the National Museum of Copenhagen　　2-219，羊角饕餮，(2)類乙，(2/3)，方鼎，殷後期ⅢA　　2-220，羊角饕餮，(2)類乙，(2/3)，觶，殷後期Ⅲ，Dr. Arthur M. Sackler Collection, New York　　2-221，羊角饕餮，(2)類乙，鼎，殷後期Ⅲ B

2－222

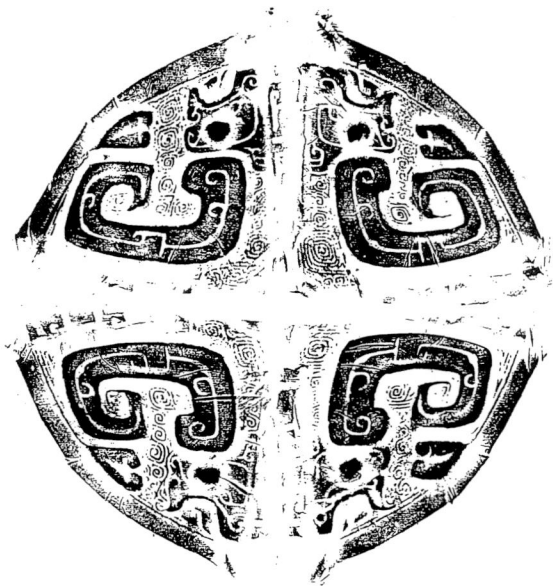

2－225

2－226

2－223

2－227

2－224

2－228

2-222，羊角饕餮，（2）類乙，鼎，殷後期Ⅲ B，安陽殷墟西區　　2-223，羊角饕餮，（2）類乙，（1/3），卣，殷後期Ⅲ B　　2-224，羊角饕餮，（2）類乙，（3/5），鼎，殷後期Ⅲ A，Dr. Arthur M. Sackler Collection, New York　　2-225，羊角饕餮，（2）類乙，方彝，殷後期Ⅲ B，Fogg Art Museum, Harvard University，樋口隆康先生攝　　2-226，羊角饕餮，（2）類乙，方鼎，殷後期Ⅲ，Museum Rietberg, Zürig　　2-227，羊角饕餮，（2）類乙，瓿形尊，西周Ⅰ A，Metropolitan Museum of Art　　2-228，羊角饕餮，（2）類乙，（2/5），瓿形尊，西周Ⅰ A

2 - 229

2 - 233

2 - 230

2 - 234

2 - 231

2 - 232

2 - 235

2-229，羊角饕餮，（2）類乙，（1/2），觚形尊，西周Ⅰ A　　2-230，羊角饕餮，（2）類乙，簋，西周Ⅰ A，Courtesy of the Freer Gallery of Art, Smithsonian Institution, Washington D.C.,樋口隆康先生攝　　2-231，羊角饕餮，（2）類乙，（1/2），簋，西周Ⅰ A，潼關零口公社　　2-232，羊角饕餮，（2）類乙，（1/2），觚形尊，西周Ⅰ B　　2-233，羊角饕餮，（2）類乙，（1/2），方鼎，西周Ⅰ B，黑川古文化研究所　　2-234，羊角饕餮，（2）類乙，觚形尊，西周Ⅰ B　　2-235，羊角饕餮，（2）類乙，（1/2），鬲鼎，西周Ⅰ B，臺北，故宮博物院

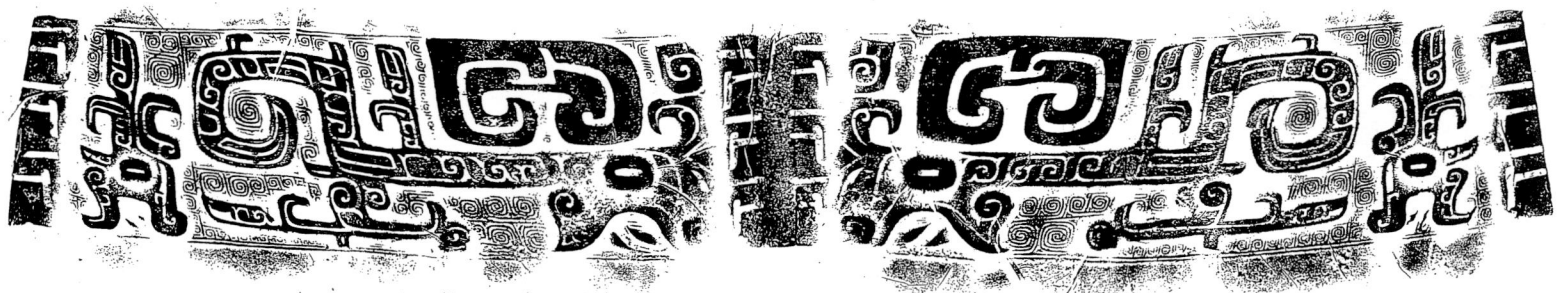

2-236

2-237

2-238

2-239

2-240

2-236，羊角饕餮，(2)類乙，(1/3)，鼎，西周ⅠA　2-237，羊角饕餮,(2)類乙，瓠形尊，西周ⅠA，岡山美術館　2-238，羊角饕餮，(2)類乙，鼎，西周
ⅠB，岐山　2-239，羊角饕餮，(2)類乙，(下2/9)，有肩尊，特定地域型，東京國立博物館　2-240，羊角饕餮，(2/3)，(2)類乙，瓠形尊，殷後期Ⅲ

2 - 241

2 - 244

2 - 242

2 - 245

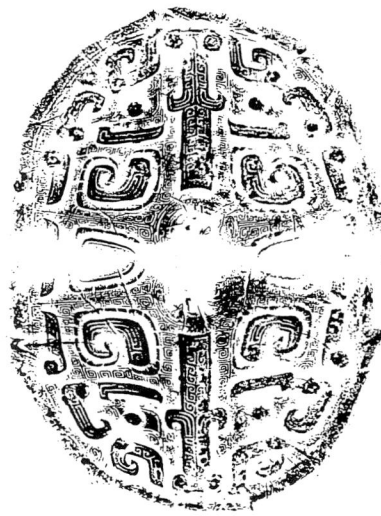

2 - 246

2 - 243

2 - 247

2-241，羊角饕餮，（2）類乙，（3/5），方鼎，西周 I A，白鶴美術館　　2-242，羊角饕餮，（3）類，（4/5），觚，殷後期 I　　2-243，羊角饕餮，（3）類，（下1/2），斝，殷後期 II　　2-244，羊角饕餮，（3）類，斝，殷後期 II，安陽小屯　　2-245，羊角饕餮，（3）類，斝，殷後期 II，安陽小屯　　2-246，羊角饕餮，（3）類，（左2/5），卣，殷後期 II　　2-247，羊角饕餮，（3）類，有肩尊，殷後期 II，安陽小屯

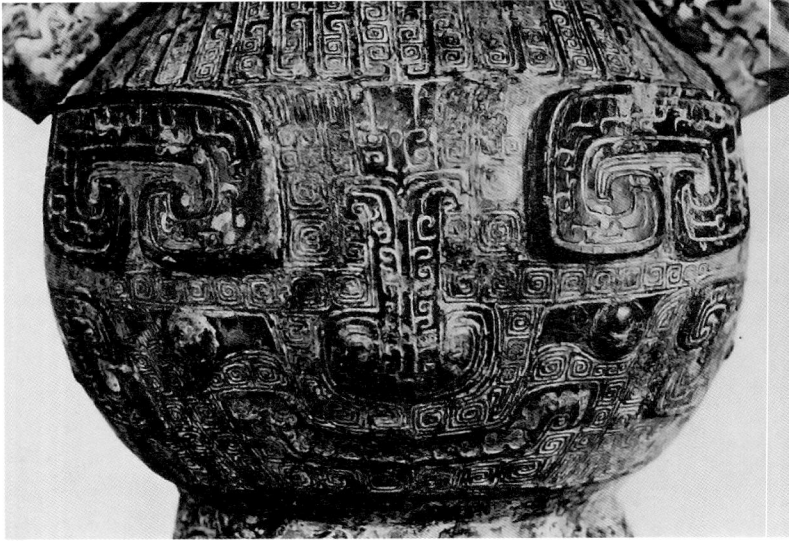

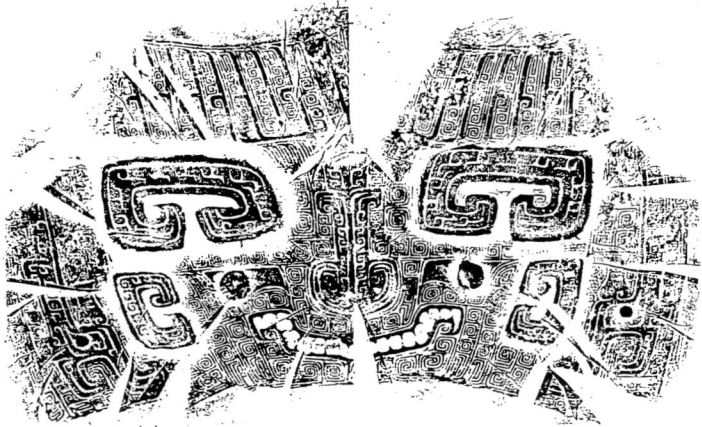

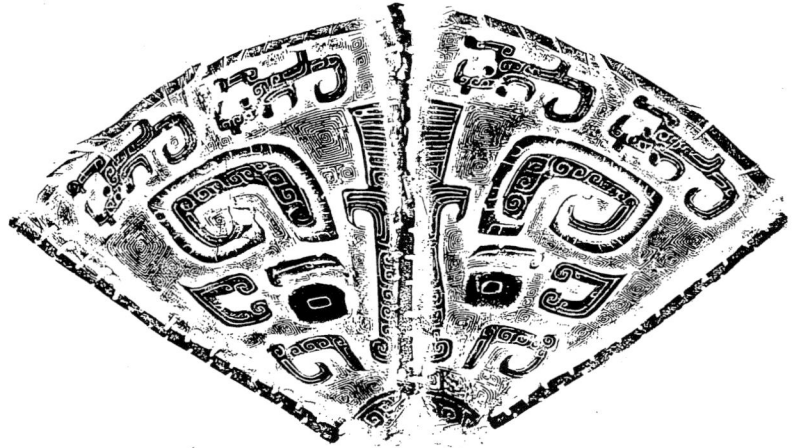

2-248

2-250

2-249

2-251

2-248，羊角饕餮，(3)類，(下2/5)，卣，殷後期Ⅱ   2-249，羊角饕餮，(3)類，(下1/4)，瓿，殷後期ⅢA   2-250，羊角饕餮，(3)類，(下1/3)，瓿，殷後期ⅢA   2-251，羊角饕餮，(3)類，鬲鼎，殷後期ⅢA

2－252

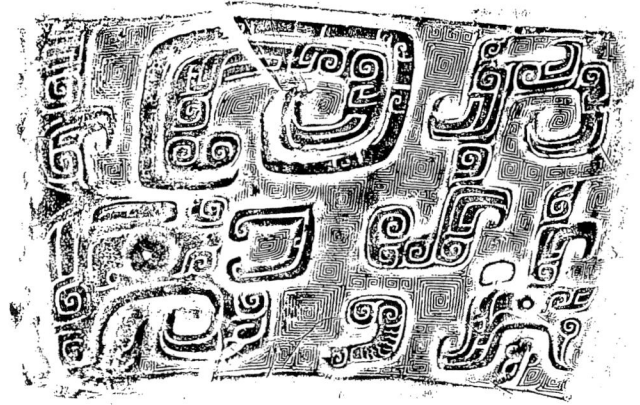

2－256

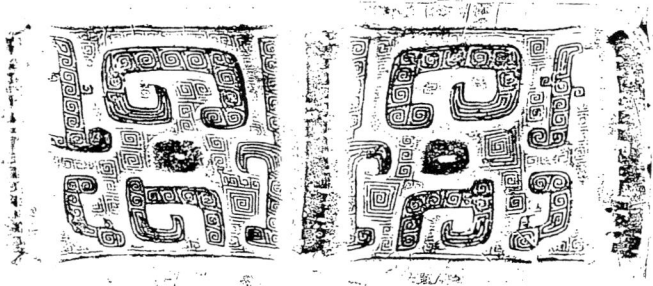

2－253

2－254

2－257

2－255

2－258

2－252、羊角饕餮，（3）類，（1/2），有肩尊，殷後期Ⅲ　　2－253、羊角饕餮，（3）類，（1/2），瓠形尊，殷後期Ⅲ　　2－254、羊角饕餮，（3）類，罍，殷後期Ⅲ
2－255、羊角饕餮，（3）類，（2/3），觶，殷後期Ⅲ　　2－256、羊角饕餮，（3）類，（1/3），瓿，殷後期ⅢB，藤田美術館　　2－257、羊角饕餮，（3）類，瓠形尊，殷後期
Ⅲ，泉屋博古館，樋口隆康先生攝　　2－258、羊角饕餮，（3）類，（2/3），瓠形尊，西周ⅠA，東京國立博物館

2 - 259

2 - 260

2 - 263

2 - 264

2 - 261

2 - 262

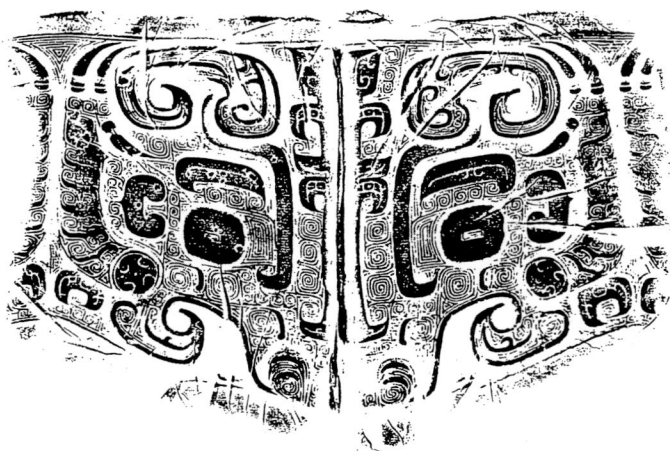

2 - 265

2 - 266

2-259，羊角饕餮，(3)類，(1/2)，瓿，西周ⅠB，臺北，故宮博物院　　2-260，羊角饕餮，(3)類，(2/3)，瓿，西周ⅠA　　2-261，羊角饕餮，(3)類，卣，西周ⅠB，臺北，故宮博物院　　2-262，羊角饕餮，(3)類，(1/2)，鬲，西周ⅠB，Museum of Fine Arts, Boston　　2-263，羊角饕餮，(3)類，簋，西周ⅢA，長安灃西　　2-264，羊角饕餮，(3)類，(2/3)，方彝，西周Ⅱ　　2-265，羊角饕餮，(3)類，斝，特定地域型，泉屋博古館，樋口隆康先生攝　　2-266，羊角饕餮，(3)類，瓿，特定地域型，根津美術館，樋口隆康先生攝

2 - 252

2 - 256

2 - 253

2 - 254

2 - 257

2 - 255

2 - 258

2-252，羊角饕餮，(3)類，(1/2)，有肩尊，殷後期Ⅲ　　2-253，羊角饕餮，(3)類，(1/2)，瓴形尊，殷後期Ⅲ　　2-254，羊角饕餮，(3)類，罍，殷後期Ⅲ
2-255，羊角饕餮，(3)類，(2/3)，觶，殷後期Ⅲ　　2-256，羊角饕餮，(3)類，(1/3)，瓿，殷後期Ⅲ B，藤田美術館　　2-257，羊角饕餮，(3)類，瓴形尊，殷後期
Ⅲ，泉屋博古館，樋口隆康先生攝　　2-258，羊角饕餮，(3)類，(2/3)，瓴形尊，西周Ⅰ A，東京國立博物館

2 - 259

2 - 260

2 - 263

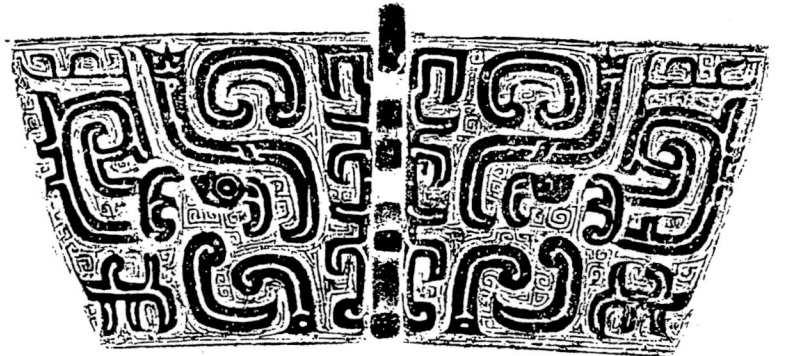

2 - 264

2 - 261

2 - 265

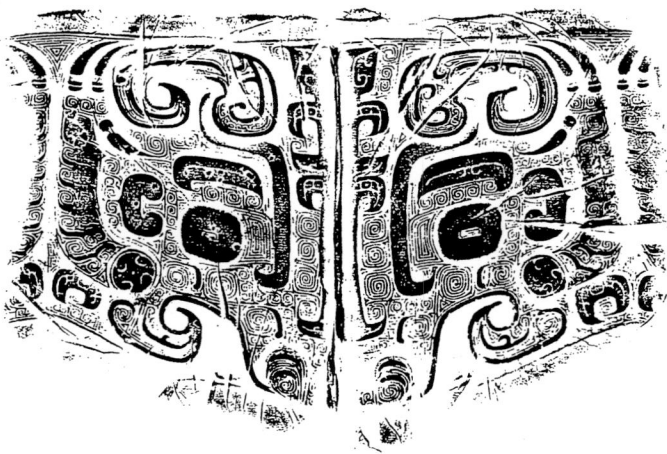

2 - 262

2 - 266

2-259，羊角饕餮，(3)類，(1/2)，瓿，西周ⅠB，臺北，故宮博物院　　2-260，羊角饕餮，(3)類，(2/3)，瓿，西周ⅠA　　2-261，羊角饕餮，(3)類，卣，西周
ⅠB，臺北，故宮博物院　　2-262，羊角饕餮，(3)類，(1/2)，鬲，西周ⅠB，Museum of Fine Arts, Boston　　2-263，羊角饕餮，(3)類，簋，西周ⅢA，長安澧西
2-264，羊角饕餮，(3)類，(2/3)，方彝，西周Ⅱ　　2-265，羊角饕餮，(3)類，斝，特定地域型，泉屋博古館，樋口隆康先生攝　　2-266，羊角饕餮，(3)類、瓾，
特定地域型，根津美術館，樋口隆康先生攝

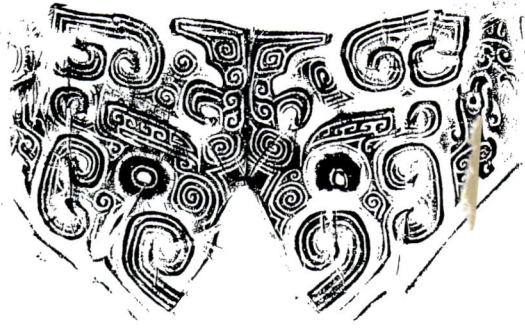

2 - 267

2 - 271

2 - 268

2 - 272

2 - 269

2 - 273

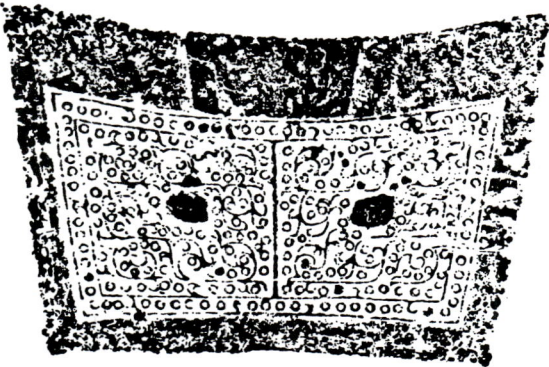

2 - 270

2 - 274

2-267，羊角饕餮,（3）類,（1/3），盉，特定地域型　　2-268，羊角饕餮,（3）類，鐘，特定地域型，陽新白沙公社　　2-269，羊角饕餮,（3）類，鐘，特定地域型
2-270，羊角饕餮,（3）類，鐘，特定地域型　　2-271，羊角饕餮,（4）類,（2/3），鼎，西周ⅠA，臺北，故宮博物院　　2-272，羊角饕餮,（4）類,（2/3），方鼎，西周ⅠB，臺北，故宮博物院　　2-273，羊角饕餮,（4）類，爵，西周ⅠB，長安普渡村　　2-274，羊角饕餮,（4）類，爵，西周ⅠB

2 - 275

2 - 278

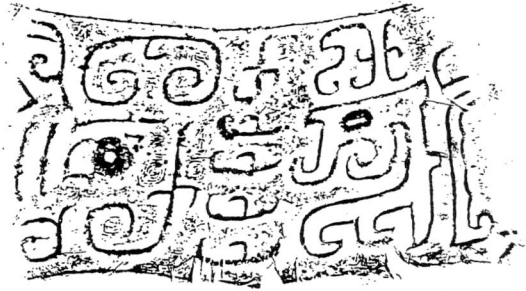

2 - 276

2 - 279

2 - 277

2 - 280

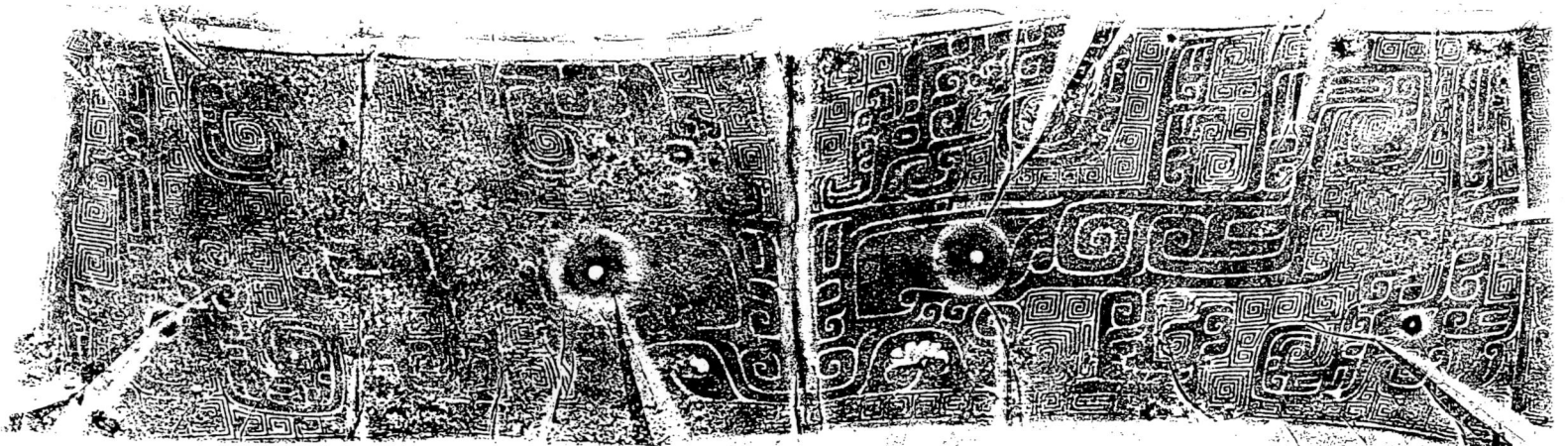

2 - 281

2-275，羊角饕餮，(4)類，(1/2)，鬲鼎，西周Ⅱ　　2-276，羊角饕餮，(4)類，(2/3)，卣，西周ⅡA，藤井有鄰館　　2-277，羊角饕餮，(4)類，簋，西周ⅡA　　2-278，羊角饕餮，(5)類，(原寸)，爵，殷後期Ⅰ　　2-279，羊角饕餮，(5)類，(原寸)，爵，殷後期Ⅰ　　2-280，羊角饕餮，(5)類，(原寸)，爵，殷後期Ⅰ，安陽侯家莊　　2-281，羊角饕餮，(6)類，(1/2)，壺，殷後期Ⅱ，岡山美術館

2 - 282

2 - 283

2 - 285

2 - 284

2-282，羊角饕餮，(6)類，(原寸)，方彝，殷後期Ⅱ　　2-283，羊角饕餮，(6)類，有肩尊，殷後期Ⅲ，藤田美術館　　2-284，羊角饕餮，(6)類，壺，殷後期Ⅲ B，臺北，故宮博物院　　2-285，羊角饕餮，(6)類，殷後期Ⅲ B，Asian，Art Museum of San Francisco, Avery Brundage Collection

2 - 288

2 - 286

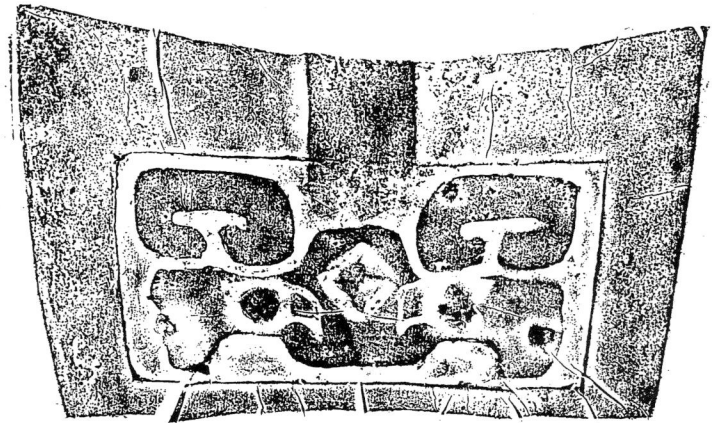

2 - 289

2 - 287

2 - 290

2-286，大耳饕餮，（1）類甲，（下 3/5），斝，殷中期Ⅱ，黑川古文化研究所　　2-287，大耳饕餮，（2）類甲，斝，殷後期Ⅰ，Museum für Ostasiatische Kunst
2-288，大耳饕餮，（2）類甲，瓬，殷後期Ⅰ　　2-289，大耳饕餮，（2）類甲，（1/2），鉦，殷後期Ⅰ　　2-290，大耳饕餮，（2）類甲，大型盉，殷後期Ⅱ，安陽小屯

2－291

2－292

2－294

2－293

2－295

2－296

2-291、大耳饕餮、(2)類甲、方鼎、殷後期Ⅲ、松岡美術館　　2-292、大耳饕餮、(2)類甲、小型盂、殷後期Ⅲ　　2-293、大耳饕餮、(2)類甲、(4/5)、鼎、殷後期Ⅲ A　　2-294、大耳饕餮、(2)類甲、(下1/2)、甗、殷後期Ⅲ、根津美術館　　2-295、大耳饕餮、(2)類甲、(2/5)、簋、殷後期Ⅲ B　　2-296、大耳饕餮、(2)類甲、(2/3)、方鼎、殷後期Ⅲ

2 - 300

2 - 301

2 - 297

2 - 302

2 - 298

2 - 303

2 - 299

2 - 304

2-297，大耳饕餮，（2）類甲，（下 1/2），觚形尊，殷後期Ⅲ　　2-298，大耳饕餮，（2）類甲，（1/2），高鼎，殷後期Ⅲ，Dr. Arthur M. Sackler Collection, New York
2-299，大耳饕餮，（2）類甲，觚形尊，西周Ⅱ，泉屋博古館，樋口隆康先生描　　2-300，大耳饕餮，（2）類甲，（1/2），鉦，西周Ⅱ　　2-301，大耳饕餮，（2）類乙，
罍，殷後期Ⅱ，Asian Art Museum of San Francisco, Avery Brundage Collection　　2-302，大耳饕餮，（2）類乙，爵，殷後期Ⅱ，安陽小屯　　2-303，大耳饕餮，（2）類
乙，鼎，殷後期Ⅱ，安陽小屯　　2-304，大耳饕餮，（2）類乙，（2/5），鉦，殷後期Ⅱ，臺北，故宮博物院

2 – 305

2 – 306

2 – 307

2 – 310

2 – 308

2 – 311

2 – 309

2 – 312

2–305，大耳饕餮，（2）類乙，（3/5），方鼎，殷後期Ⅱ，安陽侯家莊　　2–306，大耳饕餮，（2）類乙，（1/2），瓿，殷後期Ⅲ B，藤田美術館　　2–307，大耳饕餮，（2）類乙，（原寸），爵，殷後期Ⅲ，安陽侯家莊　　2–308，大耳饕餮，（2）類乙，（2/5），鼎，殷後期Ⅲ，出光美術館　　2–309，大耳饕餮，（2）類乙，（2/3），鼎，殷後期Ⅲ B　　2–310，大耳饕餮，（2）類乙，（2/3），觥形尊，殷後期Ⅲ　　2–311，大耳饕餮，（2）類乙，（1/3），鼎，殷後期Ⅱ　　2–312，大耳饕餮，（2）類乙，卣，殷後期Ⅲ，根津美術館

2 - 315

2 - 313

2 - 316

2 - 314

2 - 317

2 - 318

2 - 319

2-313，大耳饕餮，(2)類乙，(下1/2)，鬲鼎，殷後期Ⅲ　　2-314，大耳饕餮，(2)類乙，(1/2)，鬲鼎，殷後期Ⅲ　　2-315，大耳饕餮，(2)類乙，(1/2)，鬲鼎，殷後期Ⅲ　　2-316，大耳饕餮，(2)類乙，鬲鼎，殷後期Ⅲ，寧鄉黄材　　2-317，大耳饕餮，(2)類乙，(1/2)，鉦，殷後期Ⅲ　　2-318，大耳饕餮，(2)類乙，(2/3)，鼎，西周ⅠA，天理參考館　　2-319，大耳饕餮，(2)類乙，(3/5)，鼎，西周ⅠA，岡山美術館

2－320

2－321

2－322

2－323

2－324

2－325

2－326

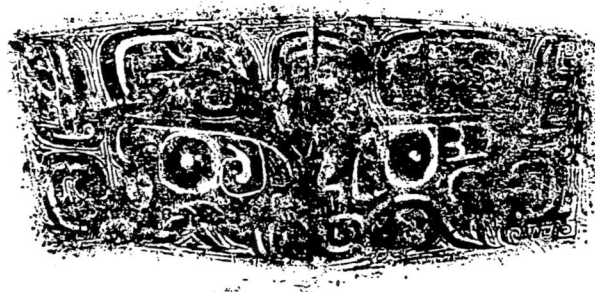

2－327

2-320，大耳饕餮，（2）類乙，鬲鼎，西周ⅠA，黑川古文化研究所　　2-321，大耳饕餮，（2）類乙，鬲鼎，西周ⅠA，出光美術館　　2-322，大耳饕餮，（2）類乙，（1/2），鬲鼎，西周ⅠA　　2-323，大耳饕餮，（2）類乙，（1/2），鬲鼎，西周ⅠA，臺北，故宮博物院　　2-324，大耳饕餮，（2）類乙，（1/2），鉦，西周Ⅰ
2-325，大耳饕餮，（2）類乙，簋座内所附的鈴，西周ⅠA，泉屋博古館　　2-326，大耳饕餮，（2）類乙，（2/3），簋，西周ⅡA，Collection Dr. Paul Singer　　2-327，
大耳饕餮，（2）類乙，鬲鼎，西周ⅠA

2 - 328

2 - 333

2 - 334

2 - 329

2 - 330

2 - 331

2 - 332

2-328，大耳饕餮，（3）類，（2/3），鼎，西周ⅠA　　2-329，大耳饕餮，其他類，（2/3），有肩尊，西周ⅠA，Dr. Arthur M. Sackler Collection, New York　　2-330，大耳饕餮，其他類，（1/2），瓠形尊，殷後期Ⅲ，Princeton University　　2-331，大耳饕餮，其他類，（原寸），瓠形尊，西周ⅠA，根津美術館　　2-332，大耳饕餮，其他類，瓿，殷後期Ⅱ，蒼山層山公社　　2-333，大耳饕餮，其他類，（3/5），鼎，殷後期Ⅲ，臺北，故宮博物院　　2-334，大耳饕餮，其他類，鼎，西周ⅠA

2 - 335

2 - 340

2 - 336

2 - 341

2 - 337

2 - 338

2 - 342

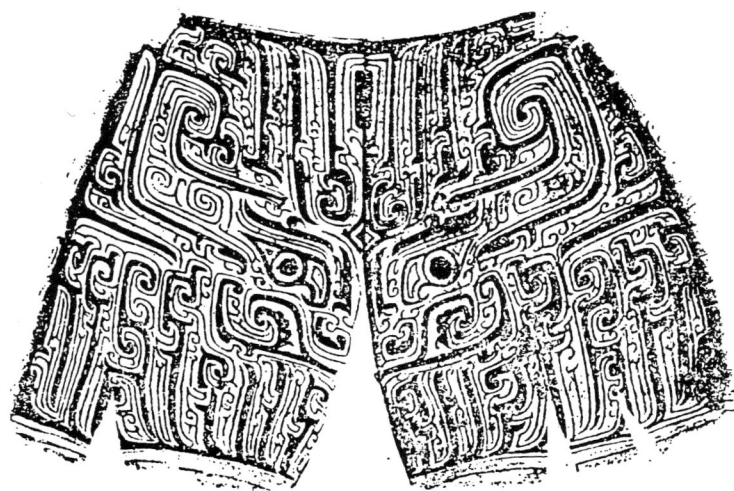

2 - 339

2 - 343

2-335、牛角饕餮,（1）類、爵、殷中期Ⅰ　　2-336、牛角饕餮,（2）類甲,（4/5）、簋形器、殷中期　　2-337、牛角饕餮,（2）類甲,（2/3）、斝、殷中期、安陽小屯
2-338、牛角饕餮,（2）類甲、爵、殷中期Ⅱ、安陽小屯　　2-339、牛角饕餮,（2）類甲、卣、殷中期Ⅱ～殷後期ⅠA、鄭州商城東南角　　2-340、牛角饕餮,（2）
類甲,（2/5）、瓿、殷後期Ⅰ　　2-341、牛角饕餮,（2）類甲,（1/2）、斝、殷後期Ⅰ　　2-342、牛角饕餮,（2）類甲、斝、殷後期Ⅰ、石樓後蘭家溝　　2-343、牛角
饕餮,（2）類甲、斝、殷後期Ⅰ、安陽小屯

2 - 344

2 - 345

2 - 348

2 - 346

2 - 347

2-344，牛角饕餮，(2)類甲，(原寸)，瓿，殷後期Ⅰ，安陽小屯　　2-345，牛角饕餮，(2)類甲，有肩尊，殷後期Ⅰ，安陽小屯　　2-346，牛角饕餮，(2)類甲，瓿，殷後期Ⅰ，南昌老福山　　2-347，牛角饕餮，(2)類甲，壺，殷後期Ⅰ，出光美術館　　2-248，牛角饕餮，(2)類甲，象尊，特定地域型，Musée ,Guimet , Paris

2－351

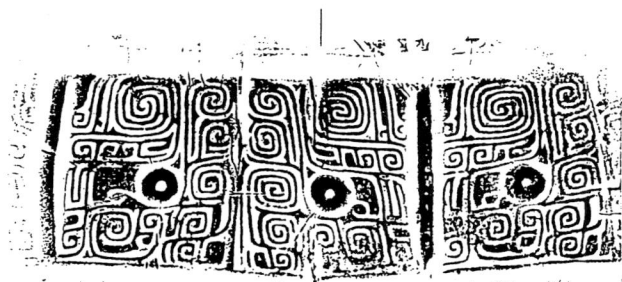

2－349

2－352

2－353

2－350

2－354

2-349，牛角饕餮，（2）類甲，（下 2/3），觚，殷後期Ⅱ　　2-350，牛角饕餮，（2）類甲，觚，殷後期Ⅱ，泉屋博古館，樋口隆康先生攝　　2-351　牛角饕餮，（2）
類甲，觚，殷後期Ⅱ，樋口隆康先生攝　　2-352，牛角饕餮，（2）類甲，觚，殷後期Ⅱ，安陽小屯　　2-353，牛角饕餮，（2）類甲，觚，殷後期Ⅱ，安陽小屯
2-354，牛角饕餮，（2）類甲，（原寸），觚，殷後期Ⅱ

2 - 355

2 - 360

2 - 356

2 - 361

2 - 357

2 - 362

2 - 358

2 - 363

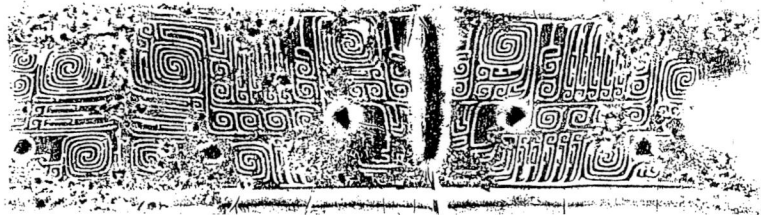

2 - 359

2 - 364

2-355，牛角饕餮，（2）類甲，（原寸），瓿，殷後期Ⅱ　　2-356，牛角饕餮，（2）類甲，（原寸），瓿，殷後期Ⅱ　　2-357，牛角饕餮，（2）類甲，（原寸），瓿，殷後期Ⅱ　　2-358，牛角饕餮，（2）類甲，（1/2），爵，殷後期Ⅱ，Dr. Arthur M. Sackler Collection, New York　　2-359，牛角饕餮，（2）類甲，（1/2），斚，殷後期Ⅱ，藤井有鄰館　　2-360，牛角饕餮，（2）類甲，（原寸），瓿，殷後期Ⅱ，Dr. Arthur M. Sackler Collection, New York　　2-361，牛角饕餮，（2）類甲，簋，殷後期Ⅱ　　2-362，牛角饕餮，（2）類甲，有肩尊，殷後期Ⅱ　　2-363，牛角饕餮，（2）類甲，（2/3），爵，殷後期Ⅱ　　2-364，牛角饕餮，（2）類甲，（原寸），爵，殷後期Ⅱ，安陽侯家莊

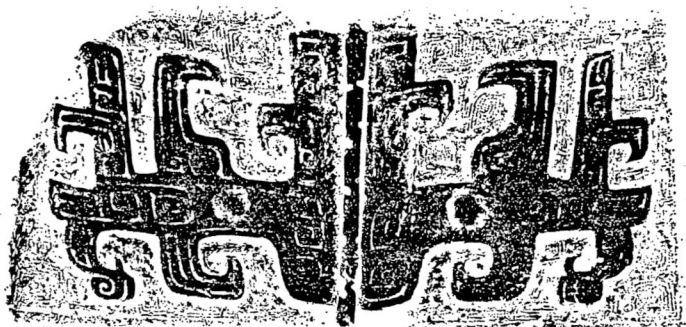

2－365

2－369

2－366

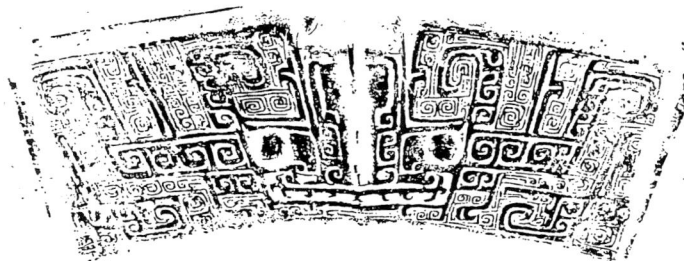

2－370

2－371

2－367

2－372

2－368

2－373

2－365，牛角饕餮，（2）類甲，方壺，殷後期Ⅱ，安陽小屯　　2－366，牛角饕餮，（2）類甲，卣，殷後期Ⅲ，白鶴美術館　　2－367，牛角饕餮，（2）類甲，(4/5)，爵，殷後期Ⅲ，Dr. Arthur M. Sackler Collection, New York　　2－368，牛角饕餮，（2）類甲，(4/5)，爵，殷後期Ⅲ　　2－369，牛角饕餮，（2）類甲，(1/2)，爵，殷後期Ⅲ　　2－370，牛角饕餮，（2）類甲，有肩尊，殷後期Ⅲ，城固蘇村　　2－371，牛角饕餮，（2）類甲，罍，殷後期Ⅲ，上海博物館　　2－372，牛角饕餮，（2）類甲，(2/3)，簋，殷後期Ⅲ A，臺北，故宮博物院　　2－373，牛角饕餮，（2）類甲，(2/3)，爵，殷後期Ⅲ

2 - 374

2 - 377

2 - 378

2 - 375

2 - 379

2 - 376

2 - 380

2-374，牛角饕餮，(2)類甲，罍，殷後期Ⅲ B, 藤田美術館　　2-375，牛角饕餮，(2)類甲，方鼎，殷後期Ⅲ，寧樂美術館　　2-376，牛角饕餮，(2)類甲，(1/2)，方鼎，殷後期Ⅲ，藤井有鄰館　　2-377，牛角饕餮，(2)類甲，(3/5)，瓿形尊，殷後期Ⅲ　　2-378，牛角饕餮，(2)類甲，瓿，殷後期Ⅲ B, Museum für Ostasiatische Kunst　　2-379，牛角饕餮，(2)類甲，(2/5)，瓿形尊，殷後期Ⅲ　　2-380，牛角饕餮，(2)類甲，(2/3)，爵，西周Ⅰ A

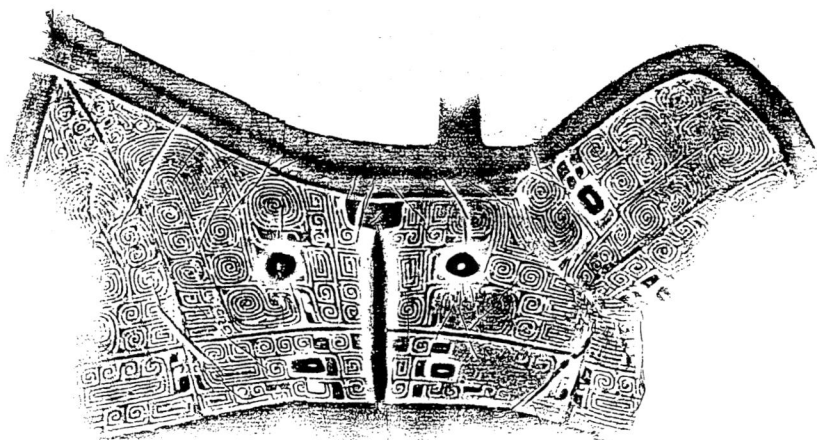

2 - 381

2 - 383

2 - 384

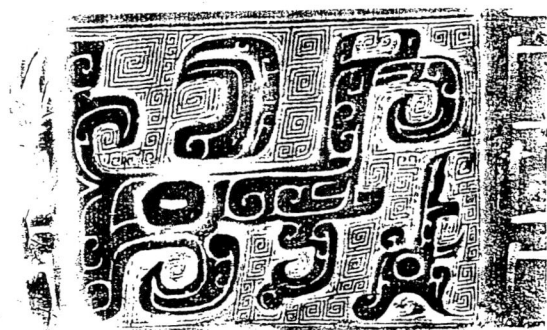

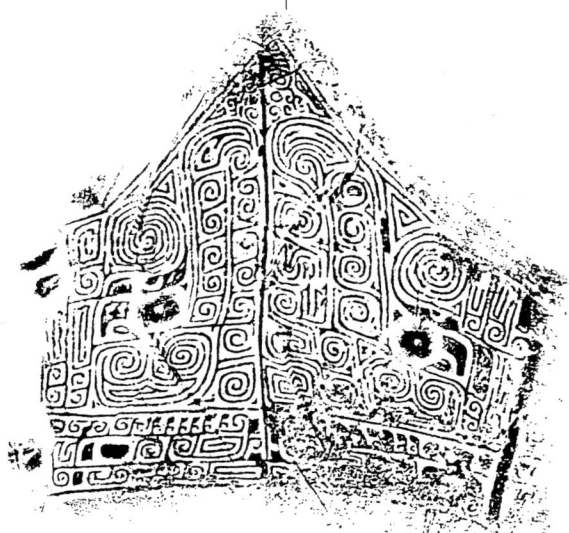

2 - 382

2 - 385

2-381、牛角饕餮、(2)類甲、爵、西周ⅠB　　2-382、牛角饕餮、(2)類甲、(下2/3)、爵、西周ⅠB　　2-383、牛角饕餮、(2)類甲、(3/5)、爵、西周ⅠB
2-384、牛角饕餮、(2)類甲、(3/5)、角、西周Ⅰ　　2-385、牛角饕餮、(2)類甲、(下2/3)、方鼎、西周ⅠB、藤井有鄰館

2 - 386

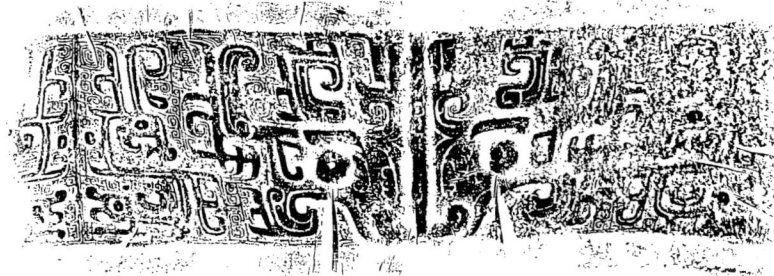

2 - 387

2 - 388

2 - 390

2 - 391

2 - 389

2 - 392

2-386，牛角饕餮，（2）類甲，（3/5），方鼎，西周ⅠB　　2-387，牛角饕餮，（2）類甲，（1/2），瓠形尊，西周ⅠA，黒川古文化研究所　　2-388，牛角饕餮，（2）類甲，壺，西周Ⅰ　　2-389，牛角饕餮，（2）類甲，卣，西周ⅠB，出光美術館　　2-390，牛角饕餮，（2）類甲，爵，西周Ⅱ，The Cleaveland Museum of Art, Cornellia Blakemore Warner Fund and the Edward L. Whittemore Fund. 樋口隆康先生攝　　2-391，牛角饕餮，（2）類甲，（1/2），瓠形尊，西周ⅡA，Dr. Arthur M. Sackler Collection, New York　　2-392，牛角饕餮，（2）類甲，瓠形尊，西周ⅡA，根津美術館，樋口隆康先生攝

2 - 393

2 - 396

2 - 394

2 - 397

2 - 395

2-393，牛角饕餮，（2）類甲，觚形尊，西周Ⅱ A，Museum Rietberg, Zürig　　2-394，牛角饕餮，（2）類甲，瓿，特定地域型，Musée Guimet, Paris　　2-395，牛角饕餮，（2）類甲，大型盉，特定地域型，Metropolitan Museum of Art　　2-396，牛角饕餮，（2）類甲，（4/5），觚，西周Ⅰ A　　2-397，牛角饕餮，（2）類甲，觚形尊，西周Ⅰ A，臺北，故宮博物院

2-398

2-400

2-401

2-402

2-399

2-403

2-398，牛角饕餮，（2）類乙，（2/3），瓠形尊，西周ⅠA，岡山美術館　　2-399，牛角饕餮，（2）類乙，（下2/5），罍，西周ⅠB，根津美術館，樋口隆康先生攝
2-400，牛角饕餮，（2）類乙，罍，西周ⅠB，彭縣竹瓦街　　2-401，牛角饕餮，（3）類，（原寸），爵，殷後期Ⅱ　　2-402，牛角饕餮，（3）類，（1/2），瓠形尊，殷後
期Ⅲ　　2-403，牛角饕餮，其他類，鼎，西周ⅠA

2-404

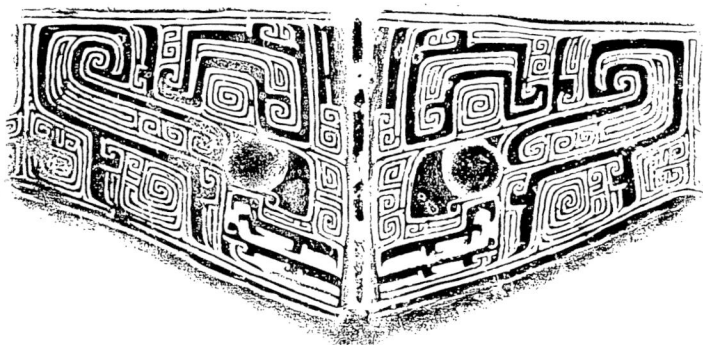

2-405

2-406

2-407

2-408

2-409

2-410

2-411

2-412

2-404，几字形羽冠饕餮，（1）類甲，（1/2），斝，殷後期Ⅰ，安陽小屯　　2-405，几字形羽冠饕餮，（1）類甲，（1/2），鬲鼎，殷後期ⅠA，上海博物館　　2-406，几字形羽冠饕餮，（1）類甲，簋，殷後期Ⅰ，安陽小屯　　2-407，几字形羽冠饕餮，（1）類甲，（1/2），斝，白鶴美術館　　2-408，几字形羽冠饕餮，（1）類甲，（1/2），斝，殷後期Ⅱ　　2-409，几字形羽冠饕餮，（1）類甲，（2/3），爵，殷後期Ⅱ　　2-410，几字形羽冠饕餮，（1）類甲，斝，殷後期Ⅱ，Asian Art Museum of San Francisco, Avery Brundage Collection，樋口隆康先生攝　　2-411，几字形羽冠饕餮，（1）類甲，斝，殷後期Ⅱ，泉屋博古館，樋口隆康先生攝　　2-412，几字形羽冠饕餮，（1）類甲，有肩尊，殷後期Ⅱ，根津美術館，樋口隆康先生攝

2 - 413

2 - 417

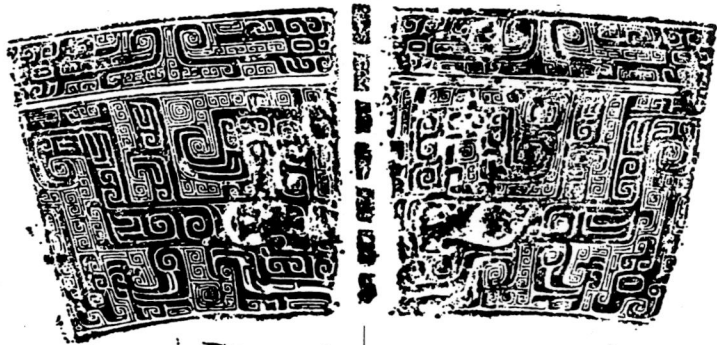

2 - 414

2 - 418

2 - 415

2 - 419

2 - 416

2 - 420

2 - 413, 几字形羽冠饕餮, (3/5), (1) 類甲, 簋, 殷後期Ⅱ, 臺北, 故宮博物院　　2 - 414, 几字形羽冠饕餮, (1) 類甲, 有肩尊, 殷後期Ⅱ, 安陽小屯　　2 - 415, 几字形羽冠饕餮, (1) 類甲, (原寸), 爵, 殷後期Ⅱ, 安陽侯家莊　　2 - 416, 几字形羽冠饕餮, (1) 類甲, (4/5), 爵, 殷後期Ⅱ, 安陽侯家莊　　2 - 417, 几字形羽冠饕餮, (1) 類甲, 爵, 殷後期Ⅱ, 安陽殷墟西區　　2 - 418, 几字形羽冠饕餮, (1) 類甲, (2/5), 罍, 殷後期Ⅱ, 根津美術館　　2 - 419, 几字形羽冠饕餮, (1) 類甲, (2/5), 斝, 殷後期Ⅱ　　2 - 420, 几字形羽冠饕餮, (1) 類甲, 罍, 殷後期Ⅱ, 根津美術館, 樋口隆康先生攝

2 - 421

2 - 425

2 - 426

2 - 422

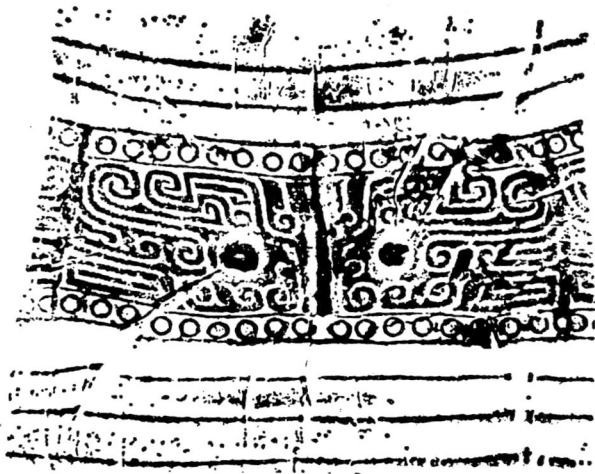

2 - 423

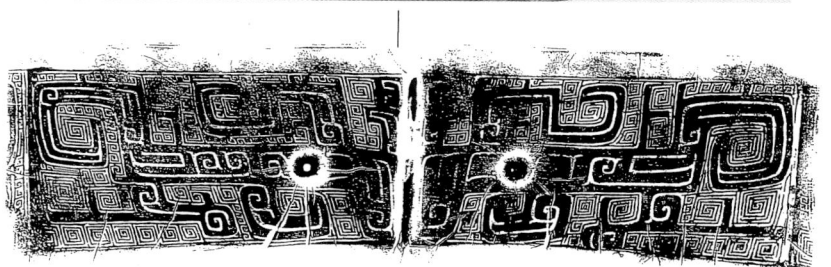

2 - 427

2 - 424

2-421，几字形羽冠饕餮，(1)類甲，盉，殷後期Ⅱ，根津美術館，樋口隆康先生攝　　2-422，几字形羽冠饕餮，(1)類甲，(2/3)，瓿，殷後期ⅢA　　2-423，几字形羽冠饕餮，(1)類甲，瓿，殷後期ⅢB，桓臺田莊公社　　2-424，几字形羽冠饕餮，(1)類甲，壺，殷後期ⅢB，臺北，故宮博物院　　2-425，几字形羽冠饕餮，(1)類甲，(2/3)，壺，殷後期Ⅲ　　2-426，几字形羽冠饕餮，(1)類甲、壺，殷後期Ⅲ　　2-427，几字形羽冠饕餮，(1)類甲，(下2/7)，瓿，殷後期ⅢB

2－428

2－431

2－429

2－430

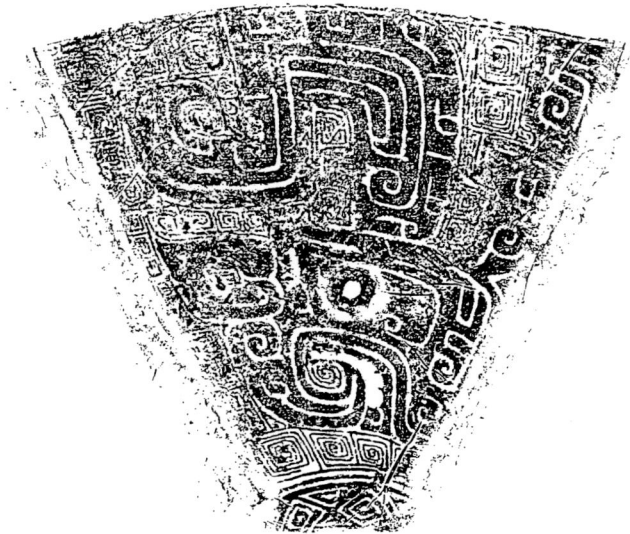

2－432

2－433

2-428，几字形羽冠饕餮，(1)類甲，簋，殷後期Ⅲ   2-429，几字形羽冠饕餮，(1)類甲，(2/3)，簋，殷後期Ⅲ A，Dr. Arthur M. Sackler Collection, New York
2-430，几字形羽冠饕餮，(1)類甲，(1/2)，瓿，殷後期Ⅲ B，根津美術館   2-431，几字形羽冠饕餮，(1)類甲，(3/5)，鬲鼎，殷後期Ⅲ   2-432，几字形羽冠饕
餮，(1)類甲，(下1/2)，有肩尊，特定地域型，根津美術館   2-433，几字形羽冠饕餮，(1)類甲，有肩尊，特定地域型

2 - 434

2 - 435

2 - 436

2 - 437

2 - 438

2-434，几字形羽冠饕餮，（1）类甲，（2/3），瓿，特定地域型　　2-435，几字形羽冠饕餮，（1）类甲，（2/3），有肩尊，特定地域型　　2-436，几字形羽冠饕餮，（1）类甲，有肩尊，特定地域型　　2-437，几字形羽冠饕餮，（1）类甲，有肩尊，特定地域型　　2-438，几字形羽冠饕餮，（1）类甲，（2/5），鼎，西周Ⅰ B，上海博物館

2 - 439

2 - 444

2 - 440

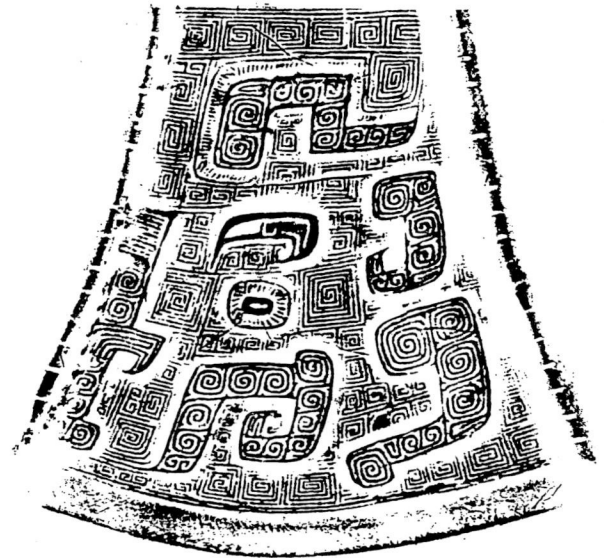

2 - 445

2 - 441

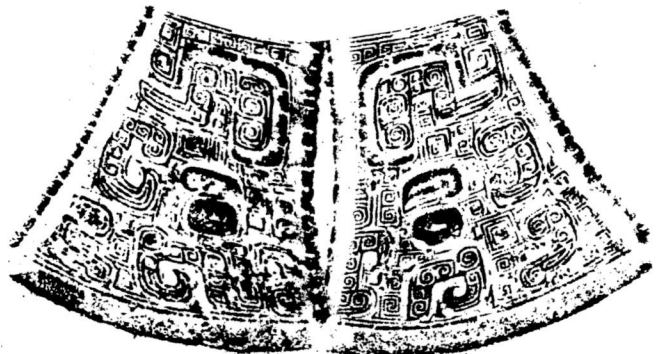

2 - 442

2 - 446

2 - 443

2 - 447

2-439，几字形羽冠饕餮，（1）類甲，（1/2），鼎，西周ⅠB，藤井有鄰館　　2-440，几字形羽冠饕餮，（1）類甲，觶，西周ⅠB，臺北，故宮博物院　　2-441，几字形羽冠饕餮，（1）類乙，（2/3），爵，西周ⅠA　　2-442，几字形羽冠饕餮，（1）類乙，瓠形尊，西周ⅠB　　2-443，几字形羽冠饕餮，（1）類乙，方鼎，西周ⅠB，上海博物館　　2-444，几字形羽冠饕餮，（2）類，斝，殷後期Ⅱ，安陽小屯　　2-445，几字形羽冠饕餮，（2）類，（原寸），瓠，殷後期Ⅱ，The Museum of Far Eastern Antiquites　　2-446，几字形羽冠饕餮，（2）類，（2/3），瓠，殷後期Ⅱ，Bequest, Late King Gustaf Ⅵ Adolf of Sweden　　2-447，几字形羽冠饕餮，（2）類，（原寸），瓠，殷後期Ⅱ，Dr. Arthur M. Sackler Collection, New York

2 - 448

2 - 449

2 - 451

2 - 450

2 - 452

2 - 453

2-448，几字形羽冠饕餮，(2)類，(4/5)，爵，殷後期Ⅱ，From: Eleanor von Erdberg, *Chinese Bronzes from the Collection of Chester Dale and Dolly Carter Collection*, no.7, With kind permission of *Artibus Asiae*　2-449，几字形羽冠饕餮，(2)類，瓿，殷後期Ⅱ，Collection Dr. Paul Singer，樋口隆康先生攝　2-450，几字形羽冠饕餮，(2)類，瓿，殷後期ⅢA　2-451，几字形羽冠饕餮，(2)類，爵，殷後期Ⅲ，Museum für Ostasiatische Kunst　2-452，几字形羽冠饕餮，(2)類，有肩尊，殷後期Ⅲ，泉屋博古館，樋口隆康先生攝　2-453，几字形羽冠饕餮，(2)類，殷後期ⅢA，Museum of Far Eastern Antiquities

2－454

2－455

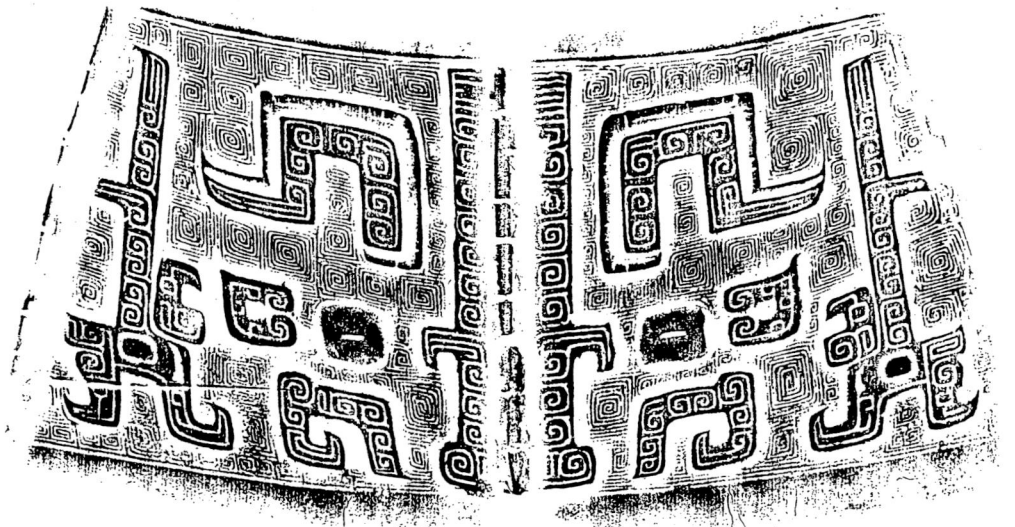

2－456

2－457

2－454，几字形羽冠饕餮，（2）類，殷後期ⅢA，出光美術館　　2－455，几字形羽冠饕餮，（2）類，（4/5），方壺，殷後期Ⅲ，From: Eleanor von Erdberg, *Chinese Bronzes From the Collection of Chester Dale and Dolly Carter*, no.60, with kind permission of *Artibus Asiae*　　2－456，几字形羽冠饕餮，（2）類，（2/3），有形尊，殷後期Ⅲ
2－457，几字形羽冠饕餮，（2）類，（2/3），瓠形尊，殷後期Ⅲ

2－458

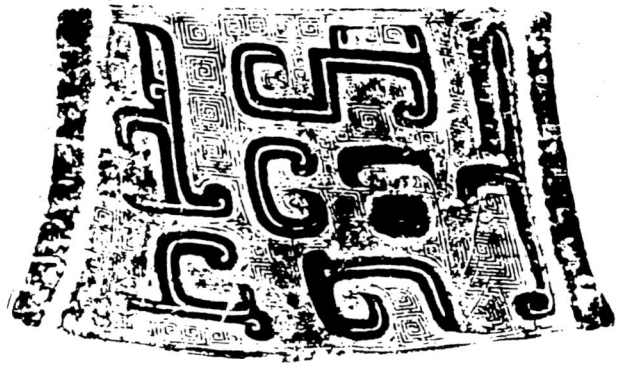

2－462

2－459

2－463

2－460

2－464

2－465

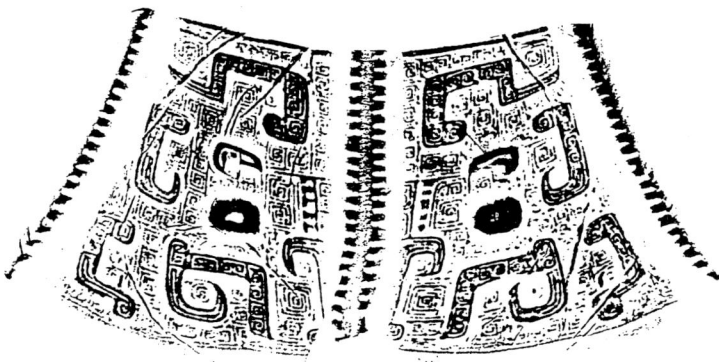

2－461

2－458，几字形羽冠饕餮，(2)類，(原寸)，爵，殷後期Ⅲ，Honolulu Academy of Arts, Gift of Mrs. Dewitt Wallace (Lily Acheson Wallace) 1942. 　　2－459，几字形羽冠饕餮，(2)類，(原寸)，觚，殷後期Ⅲ A　　2－460，几字形羽冠饕餮，(2)類，(原寸)，觚，殷後期Ⅲ A，安陽後北岡　　2－461，几字形羽冠饕餮，(2)類，(4/5)，觚，殷後期Ⅲ A　　2－462，几字形羽冠饕餮，(2)類，(4/5)，觚形尊，殷後期Ⅲ　　2－463，几字形羽冠饕餮，(原寸)，(2)類，爵，殷後期Ⅲ　　2－464，几字形羽冠饕餮，(2)類，角，殷後期Ⅲ　　2－465，几字形羽冠饕餮，(2)類，(原寸)，斝，殷後期Ⅲ

2－469

2－466

2－470

2－467

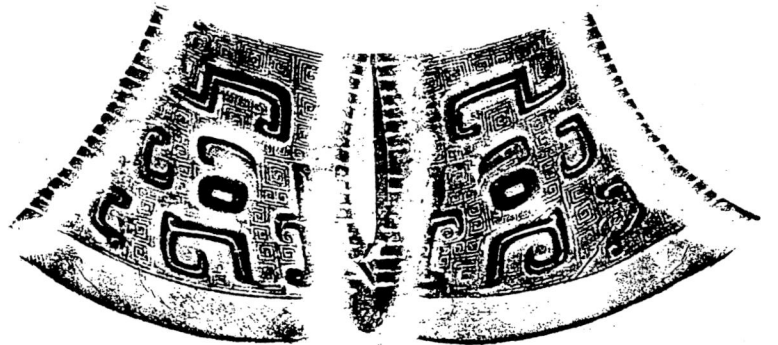

2－471

2－468

2－472

2－466，几字形羽冠饕餮，（2）類，（下2/3），瓠形尊，殷後期Ⅲ，出光美術館　　2－467，几字形羽冠饕餮，（2）類，（1/2），瓠形尊，殷後期Ⅲ　　2－468，几字形羽冠饕餮，（2）類，（2/3），瓠形尊，殷後期Ⅲ　　2－469，几字形羽冠饕餮，（2）類，（原寸），匜，西周ⅠA　　2－470，几字形羽冠饕餮，（2）類，（2/5），瓠形尊，西周ⅠA　　2－471，几字形羽冠饕餮，（2）類，（2/3），瓠，西周ⅠA　　2－472，几字形羽冠饕餮，（2）類，（1/2），匜，西周ⅠA，出光美術館

2 - 473

2 - 479

2 - 474

2 - 475

2 - 480

2 - 476

2 - 481

2 - 477

2 - 482

2 - 478

2-473，几字形羽冠饕餮，（2）類，（2/3），瓬，西周Ⅰ A，臺北，故宮博物院　　2-474，几字形羽冠饕餮，（2）類，（2/5），簋，西周Ⅰ A　　2-475，几字形羽冠饕餮，（2）類，鬲，西周Ⅰ A，靈臺白草坡　　2-476，几字形羽冠饕餮，（2）類，（3/5），爵，西周Ⅰ A　　2-477，几字形羽冠饕餮，（2）類，鼎，西周Ⅰ B，扶風雲塘　　2-478，几字形羽冠饕餮，（2）類，簋，西周Ⅲ A，The Museum of Far Eastern Antiquites　　2-479，几字形羽冠饕餮，（2）類，（1/2），簋，西周Ⅲ A，Asian Art Museum of San Francisco, Avery Brundage Collection　　2-480，几字形羽冠饕餮，（2）類，卣，特定地域型，泉屋博古館，樋口隆康先生攝　　2-481，几字形羽冠饕餮，（3）類，鼎，殷後期Ⅱ　　2-482，几字形羽冠饕餮，（3）類，（原寸），爵，殷後期Ⅱ

2 - 483

2 - 487

2 - 484

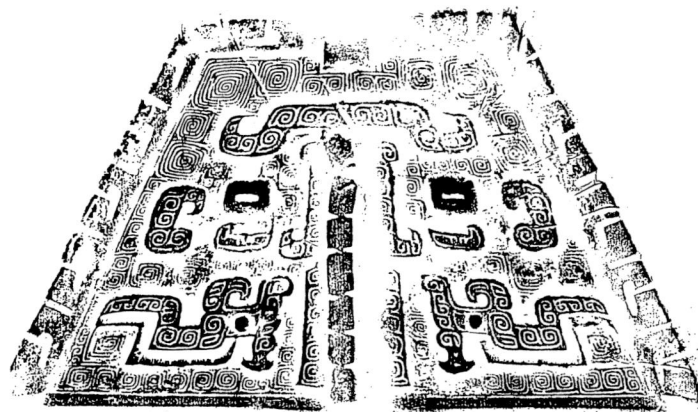

2 - 485

2 - 488

2 - 486

2-483，几字形羽冠饕餮，（3）類，（2/3），爵，殷後期Ⅱ，Dr. Arthur M. Sackler Collection, New York　　2-484，几字形羽冠饕餮，（3）類，（4/5），爵，殷後期Ⅱ
2-485，几字形羽冠饕餮，（3）類，（2/3），壺，殷後期Ⅲ，松岡美術館　　2-486，几字形羽冠饕餮，（3）類，爵，殷後期Ⅲ　　2-487，几字形羽冠饕餮，（4）類，
（4/5），觶，殷後期Ⅱ　　2-488，几字形羽冠饕餮，（4）類，（1/2），方彝，殷後期Ⅲ A

2‐489

2‐490

2‐491

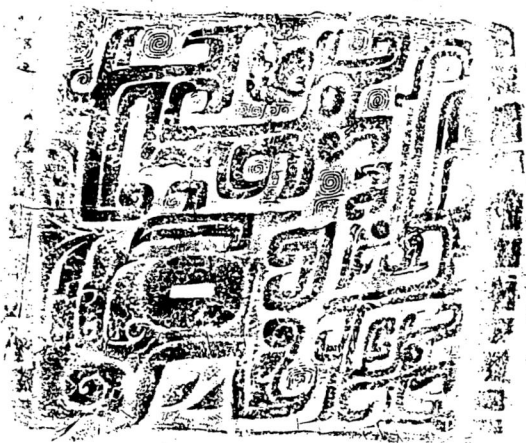

2‐492

2‐489, 几字形羽冠饕餮,（4）類, 有肩尊, 殷後期Ⅲ, 藤田美術館　　2‐490, 几字形羽冠饕餮,（4）類,（1/2）, 鼎, 殷後期Ⅲ　　2‐491, 几字形羽冠饕餮,（4）類,（2/3）, 鼎, 殷後期Ⅲ　　2‐492, 几字形羽冠饕餮,（4）類,（2/3）, 瓠形尊, 西周ⅠA, 根津美術館

2 - 493

2 - 495

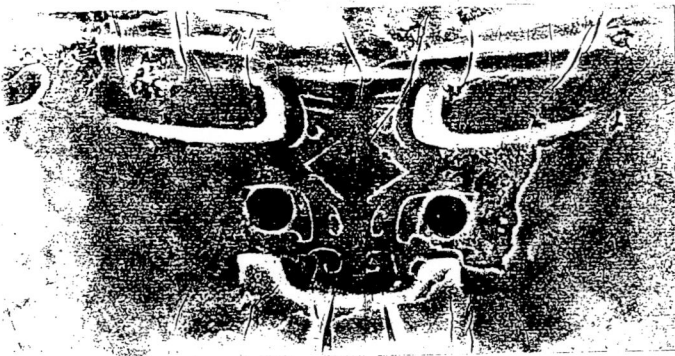

2 - 494

2 - 496

2 - 497

2-493，水牛角饕餮，(下4/5)，爵，殷後期Ⅰ   2-494，水牛角饕餮，(2/3)，角，殷後期Ⅲ   2-495，水牛角饕餮，觚形尊，西周ⅠA，臺北，故宮博物院
2-496，水牛角饕餮，(1/3)，卣，西周ⅠA   2-497，水牛角饕餮，甗，西周ⅠB，東京國立博物館

2 - 498

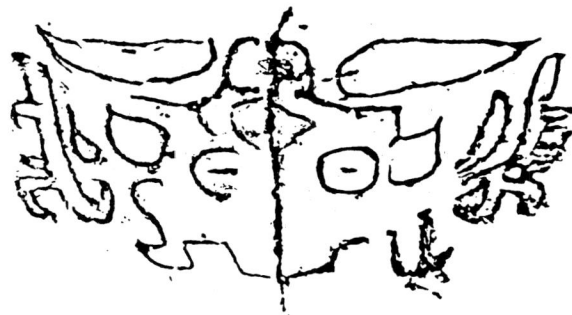

2 - 502

2 - 499

2 - 500

2 - 501

2 - 503

2-498，水牛角饕餮，(2/3)，鬲，西周ⅠB　　2-499，水牛角饕餮，(1/2)，卣，西周ⅠB　　2-500，水牛角饕餮，(1/2)，鬲鼎，西周ⅠB　　2-501，水牛角饕餮，
甗，西周ⅠB，長子景義村　　2-502，水牛角饕餮，甗，西周ⅠA，上蔡田莊村　　2-503，水牛角饕餮，(下1/2)，卣，西周ⅠB

2 - 504

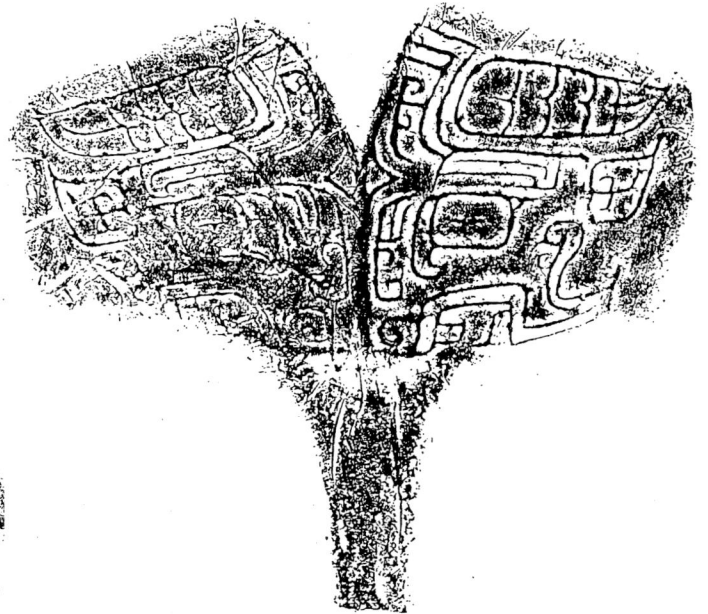

2 - 508

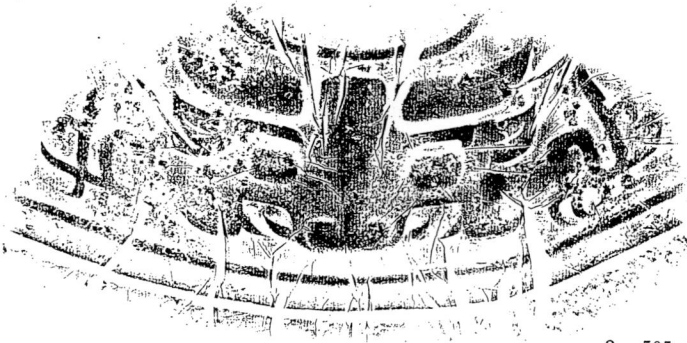

2 - 505

2 - 506

2 - 509

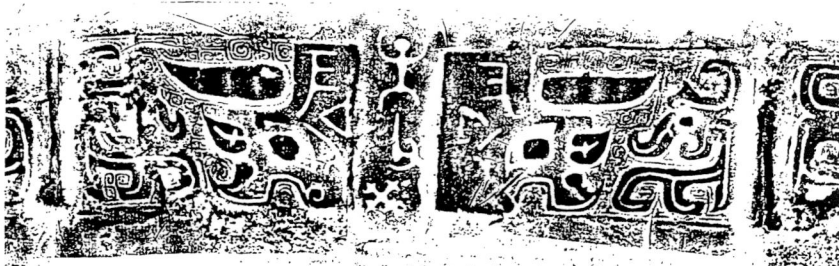

2 - 507

2-504，水牛角饕餮，(2/5)，壺，西周ⅠB　　2-505，水牛角饕餮，(2/5)，卣，西周ⅡA，根津美術館　　2-506，水牛角饕餮，(2/3)，甗，西周Ⅱ　　2-507，水牛角饕餮，(3/5)，爵，西周Ⅱ　　2-508，水牛角饕餮，(2/3)，甑，西周Ⅱ，濬縣辛村　　2-509，水牛角饕餮，(下原寸)，觶，西周Ⅱ，Museum für Ostasiatische Kunst

2 - 510

2 - 513

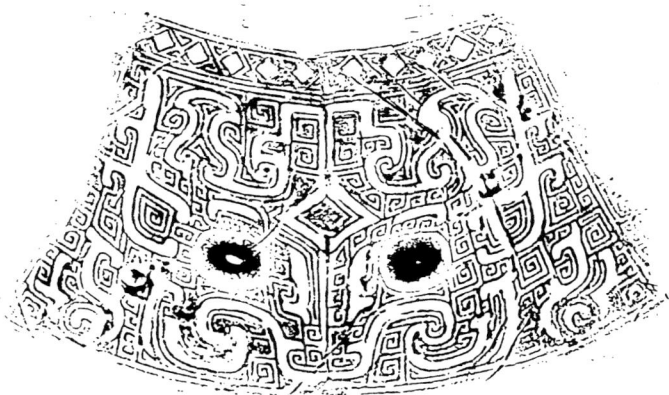

2 - 511

2 - 514

2 - 515

2 - 512

2-510，菌形角饕餮，（2/5），高鼎，殷後期ⅠA　　2-511，菌形角饕餮，（4/5），瓿，殷後期Ⅱ，Dr. Arthur M. Sackler Collection, New York　　2-512，菌形角饕餮，
（下1/2），小型盉，殷後期Ⅱ　　2-513，菌形角饕餮，甌，殷後期Ⅲ，出光美術館　　2-514，菌形角饕餮，車飾，安陽小屯　　2-515，菌形角饕餮，鼎，西周
ⅠB，淳化史家塬

2 - 516

2 - 519

2 - 517

2 - 520

2 - 518

2-516，尖葉角饕餮，甲類，（2/5），鼎，殷後期Ⅱ　　2-517，尖葉角饕餮，甲類，盉，殷後期Ⅱ，根津美術館　　2-518，尖葉角饕餮，乙類，（1/2），鬲鼎，出光美術館　　2-519，尖葉角饕餮，乙類，卣，殷後期Ⅲ，泉屋博古館，樋口隆康先生攝　　2-520，尖葉角饕餮，乙類，卣，殷後期Ⅲ，Nelson-Atkins Museum of Arts, Kansas City, Missouri (Nelson Fund)，樋口隆康先生攝

2 - 521

2 - 522

2 - 523

2‑521，尖葉角饕餮，乙類，(2/3)，壺，殷後期　　2‑522，尖葉角饕餮，乙類，(2/3)，卣，西周ⅠB　　2‑523，尖葉角饕餮，乙類，(2/3)，壺，西周ⅠB

2 - 524

2 - 528

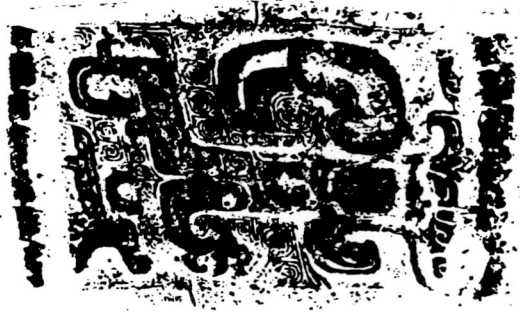

2 - 525

2 - 529

2 - 526

2 - 530

2 - 527

2 - 531

2-524，羊角形兩層角饕餮，甲類，鼎，殷後期Ⅱ，安陽小屯　　2-525，羊角形兩層角饕餮，甲類，簋，殷後期ⅢA，義縣稍户營子公社　　2-526，羊角形兩層角饕餮，甲類，有肩尊，西周ⅠB，上海博物館　　2-527，『形角饕餮，甲類，方鼎，殷後期Ⅱ，安陽侯家莊，樋口隆康先生攝　　2-528，羊角形兩層角饕餮，乙類，偶方彝，殷後期Ⅱ，安陽小屯　　2-529，羊角形兩層角饕餮，乙類，(2/3)，瓢形尊，殷後期Ⅲ　　2-530，羊角形兩層角饕餮，乙類，罍，殷後期Ⅲ，上海博物館　　2-531，羊角形兩層角饕餮，乙類，(1/2)，罍，殷後期Ⅲ，藤田美術館

2－532

2－533

2－534

2－532，羊角形兩層角饕餮，乙類、瓠形尊、殷後期Ⅲ，Nelson-Atkins Museum of Art, Kansas City, Missouri (Nelson Fund)，樋口隆康先生攝　　2－533，羊角形兩層角饕餮，乙類，（1/2），瓠形尊，西周ⅠA　　2－534，羊角形兩層角饕餮，乙類，爵，西周ⅠA，Metropolitan Museum of Art

2－535

2－536

2－537

2－538

2－539

2-535，大眉饕餮，(1)類，罍，殷後期Ⅱ，樋口隆康先生搨　　2-536，大眉饕餮，(1)類，(原寸)，卣，殷後期Ⅱ　　2-537，大眉饕餮，(1)類，(原寸)，爵，殷後期Ⅱ　　2-538，大眉饕餮，(1)類，觚形尊，殷後期Ⅱ，Museum Rietberg, Zürig　　2-539，大眉饕餮，(1)類，(3/5)，觚形尊，殷後期Ⅲ

2－540

2－541

2－542

2－543

2－544

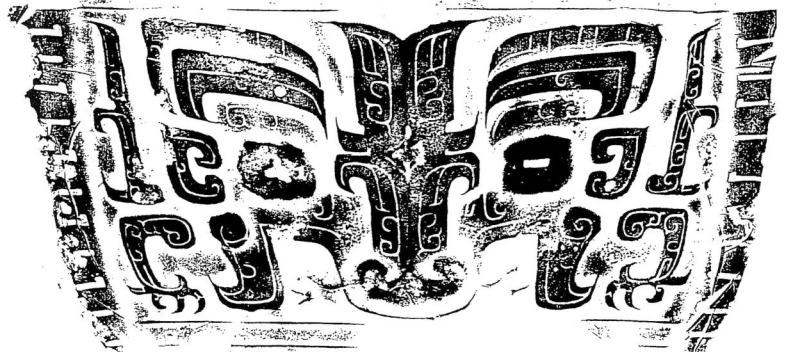

2－545

2－546

2-540，大眉饕餮,（1）類,（2/3），角，殷後期Ⅲ　　2-541，大眉饕餮,（1）類,（2/3），角，西周Ⅰ　　2-542，大眉饕餮,（1）類,（原寸），匜，西周Ⅰ A, From: Eleanor von Konsten,*Chinese Bronzes from the Collection of Chester Dale and Dolly Carter* no.42, with kind permission of *Artibus Asiae*　　2-543，大眉饕餮,（2）類,（2/3），觚形尊，殷後期Ⅲ，Art Institute of Chicago, Lucy Maud Buckingham Collection of Archaic Chinese Bronzes　　2-544，大眉饕餮,（2）類，觚形尊，殷後期Ⅲ　　2-545，大眉饕餮,（2）類，觚，殷後期Ⅲ　　2-546，大眉饕餮,（2）類,（2/5），卣，西周Ⅰ A

2`-547

2‑548

2‑549

2‑547，兩尖大耳饕餮，(2/3)，觶，殷後期Ⅱ，上海博物館   2‑548，兩尖大耳饕餮，(2/3)，瓠形尊，殷後期Ⅲ   2‑549，兩尖大耳饕餮，(1/2)，壺，殷後期Ⅲ

2 - 550

2 - 554

2 - 551

2 - 555

2 - 552

2 - 553

2 - 556

2-550，其他類饕餮，(1)，甗，殷後期Ⅲ，義縣稍戶营子公社　　2-551，其他類饕餮，(2)，方壺，西周Ⅰ B，Museum of Fine Arts, Boston，樋口隆康先生攝
2-552，其他類饕餮，(3)，(1/2)，觚形尊，西周Ⅱ A　　2-553，其他類饕餮，(3)，(2/9)，壺，西周Ⅱ　　2-554，其他類饕餮，(3)，壺，西周Ⅱ，臺北，故宮博物
院　　2-555，其他類饕餮，(4)，爵，西周Ⅱ　　2-556，其他類饕餮，(4)，(2/3)，方鼎，西周Ⅱ，上海博物館

3 - 1

3 - 2

3 - 3

3 - 4

3 - 5

3 - 6

3 - 7

3-1，羊角犠首，瓿，殷後期Ⅰ　　3-2，羊角犠首，瓿，殷後期Ⅲ B，城固五郎廟村　　3-3，羊角犠首，簋，殷後期Ⅱ，Fogg Art Museum, Harvard University，樋口隆康先生攝　　3-4，羊角犠首，有肩尊，殷後期Ⅱ　　3-5，羊角犠首，有肩尊，殷後期Ⅱ，寧樂美術館　　3-6，羊角犠首，斝，殷後期Ⅱ，MOA 美術館　3-7，羊角犠首，瓿，殷後期Ⅲ B，根津美術館，樋口隆康先生攝

3 - 8

3 - 11

3 - 9

3 - 12

3 - 10

3 - 13

3-8、羊角犠首、瓶、殷後期ⅢB、泉屋博古館、樋口隆康先生撮　　3-9、羊角犠首、簋、殷後期Ⅲ、臺北、故宮博物院　　3-10、羊角犠首、壺、殷後期ⅢB、臺北、故宮博物院　　3-11、羊角犠首、(左1/2)、瓶、殷後期ⅢA　　3-12、羊角犠首、瓶、殷後期ⅢA、出光美術館　　3-13、羊角犠首、簋、殷後期ⅢB、松岡美術館

3 - 14

3 - 17

3 - 15

3 - 18

3 - 16

3 - 19

3-14，羊角犧首，鼎，殷後期Ⅲ B，出光美術館　　3-15，羊角犧首，(2/3)，鼎，殷後期Ⅲ B　　3-16，羊角犧首，方鼎，殷後期Ⅲ，寧樂美術館　　3-17，羊角犧首，(2/3)，鼎，殷後期Ⅲ B　　3-18，羊角犧首，簋，西周Ⅰ A，Museum of Fine Arts, Boston，樋口隆康先生攝　　3-19，羊角犧首，方鼎，西周Ⅰ B，Nelson-Atkins Museum of Art, Kansas City, Missouri

3 - 20

3 - 23

3 - 21

3 - 24

3 - 22

3 - 25

3-20，羊角犠首，簋，西周ⅠB　　3-21，羊角犠首，卣，西周ⅠB，Courtesy of the Freer Gallery of Art, Smithsonian Institution, Washington D.C.　　3-羊角犠首，卣，西周ⅠB，泉屋博古館，樋口隆康先生攝　　3-23，羊角犠首，（左2/5），鼎，西周ⅠA　　3-24，羊角犠首，簋，西周ⅡA，Asian Art Museum of San Francisco, Avery Brundage Collection　　3-25，羊角犠首，卣，西周ⅡA，Fogg Art Museum, Harvard University

3 - 26

3 - 27

3 - 28

3 - 29

3 - 30

3 - 31

3-26，羊角犠首，瓠形尊，西周Ⅱ A，The University Museum，University of Pennsylvania，樋口隆康先生攝　　3-27，羊角犠首，鼎，西周Ⅱ A，臺北，故宮博物院
3-28，羊角犠首，方鼎，西周Ⅱ，上海博物館　　3-29，羊角犠首，鼎，西周Ⅱ B，Dr. Arthur M. Sackler Collection, New York　　3-30，羊角犠首，（下 3/5），鼎，
西周Ⅲ B，黑川古文化研究所　　3-31，羊角犠首，鼎，西周Ⅲ B，黑川古文化研究所，樋口隆康先生攝

3 - 32

3 - 33

3 - 32，羊角犠首，(1/2)，鼎，特定地域型　　3 - 33，羊角犠首，(2/3)，方鼎，春秋 I

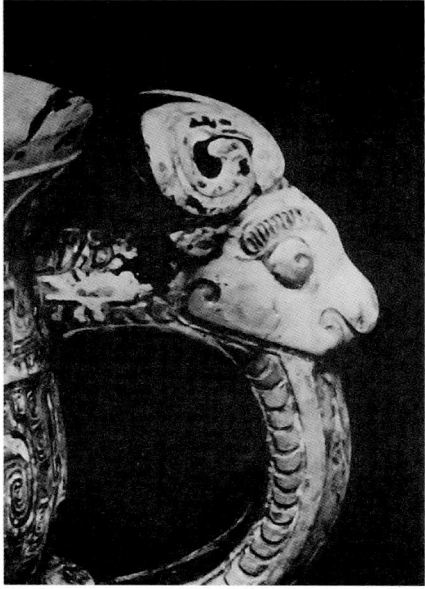

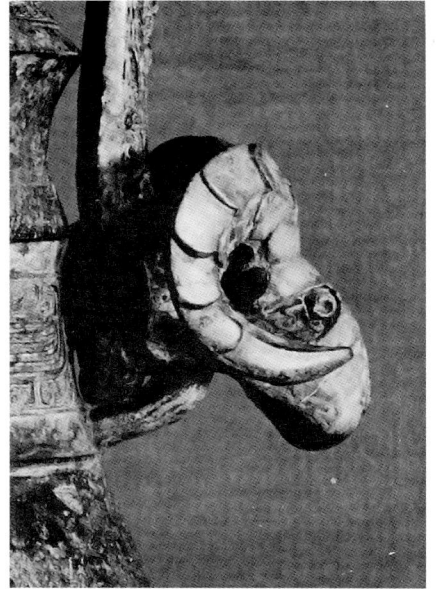

3 - 34　　　　　　　　　　　　3 - 35　　　　　　　　　　　　3 - 36

3 - 37

3-34，盤羊犠首，簋，殷後期Ⅲ A，Seattle Art Museum, Eugene Fuller Memorial Collection 56.34　　　3-35，盤羊犠首，簋，殷後期Ⅲ B，Fogg Art Museum, Harvard University，樋口隆康先生撮　　3-36，盤羊犠首，卣，西周Ⅰ B，泉屋博古館，樋口隆康先生撮　　3-37，盤羊犠首，(帶有身體)，有肩尊，西周Ⅰ，寧鄉

3 - 38

3 - 41

3 - 39

3 - 40

3－38，盤羊犧首,（帶有身體），雙羊尊，殷後期Ⅲ，Courtesy of the Trustees of the British Museum　　3－39，盤羊犧首,（帶有身體），雙羊尊，殷後期Ⅲ，根津美術館

3－40，盤羊犧首,（帶有身體），匜，殷後期Ⅲ A，藤田美術館　　3－41，盤羊（*Ovis ammon Linaeus* Hodgson），北京動物園

3－42

3－44

3－43

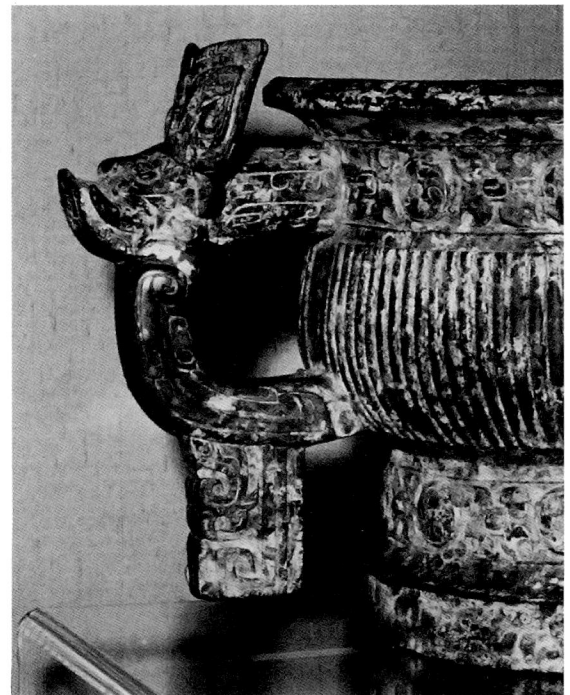

3－45

3-42，羊角犧首與鳳凰，（1）類，匜，殷後期Ⅱ，Fogg Art Museum, Harvard University，樋口隆康先生攝　　3-43，羊角犧首與鳳凰，（1）類，匜，殷後期ⅢA，白鶴美術館　　3-44，羊角犧首與鳳凰，（1）類，匜，殷後期ⅢB，Asian Art Museum of San Francisco, Avery Brundage Collection　　3-45，羊角犧首與鳳凰，（1）類，簋，西周ⅠA，Courtesy of the Trustees of the British Museum

3－48

3－47

3－49

3－50

3-46 3－46，羊角犠首與鳳凰，（1）類，簋，西周ⅠA，臺北，故宮博物院　　3－47，羊角犠首與鳳凰，（1）類，匜，西周ⅠA，出光美術館　　3－48，羊角犠首與鳳凰，（1）類，簋，西周ⅠA，北京，故宮博物院　　3－49，羊角犠首與鳳凰，（1）類，簋，西周ⅠB，泉屋博古館，樋口隆康先生攝　　3－50，羊角犠首與鳳凰，（2）類，簋，殷後期Ⅱ，Museum of Fine Arts, Boston

3 - 51

3 - 53

3 - 54

3 - 52

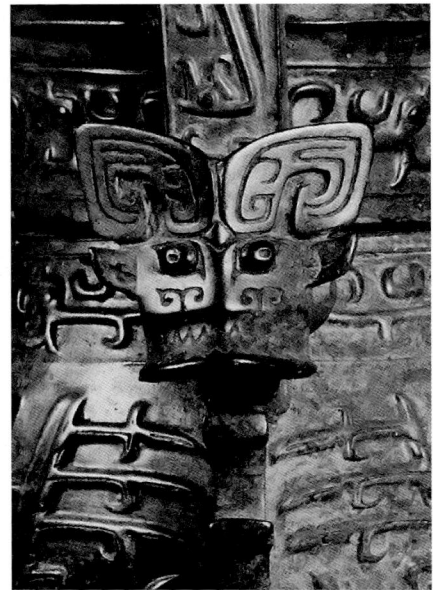

3 - 55

3-51, 羊角犠首與鳳凰, (2)類, 罍, 殷後期Ⅱ, 泉屋博古館, 樋口隆康先生攝　　3-52, 羊角犠首與鳳凰, (2)類, 有肩尊, 殷後期Ⅱ, 泉屋博古館, 樋口隆康先生攝　　3-53, 羊角犠首與鳳凰, (2)類, 罍, 殷後期Ⅲ B, 根津美術館, 樋口隆康先生攝　　3-54, 羊角犠首與鳳凰, (2)類, 有肩尊, 殷後期Ⅲ, 泉屋博古館, 樋口隆康先生攝　　3-55, 羊角犠首與鳳凰, (2)類, 卣, 西周Ⅰ A, 根津美術館, 樋口隆康先生攝

3 - 56

3 - 58

3 - 57

3 - 59

3 - 60

3 - 61

3-56、虎首犧首(帶有身體)，匜，殷後期Ⅱ，Fogg Art Museum, Harvard University　　3-57、大耳犧首(帶有身體)，鼎，殷後期Ⅱ，安陽侯家莊　　3-58、大耳犧首(帶有身體)，雕骨，殷後期，Minneapolis Institute of Arts　　3-59、大耳犧首，(原寸)，小型盃，殷後期Ⅱ，MOA 美術館　　3-60、大耳犧首，(原寸)，小型盃，殷後期Ⅱ　　3-61、大耳犧首，卣，殷後期Ⅲ，根津美術館，樋口隆康先生攝

3 - 62

3 - 65

3 - 66

3 - 63

3 - 67

3 - 64

3 - 68

3-62，大耳犠首，簋，殷後期Ⅲ A，Asian Art Museum of San Francisco, Avery Brundage Collection　　3-63，大耳犠首，（原寸），小型盃，殷後期Ⅲ，臺北，故宮博物院　　3-64，大耳犠首，鼎，西周Ⅰ A　　3-65，大耳犠首，（原寸），卣，西周Ⅰ A，天理参考館　　3-66，大耳犠首，（原寸），簋，西周Ⅰ B　　3-67，大耳犠首，簋，西周Ⅱ A，National Gallery of Victoria，松丸道雄先生攝　　3-68，大耳犠首，簋，西周Ⅱ A

3 - 69

3 - 70

3 - 71

3 - 69，大耳犧首，簋，西周ⅡB　　3 - 70，大耳犧首，簋，西周ⅡB，Asian Art Museum of San Francisco, Avery Brundage Collection，樋口隆康先生攝　　3 - 71，大耳犧首，馬面，西周Ⅰ～Ⅱ

3 – 72

3 – 74

3 – 73

3 – 75

3-72，虎首犧首（帶有身體），盉，殷後期Ⅱ，根津美術館，樋口隆康先生攝　　3-73，虎首犧首，卣，西周ⅠA　　3-74，虎首犧首（帶有身體），甗，西周ⅡA，
岐山童家村　　3-75，虎首犧首，卣，西周ⅡB，Museum für Völkerkunde

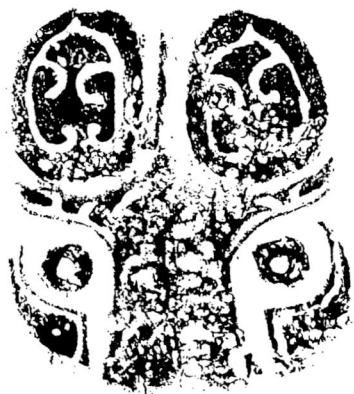

3 - 76

3 - 77

3 - 78

3 - 79

3 - 80

3-76，虎首犠首（原寸），簋，西周Ⅲ A　　3-77，虎首犠首，匜，西周Ⅲ B，Asian Art Museum of San Francisco, Avery Brundage Collection，樋口隆康先生攝
3-78，虎首犠首，簋，西周Ⅲ B　　3-79，虎首犠首，盨，西周Ⅲ B，臺北，故宮博物院　　3-80，虎首犠首，簋，春秋Ⅰ，臺北，故宮博物院

3 - 83

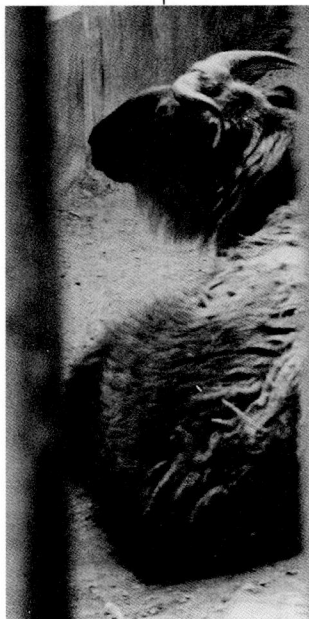
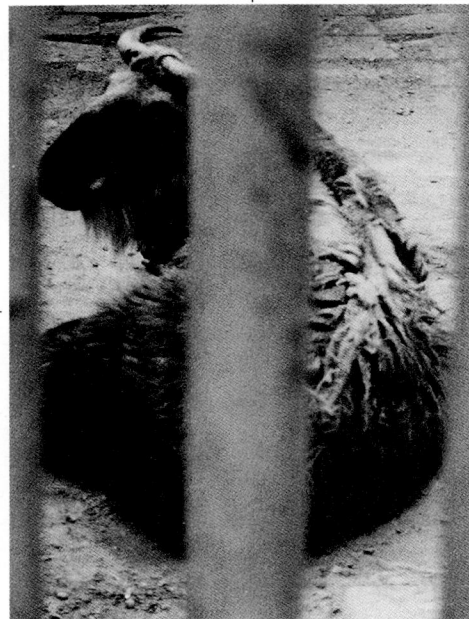

3 - 81

3 - 84

3 - 82

3 - 85

3-81，羚牛（*Budorcas taxicolor* Hodgson），北京動物園　　3-82，羚牛頭骨　　3-83，牛角犠首，簋，殷後期Ⅱ　　3-84，牛角犠首，盉，殷後期Ⅱ，根津美術館，樋口隆康先生撮　　3-85，牛角犠首，罍，特定地域型，Courtesy of the Freer Gallery of Art, Smithsonian Institution, Washington D. C., 左，樋口隆康先生撮

3 - 86

3 - 89

3 - 87

3 - 90

3 - 88

3 - 92

3 - 91

3-86，牛角犠首，卣，西周Ⅰ A　3-87，牛角犠首，罍，西周Ⅰ A，根津美術館，樋口隆康先生撮　3-88，牛角犠首，卣，西周Ⅰ B，出光美術館　3-89，牛角犠首，杆頭装飾，大約西周Ⅰ　3-90，牛角犠首，簋，西周Ⅰ B，泉屋博物館，樋口隆康先生撮　3-91，牛角犠首，簋，西周Ⅱ A，出光美術館　3-92，牛角犠首，馬具，西周Ⅲ

3－93

3－97

3－94

3－95

3－96

3－93，几字形羽冠犧首（帶有身體），（原寸），杆頭裝飾，大約西周後期，Courtesy of the Trustees of the British Museum　3－94，几字形羽冠犧首，罍，殷後期Ⅱ，The Nelson-Atkins Museum of Art, Kansas City, Missouri, Nelson Fund　3－95，几字形羽冠犧首，（原寸），壺，殷後期Ⅲ　3－96，几字形羽冠犧首，方鼎，殷後期Ⅲ　3－97，几字形羽冠犧首，匜，殷後期，藤田美術館

3 - 98

3 - 99

3 - 100

3 - 101

3 - 102

3-98，八字形羽冠犠首，盤，西周ⅠA，Museum of Fine Arts, Boston　　3-99，八字形羽冠犠首，（原寸），卣，西周ⅠB　　3-100，八字形羽冠犠首，匜，西周ⅠB，扶風莊白　　3-101，八字形羽冠犠首，卣，西周ⅡA，Fogg Art Museum, Harvard University, Bequest, Grenville L. Winthrop，樋口隆康先生攝　　3-102，八字形羽冠犠首，卣，西周ⅡA

3 - 103

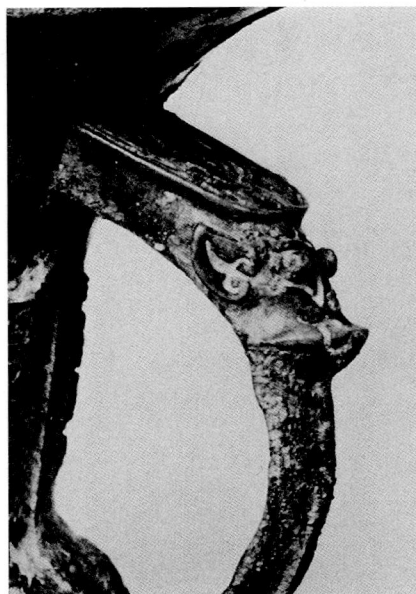

3 - 108

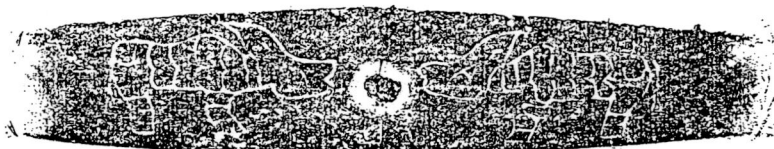

3 - 104

3 - 105

3 - 109

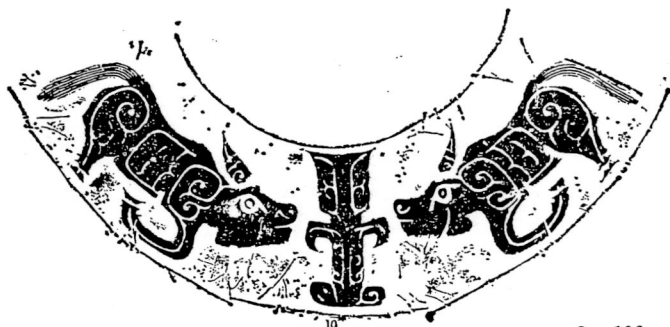

3 - 106

3 - 110

3 - 107

3 - 111

3-103，水牛，南京近郊　　3-104，水牛角犧首（帶有身體），弓形器，殷後期，盧龍東闕各莊　　3-105，水牛角犧首（帶有身體），(1/2)，觚形尊，西周ⅠB，Dr.
Arthur M. Sackler Collection, New York　　3-106，水牛角犧首（帶有身體），觶，西周ⅠB，彭縣竹瓦街　　3-107，水牛角犧首，有肩尊，殷中期Ⅱ，出光美術館
3-108，水牛角犧首，斝，殷中期Ⅱ，黑川古文化研究所　　3-109，水牛角犧首，有肩尊，殷後期Ⅰ，安陽小屯　　3-110，水牛角犧首，有肩尊，殷後期Ⅱ，
Asian Art Museum of San Francisco, Avery Brundage Collection　　3-111，水牛角犧首，有肩尊，殷後期Ⅱ，泉屋博古館，樋口隆康先生攝

3-112

3-115

3-113

3-116

3-114

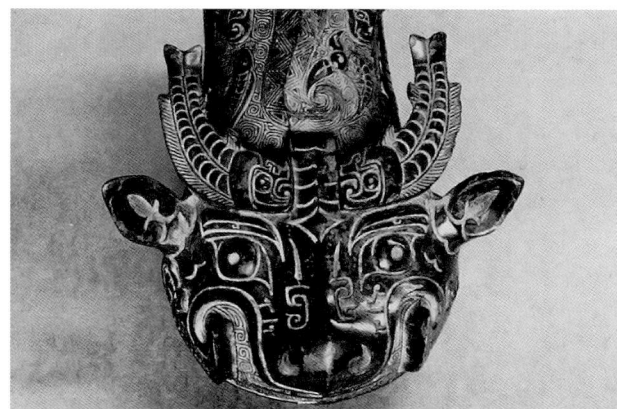

3-117

3-112，水牛角犠首，有肩尊，特定地域型，東京國立博物館　　3-113，水牛角犠首，斝，殷後期Ⅱ，Ashmolean Museum, Ingram Gift　　3-114，水牛角犠首，卣，
殷後期Ⅲ　　3-115，水牛角犠首，簋，殷後期Ⅲ，by Courtesy of Cernusci Museum-City of Paris　　3-116，水牛角犠首，匜，殷後期，藤田美術館　　3-117，水牛
角犠首，匜，殷後期，Courtesy of the Freer Gallery of Art, Smithsonian Institution, Washington D.C.，樋口隆康先生撮

3 - 118

3 - 121

3 - 119

3 - 122

3 - 120

3 - 123

3-118，水牛角犠首，簋，西周Ⅰ A，泉屋博古館　　　3-119，水牛首形圖像符號，鼎，西周Ⅰ A，University Museum, University of Pennsylvania　　　3-120，水牛角犠首，同上，鼎　　　3-121，水牛角犠首（饕餮），方鼎，西周Ⅰ B，MOA 美術館　　　3-122，水牛角犠首，盉，西周Ⅱ，臺北，故宮博物院　　　3-123，水牛角犠首，簋，西周Ⅱ A，出光美術館

3 – 124

3 – 125

3 – 126

3-124，水牛角犠首（帯有身體），尊，西周Ⅱ，岐山賀家村　　3-125，水牛角犠首（帯有身體），壺，西周Ⅲ B，Asian Art Museum of San Francisco, Avery Brundage Collection，樋口隆康先生攝　　3-126，水牛角犠首（帯有身體），匜，殷後期Ⅲ B，泉屋博古館，樋口隆康先生攝

3－127

3－128

3－129

3－130

3-127，尖吻蝮（*Deinagkistrodon*），日本蛇族研究所　　3-128，菌形角犧首，斝，殷後期Ⅰ，上海博物館，樋口隆康先生攝　　3-129，菌形角犧首，斝，殷後期
Ⅰ，Museum für Ostasiatische Kunst　　3-130，菌形角犧首（帶有身體），斝，殷後期，Museum für Ostasiatische Kunst

3 - 131

3 - 132

3 - 134

3 - 135

3 - 133

3 - 136

3-131，菌形角犠首（帯有身體），舟形容器，殷後期，石樓桃花莊　　3-132，菌形角犠首（帯有身體），弓形器，殷後期　　3-133，菌形角犠首（帯有身體），卣，殷後期Ⅱ，Museum für Ostasiatische Kunst　　3-134，菌形角犠首（帯有身體），卣，殷後期Ⅱ，Musée Guimet, Paris　　3-135，菌形角犠首，罍，殷後期Ⅱ，The St. Louis Art Museum　　3-136，菌形角犠首（帯有身體），卣，殷後期Ⅲ，白鶴美術館

3－137

3－138

3－139

3－140

3－141

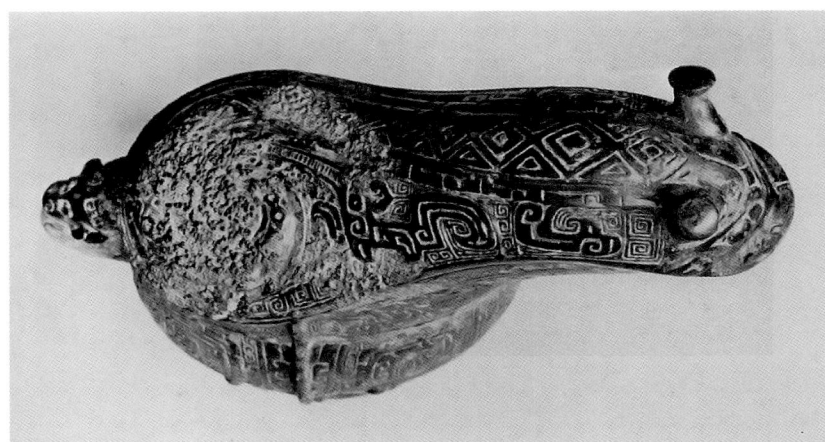

3－142

3-137、菌形角犧首，觥，殷後期Ⅲ B，根津美術館，樋口隆康先生攝　　3-138、菌形角犧首，卣，殷後期Ⅲ，白鶴美術館，松丸道雄先生攝　　3-139、菌形角犧首，卣，西周Ⅰ B，白鶴美術館　　3-140、菌形角犧首，卣，西周Ⅰ B　　3-141、菌形角犧首（帶有身體），匜，殷後期Ⅱ　　3-142、菌形角犧首（帶有身體），匜，殷後期Ⅱ

3 - 143

3 - 144

3 - 145

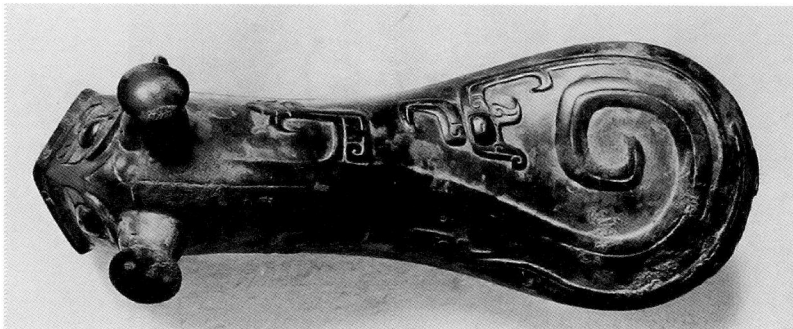

3 - 146

3 - 147

3 - 148

3 - 149

3-143，菌形角犠首（帯有身體），方壺，殷後期Ⅱ，安陽小屯　　3-144，菌形角犠首（帯有身體），玉器，殷後期，安陽小屯　　3-145，菌形角犠首（帯有身體），匜，殷後期Ⅲ A，Ethnography Department of the National Museum of Copenhagen　　3-146，菌形角犠首（帯有身體），匜，殷後期Ⅲ B，Asian Art Museum of San Francisco, Avery Brundage Collection　　3-147，菌形角犠首（帯有身體），匜，殷後期Ⅲ A　　3-148，菌形角犠首（帯有身體），卣，殷後期，泉屋博古館　　3-149，菌形角犠首（帯有身體），簋，西周Ⅰ A，Dr. Arthur M. Sackler Collection，New York，樋口隆康先生攝

3 - 150

3 - 151

3 - 155

3 - 152

3 - 153

3 - 154

3 - 156

3 - 157

3-150，菌形角犠首（帯有身體），簋，西周ⅠB，Collection Dr. Paul Singer，樋口隆康先生攝　　3-151，菌形角犠首（帯有身體），(1/2)，簋，西周ⅠB　　3-152，菌形角犠首（帯有身體），簋，西周ⅠB，靈臺白草坡　　3-153，菌形角犠首（帯有身體），(2/3)，簋，西周ⅠB　　3-154，菌形角犠首（帯有身體），匜，西周Ⅱ　　3-155，菌形角犠首（帯有身體），簋，西周ⅢA，Asian Art Museum of San Francisco, Avery Brundage Collection　　3-156，菌形角犠首（帯有身體），方鼎，西周Ⅲ，Fogg Art Museum, Harvard University　　3-157，菌形角犠首（帯有身體），盤，殷後期Ⅱ，安陽小屯

3 - 158

3 - 161

3 - 159

3 - 162

3 - 160

3 - 163

3-158，菌形角犧首（帶有身體），(1/3)，盤，殷後期Ⅱ　　　3-159，菌形角犧首（帶有身體），盤，殷後期Ⅲ，Courtesy of the Freer Gallery of Art, Sumithsonian Institution, Washington D. C.　　　3-160，菌形角犧首（帶有身體），盤，殷後期Ⅲ　　　3-161，菌形角犧首（帶有身體），瓿，殷後期Ⅲ B　　　3-162，菌形角犧首（帶有身體），罍，西周Ⅰ B，彭縣竹瓦街　　　3-163，菌形角犧首（帶有身體），罍，西周Ⅰ B，彭縣竹瓦街

3 - 164

3 - 165

3 - 166

3 - 164，菌形角犧首（帶有身體），罍，西周 I B，彭縣竹瓦街　　3 - 165，菌形角犧首（帶有身體），盤，特定地域型，白鶴美術館　　3 - 166，菌形角犧首（帶有身體），（3/5），盤，春秋 I

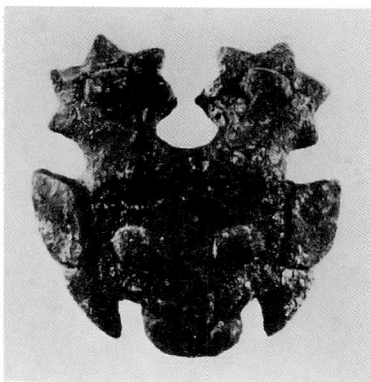

3 - 167

3 - 171

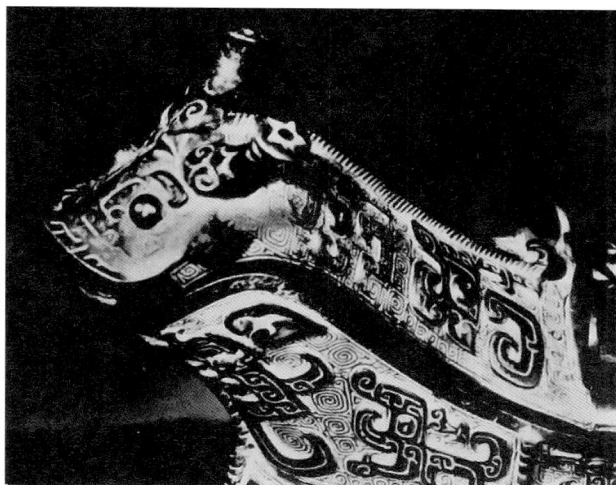

3 - 168

3 - 172

3 - 169

3 - 173

3 - 170

3-167、手掌形角犠首，車具，殷後期，安陽小屯　　3-168、手掌形角犠首，匜，殷後期ⅢA　　3-169、手掌形角犠首，有肩尊，殷後期ⅢB，臺北，故宮博物院
3-170、手掌形角犠首，卣，西周ⅠA，Courtesy of the Freer Gallery of Art, Smithonian Institution, Washington D. C.，樋口隆康先生攝　　3-171、手掌形角犠首，卣，
西周ⅠA，白鶴美術館　　3-172、手掌形角犠首，卣，西周ⅠB，臺北，故宮博物院　　3-173、手掌形角犠首，罍，西周ⅠB，彭縣竹瓦街

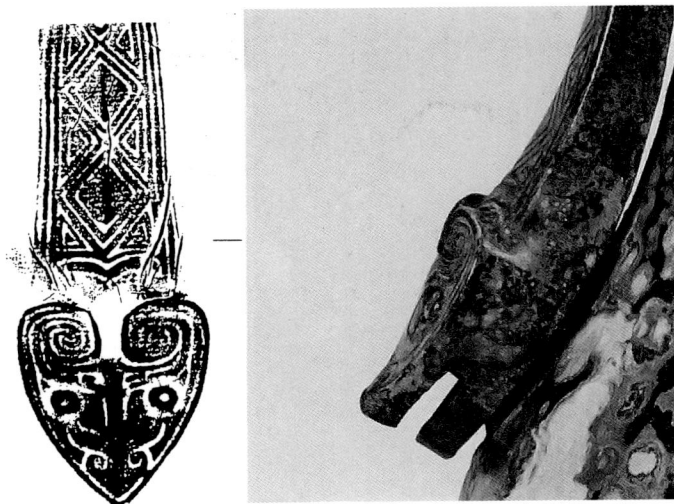

3－174

3－177

3－175

3－178

3－176

3－179

3－174，漩渦眉犧首（帶有身體），（左4/5），卣，殷後期Ⅱ，From: Eleanor von Konsten, *Chinese Bronzes from the Collection of Chester Dale and Dolly Carter*, no.46, with kind permission of *Artibus Asiae*　3－175，漩渦眉犧首（帶有身體），（下2/3），斝，殷後期Ⅱ，根津美術館，樋口隆康先生攝　3－176，漩渦眉犧首（帶有身體），罍，西周ⅠB，彭縣竹瓦街　3－177，漩渦眉犧首（帶有身體），（1/2），枓，殷後期Ⅱ～Ⅲ　3－178，漩渦眉犧首，方甗，殷後期Ⅲ　3－179，漩渦眉犧首（帶有身體），矛，殷後期

3－180

3－181

3－182

3－183

3－184

3－185

3－186

3－187

3－188

3-180，漩渦眉犧首（帶有身體），（3/5），方鼎，西周Ⅰ A　　3-181，漩渦眉犧首（帶有身體），（3/5），方鼎，西周Ⅰ A，白鶴美術館　　3-182，漩渦眉犧首（帶有身體），（3/5），方鼎，西周Ⅰ A，Dr. Arthur M. Sackler Collection, New York　　3-183，漩渦眉犧首（帶有身體），方鼎，西周Ⅰ B，MOA 美術館　　3-184，漩渦眉犧首（帶有身體），（3/5），簋，西周Ⅱ A，臺北，故宮博物院　　3-185，漩渦眉犧首，觶形尊，西周Ⅱ A，University Museum, University of Pennsylvania，樋口隆康先生攝　　3-186，漩渦眉犧首，簋，西周Ⅱ B，Asian Art Museum of San Francisco, Avery Brundage Collection，樋口隆康先生攝　　3-187，漩渦眉犧首，觶形尊，西周Ⅱ B，Dr. Arthur M. Sackler Collection，樋口隆康先生攝　　3-188，漩渦眉犧首，簋，西周Ⅱ B

3-189

3-193

3-196

3-190

3-194

3-191

3-195

3-197

3-192

3-189，漩渦眉犧首，馬面，大約西周Ⅱ，Courtesy of the Trustees of the British Museum　　3-190，漩渦眉犧首，簋，西周ⅡB　　3-191，漩渦眉犧首，（2/3），盤，西周ⅢA，臺北，故宮博物院　　3-192，漩渦眉犧首，簋，西周ⅢA，岡山美術館　　3-193，漩渦眉犧首，甗，西周ⅢB，北京，故宮博物院　　3-194，漩渦眉犧首，盂，春秋Ⅰ，北京，故宮博物院　　3-195，漩渦眉犧首，（原寸），簋，春秋Ⅰ　　3-196，角貝角犧首（帶有身體），小型盉，殷後期Ⅱ，安陽西北岡

3-197，角貝角犧首（帶有身體），鼎，西周ⅠA，University Museum, University of Pennsylvania，上，樋口隆康先生攝

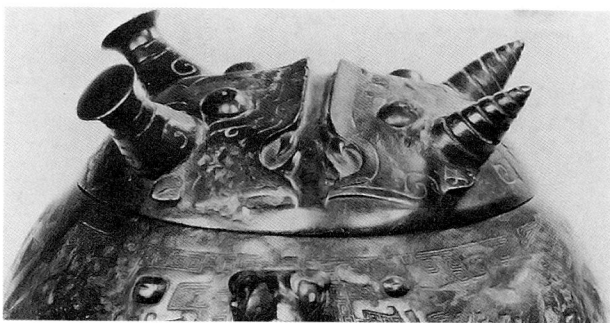

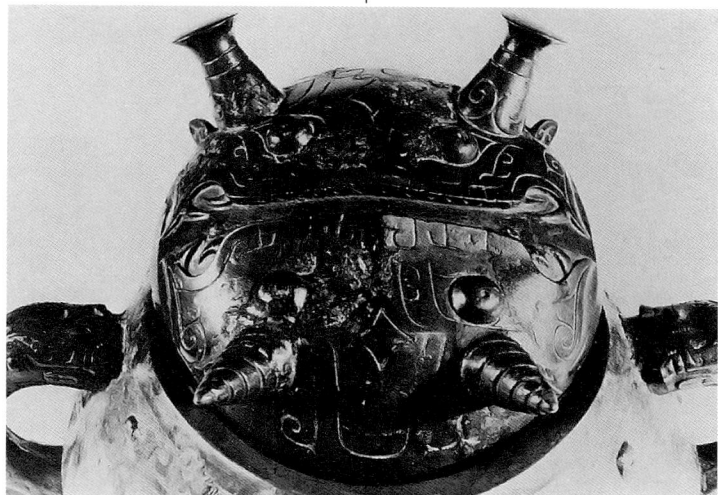

3 - 198

3 - 200

3 - 199

3 - 201

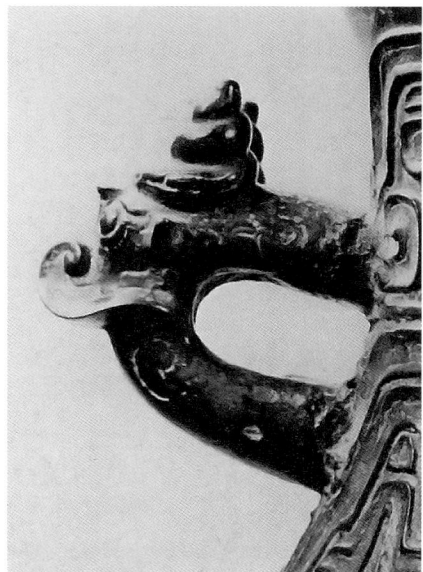

3 - 202

3-198，角貝角犧首（帶有身體），簋，西周 I B，臺北，故宮博物院　　3-199，角貝角犧首，簋，西周 II B，臺北，故宮博物院　　3-200，角貝角犧首，壺，西周 III A　　3-201，角貝角犧首，壺，西周 III A，Asian Art Museum of San Francisco, Avery Brundage Collection　　3-202，角貝角犧首，壺，西周 III B，臺北，故宮博物院

3 - 203

3 - 206

3 - 209

3 - 204

3 - 207

3 - 205

3 - 208

3‐203，角貝角犠首，簋，西周Ⅲ B，Asian Art Museum of San Francisco, Avery Brundage Collection，樋口隆康先生撮　　3‐204，角貝角犠首，爐，西周Ⅲ，北京，歷
史博物館　　3‐205，角貝角犠首，壺，西周Ⅲ B，臺北，故宮博物院　　3‐206，角貝角犠首，罍，西周Ⅲ，上海博物館　　3‐207，角貝角犠首，壺，春秋Ⅰ
3‐208，角貝角犠首，簋，春秋Ⅰ，北京，故宮博物院　　3‐209，角貝角犠首，盉，特定地域型

3 - 210

3 - 214

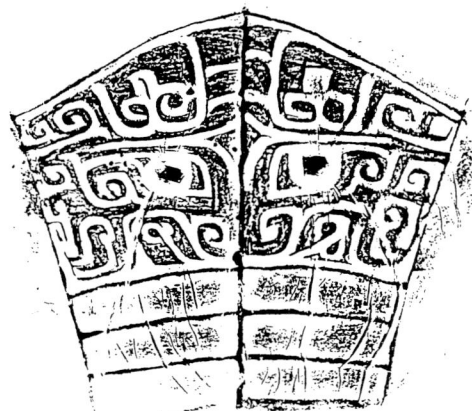

3 - 211

3 - 215

3 - 212

3 - 216

3 - 217

3 - 213

3-210，尖葉角犠首，簋，殷後期Ⅱ，Museum für Ostasiatische Kunst　　3-211，尖葉角犠首，(1/2)，鼎，殷後期Ⅱ　　3-212，尖葉角犠首，卣，殷後期Ⅲ
3-213，尖葉角犠首，角，殷後期Ⅲ，泉屋博古館，樋口隆康先生攝　　3-214，尖葉角犠首，(原寸)，壺，殷後期Ⅲ，藤井有鄰館　　3-215，尖葉角犠首，匜，殷
後期，Courtesy of the Freer Gallery of Art, Smithsonian Institution, Washington D. C.，樋口隆康先生攝　　3-216，尖葉角犠首，(原寸)，卣，西周Ⅰ A，白鶴美術館
3-217，尖葉角犠首，(原寸)，卣，西周Ⅰ A

3 - 218

3 - 222

3 - 219

3 - 223

3 - 224

3 - 220

3 - 225

3 - 221

3-218，尖葉角犠首，方鼎，西周Ⅰ B，黒川古文化研究所　　3-219，尖葉角犠首，方彝，西周Ⅰ B，Courtesy of the Freer Gallery of Art, Smithsonian Institution, Washington, D.C.，樋口隆康先生撮　　3-220，尖葉角犠首，簋，西周Ⅱ A　　3-221，尖葉角犠首，觶形尊，西周Ⅱ A，泉屋博古館，樋口隆康先生撮　　3-222，尖葉角犠首，觶形尊，西周Ⅱ B　　3-223，尖葉角犠首，(原寸)，簋，西周Ⅱ B　　3-224，尖葉角犠首，(原寸)，小型盃，西周Ⅱ　　3-225，尖葉角犠首，大型盃，西周Ⅲ

3 - 226

3 - 227

3 - 228

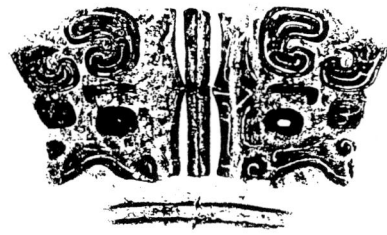

3 - 229

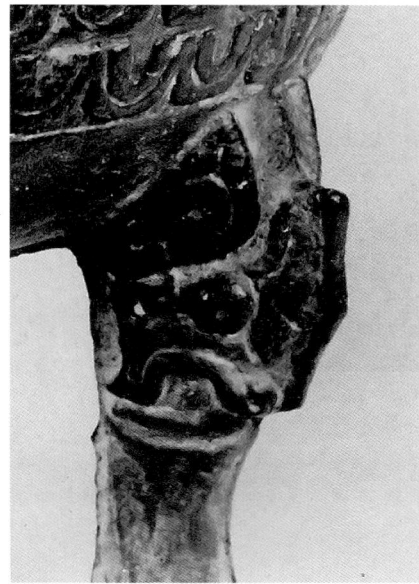

3 - 230

3 - 231

3－226、羊角形兩層角犧首，卣，殷後期Ⅲ，白鶴美術館　　3－227、羊角形兩層角犧首，鼎，西周ⅠB，郿縣桐家大隊　　3－228、羊角形兩層角犧首，甗，西周ⅠB，彭縣竹瓦街　　3－229、羊角形兩層角犧首（饕餮），鼎，西周ⅢB，上海博物館　　3－230、羊角形兩層角犧首，鼎，西周ⅢB，上海博物館　　3－231、羊角形兩層角犧首，鼎，春秋Ⅰ，臺北，故宮博物院

3 - 232

3 - 235

3 - 233

3 - 236

3 - 234

3 - 237

3-232，大象犠首，匜，殷後期Ⅲ A，白鶴美術館　　3-233，大象犠首，卣，殷後期，by Courtesy of Cernusci Museum-City of Paris　　3-234，大象犠首，卣，西周
Ⅰ B，Seattle Art Museum, Margaret E. Fuller Purchase Fund, 51.67　　3-235，大象犠首，盉，西周Ⅰ B，根津美術館，樋口隆康先生攝　　3-236，大象犠首，有肩尊，
西周Ⅰ A，臺北，故宮博物院　　3-237，大象犠首，有肩尊，西周Ⅰ A，上海博物館

3 - 238

3 - 241

3 - 239

3 - 242

3 - 240

3 - 243

3 - 244

3－238，大象犠首，簋，西周ⅡB，藤井有鄰館　　3－239，大象犠首，壺，西周Ⅱ　　3－240，大象犠首，壺，春秋Ⅰ，臺北，故宮博物院　　3－241，大象犠首（帶有身體），（1/2），簋，西周ⅠB　　3－242，大象犠首（帶有身體），（2/3），瓠形尊　　3－243，大象犠首（帶有身體），（3/5），簋，西周ⅡA，Musée Guimet, Paris
3－244，大象犠首（帶有身體），（2/3），簋，西周ⅡA

3－245

3－246

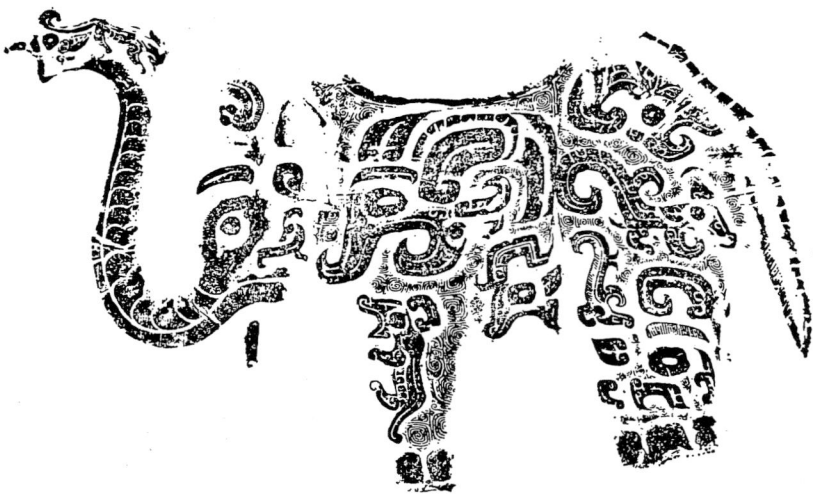

3－247

3－248

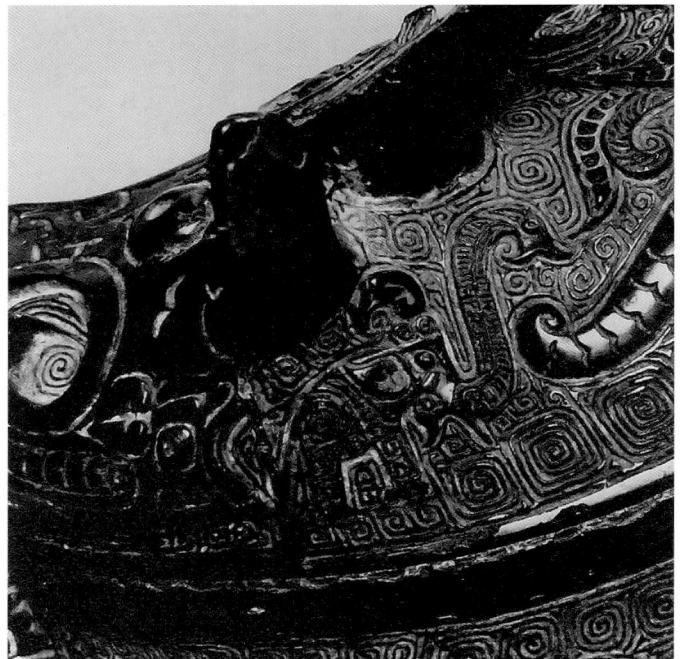

3－249

3-245，大象犧首（帶有身體），簋，西周ⅡA，北京房山　　3-246，大象犧首（帶有身體），鐘，西周Ⅲ，泉屋博古館　　3-247，大象犧首，象尊，殷後期Ⅲ，醴陵仙霞公社　　3-248，大象犧首，象尊，西周Ⅰ，Courtesy of the Freer Gallery of Art, Smithsonian Institution, Washington D. C.　　3-249，大象犧首，匜，殷後期Ⅲ A，Courtesy of the Freer Gallery of Art, Smithsonian Institution, Washington D. C.，樋口隆康先生攝

3 - 250

3 - 251

3 - 252

3-250，大象犠首，匜，殷後期Ⅲ B，泉屋博古館，樋口隆康先生攝　　3-251，象鼻，瓠形尊，西周ⅠB，臺北，故宮博物院　　3-252，象鼻，(3/5)，方彝，西周Ⅱ，上海博物館

3 - 253

3 - 256

3 - 254

3 - 257

3 - 255

3-253．蘇門答臘犀牛（*Didermoceros sumatrensis* Fischer 1914）標本，The British Museum (Natural History)　　3-254，犀牛尊，殷後期Ⅲ，Asian Art Museum of San Francisco, Avery Brundage Collection，樋口隆康先生攝　　3-255，犀牛犧首，卣，西周ⅠA，Asian Art Museum of San Francisco, Avery Brundage Collection　　3-256，犀牛犧首，卣，西周ⅠB，出光美術館　　3-257，犀牛犧首，轄，大約西周Ⅲ，Courtesy of the Trustees of the British Museum

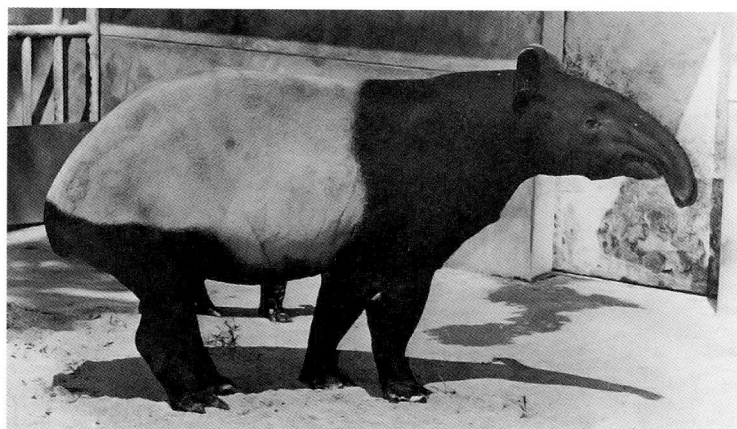

3 - 258

3 - 262

3 - 259

3 - 263

3 - 260

3 - 261

3 - 264

3-258，貘（*Tapirus indicus* Cuvier），財團法人東京動物園協會提供　　3-259，貘，財團法人東京動物園協會提供　　3-260，貘，阿姆斯特丹動物園　　3-261，貘犧首（帶有身體），貘尊，西周Ⅰ　　3-262，貘犧首（帶有身體），貘尊，西周Ⅰ～Ⅱ，Arthur M. Sackler Collection, New York　　3-263，貘犧首（帶有身體），貘尊，西周Ⅱ，寶雞茹家莊　　3-264，貘犧首，卣，西周ⅠA

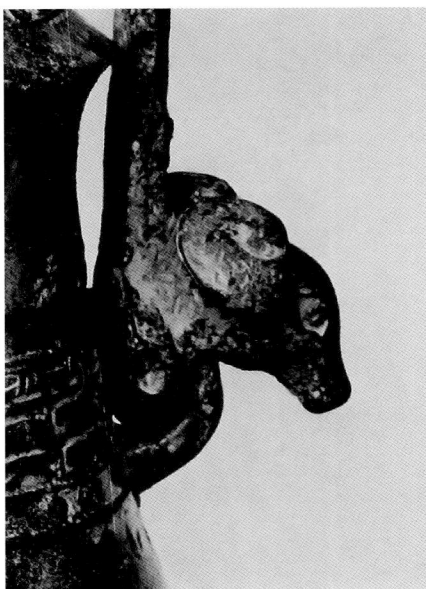

3 - 265

3 - 268

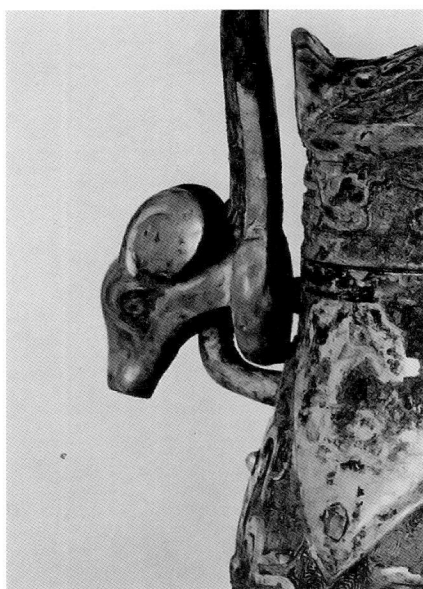

3 - 266

3 - 269

3 - 267

3 - 270

3 - 265，貘犠首，卣，西周Ⅰ B，黒川古文化研究所　　3 - 266，貘犠首，卣，西周Ⅱ A，白鶴美術館　　3 - 267，貘犠首，觶形尊，西周Ⅱ A　　3 - 268，貘犠首，卣，西周Ⅱ B，泉屋博古館，樋口隆康先生攝　　3 - 269，貘犠首，卣，西周Ⅱ B，出光美術館　　3 - 270，貘犠首，卣，西周Ⅱ B ～ Ⅲ A，The Museum of Far Eastern Antiquities, Bequest,Late King Gustaf Ⅵ Adolf of Sweden

3 - 271

3 - 272

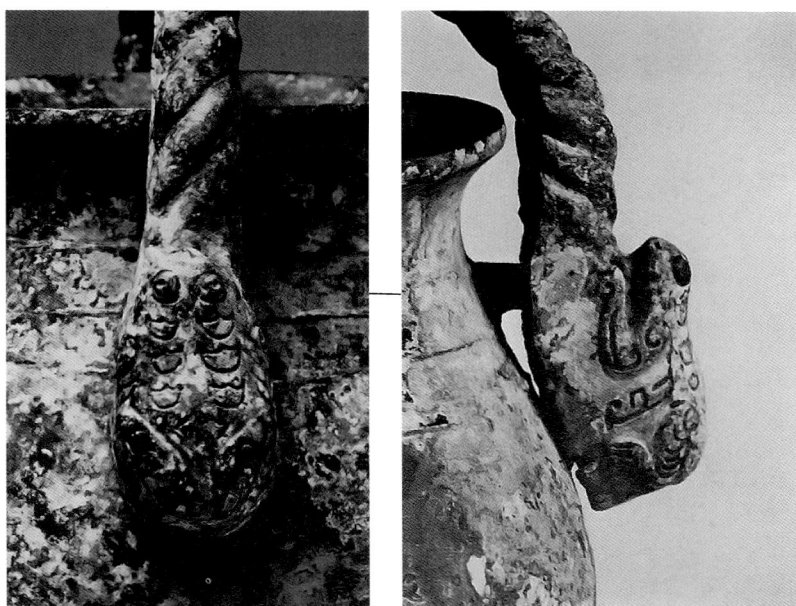

3 - 273

3-271，蛙，瓿，特定地域型，Asian Art Museum of San Francisco, Avery Brundage Collection　　3-272，蛙，卣，殷後期Ⅱ，上海博物館　　3-273，蛙，卣，殷後期Ⅱ，Asian Art Museum of San Francisco, Avery Brundage Collection

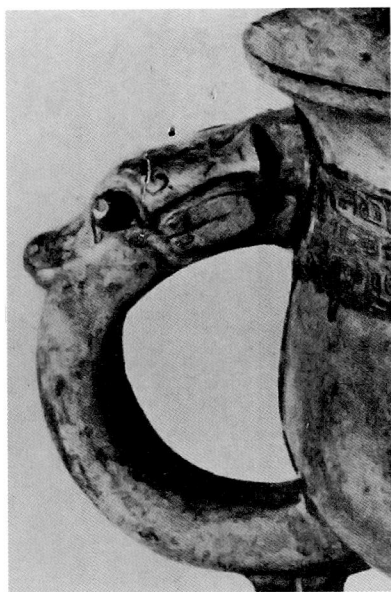

3－274

3－275

3－276

3－277

3－278

3－279

3－280

3-274，附帶小枝的菌形角犧首，簋，殷後期Ⅲ B　　3-275，附帶小枝的菌形角犧首，罍，殷後期Ⅲ，白鶴美術館　　3-276，附帶小枝的菌形角犧首，卣，西周
Ⅰ A　　3-277，附帶小枝的菌形角犧首，匜，西周Ⅰ A　　3-278，附帶小枝的菌形角犧首，匜，西周Ⅰ，Fitzwilliam Museum　　3-279，附帶小枝的菌形角犧首，
杆頭裝飾，大約西周Ⅰ，上海博物館　　3-280，附帶小枝的菌形角犧首，簋，西周Ⅰ B

3－281

3－284

3－282

3－285

3－283

3－286

3－281，附帶小枝的菌形角犧首，小型盂，西周ⅠB　　3－282，附帶小枝的菌形角犧首，卣，西周ⅠB　　3－283，附帶小枝的菌形角犧首，簋，西周ⅡA
3－284，附帶小枝的菌形角犧首，(2/3)，簋，西周ⅡA　　3－285，附帶小枝的菌形角犧首，壺，西周Ⅱ，根津美術館，樋口隆康先生攝　　3－286，附帶小枝的菌形
角犧首（帶有身體），玉器、西周

3－287

3－288

3－291

3－289

3－292

3－290

3－293

3-287，附帶小枝的牛角犧首，壺，西周Ⅱ　　3-288，附帶小枝的牛角犧首，簋，西周Ⅲ A，上海博物館　　3-289，附帶小枝的牛角犧首，簋，西周Ⅲ B
3-290，附帶小枝的牛角犧首，簋，西周Ⅲ B，臺北，故宮博物院　　3-291，附帶小枝的牛角犧首，簋，西周Ⅲ B，上海博物館　　3-292，附帶小枝的牛角犧首，
簋，春秋Ⅰ，Courtesy of the Trustees of the Victoria and Albert Museum　　3-293，附帶小枝的牛角犧首（帶有身體），鬲，西周Ⅱ，北京，故宮博物院

3 - 294

3 - 297

3 - 295

3 - 296

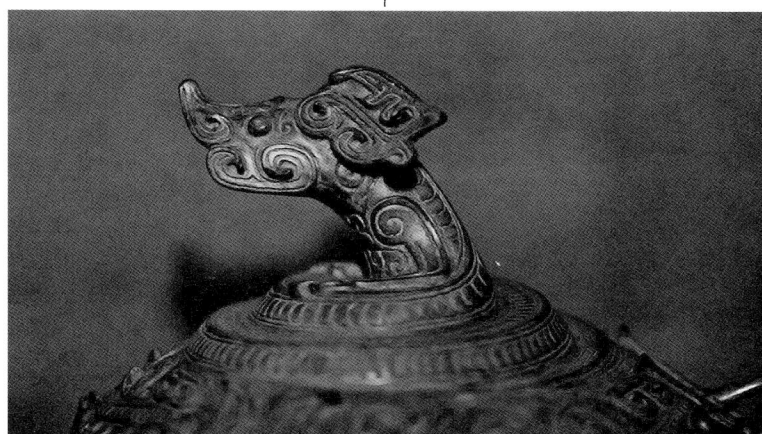

3 - 298

3-294，外卷二歧角犠首，壺，西周Ⅲ B，臺北，故宮博物院　　3-295，外卷二歧角犠首，壺，西周Ⅲ B，Asian Art Museum of San Francisco, Avery Brundage Collection，樋口隆康先生攝　　3-296，外卷二歧角犠首，匜，春秋Ⅰ，鄒縣七家峪　　3-297，外卷二歧角犠首，壺，春秋Ⅰ，臺北，故宮博物院　　3-298，外卷二歧角犠首，盃，特定地域型，上海博物館

3 - 299

3 - 300

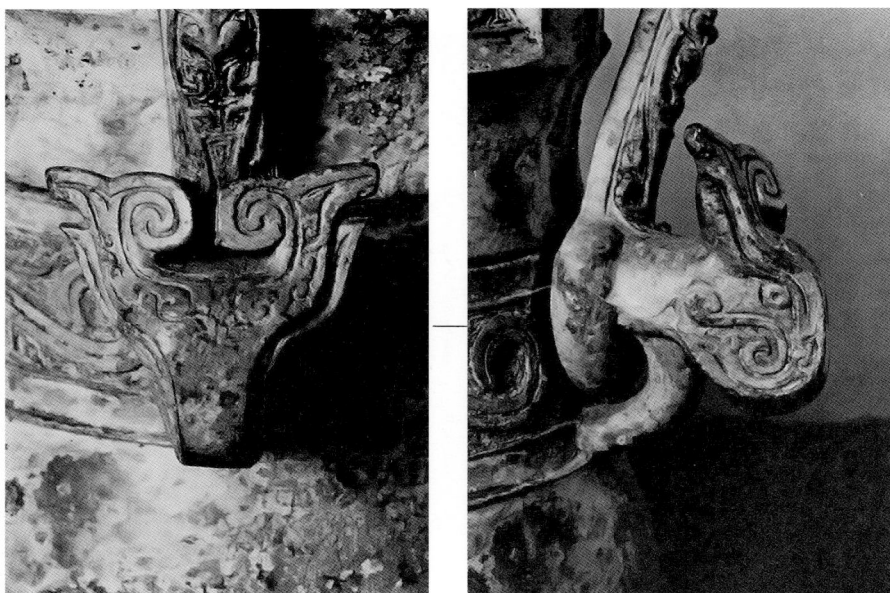

3 - 301

3‐299，附帶小枝的漩渦眉犧首，卣，西周Ⅱ A，泉屋博古館，樋口隆康先生攝　　3‐300，附帶小枝的漩渦眉犧首，簋，西周Ⅱ A，Dr. Arthur M. Sackler Collection, New York，樋口隆康先生攝　　3‐301，附帶小枝的漩渦眉犧首，卣，西周Ⅱ B，Fogg Art Museum, Harvard University，樋口隆康先生攝

3 - 302

3 - 305

3 - 303

3 - 306

3 - 307

3 - 304

3 - 308

3-302，被用作犠首的鳥，斝，殷後期Ⅱ，Courtesy of the Trustees of the British Museum　　3-303，被用作犠首的鳥，有肩尊，殷後期Ⅲ，泉屋博古館，樋口隆康先生攝　　3-304，被用作犠首的鳥，斝，殷後期Ⅱ，Asian Art Museum of San Francisco, Avery Brundage Collection，樋口隆康先生攝　　3-305，被用作犠首的鳥，(2/3)，簋，西周ⅡA，臺北，故宮博物院　　3-306，被用作犠首的鳥，簋，西周ⅡB，泉屋博古館，樋口隆康先生攝　　3-307，被用作犠首的鳥，簋，西周ⅢA　3-308，被用作犠首的鳥，盂，春秋Ⅰ，臨潼零口公社

3 - 309

3 - 310

3 - 311

3 - 312

3 - 313

3 - 314

3-309，其他犠首，方鼎，殷後期Ⅱ，樋口隆康先生攝　　3-310，其他犠首，卣，殷後期Ⅲ，Asian Art Museum of San Francisco, Avery Brundage Collection
3-311，其他犠首，卣，西周ⅡB　　3-312，其他犠首，鴟鴞尊，殷後期，The Cleaveland Museum of Art, John L. Severance Fund，樋口隆康先生攝　　3-313，其
他犠首，匜，西周ⅠA，上海博物館　　3-314，其他犠首，匜，春秋Ⅰ

3－315

3－318

3－316

3－319

3－317

3－315，其他犧首，（2/3），簋，西周ⅠB　　　3－316，其他犧首，杆頭裝飾，Asian Art Museum of San Francisco, Avery Brundage Collection　　　3－317，西藏野驢（*Equus hemionus Kiang*），北京動物園　　　3－318，蒙古野驢（*Equus hemionus hemionus*），北京動物園　　　3－319，其他犧首，簋，西周ⅢA，扶風法門公社

3 - 320

3 - 324

3 - 328

3 - 321

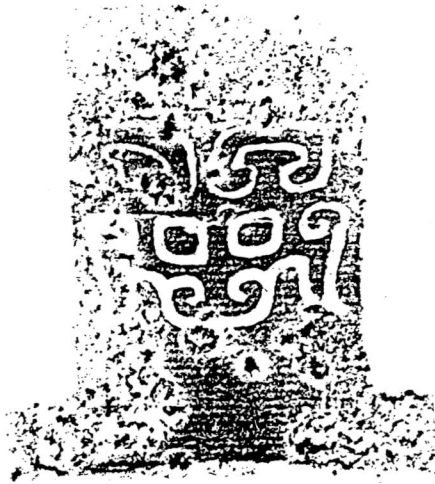

3 - 325

3 - 329

3 - 322

3 - 326

3 - 330

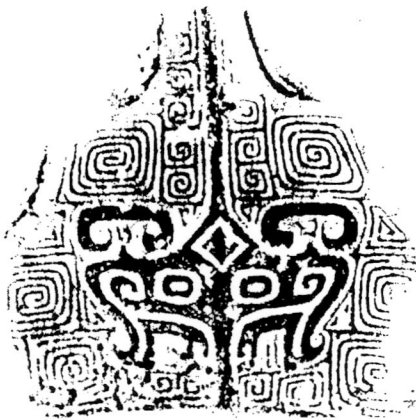

3 - 323

3 - 327

3 - 331

3 - 332

3-320，平面犠首，(原寸)，壺，殷後期Ⅲ，松岡美術館　　3-321，平面犠首，(原寸)，壺，殷後期Ⅲ　　3-322，平面犠首，小型盃，殷後期Ⅱ，安陽小屯
3-323，平面犠首，(原寸)，鴟鴞卣，殷後期Ⅲ　　3-324，平面犠首，簋，西周ⅠB，喀左北洞村　　3-325，平面犠首，(原寸)，斝，殷後期Ⅱ，根津美術館
3-326，平面犠首，(原寸)，觶，殷後期Ⅰ　　3-327，平面犠首，(原寸)，卣，殷後期Ⅱ　　3-328，平面犠首，(原寸)，卣，殷後期Ⅱ　　3-329，平面犠首，(原寸)，爵，殷後期Ⅲ　　3-330，平面犠首，簋，西周ⅠA，Dr. Arthur M. Sackler Collection, New York　　3-331，平面犠首，簋，西周ⅢA　　3-332，平面犠首，鼎，殷後期Ⅱ，安陽小屯

3 - 333

3 - 334

3 - 335

3 - 336

3‐333，平面犠首，鼎，西周ⅠA，岐山　　3‐334，平面犠首，（原寸），卣，殷後期Ⅱ　　3‐335，平面犠首，（原寸），方彝，殷後期ⅢA　　3‐336，平面犠首，（原寸），觶，殷後期Ⅱ

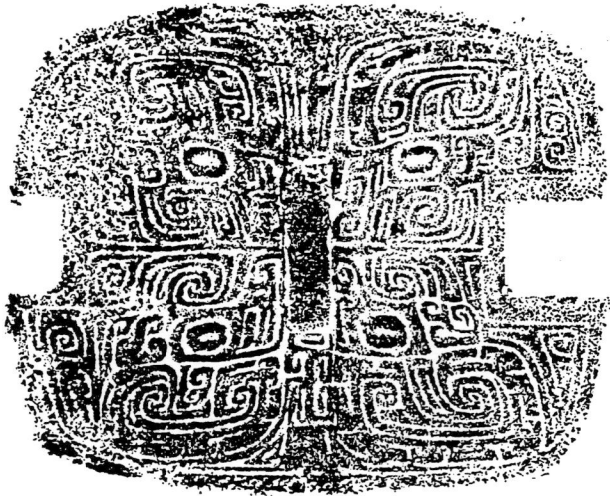

4-1，類似饕餮的龍，方彝，殷後期Ⅱ，安陽小屯　　4-2，類似饕餮的龍，(4/5)，方彝，殷後期Ⅱ　　4-3，類似饕餮的龍，斝，殷後期Ⅱ，安陽小屯　　4-4，類似饕餮的龍，瓿，殷後期Ⅱ，安陽小屯　　4-5，類似饕餮的龍，瓿，殷後期Ⅱ，Museum für Ostasiatische Kunst　　4-6，類似饕餮的龍，瓿，殷後期Ⅱ，安陽小屯　　4-7，類似饕餮的龍，(3/5)，瓿形尊，殷後期Ⅲ

4 - 8

4 - 9

4 - 10

4 - 11

4 - 12

4 - 13

4 - 14

4-8，類似饕餮的龍，(3/5)，鼎，殷後期　　4-9，類似饕餮的龍，瓿形尊，殷後期Ⅲ　　4-10，類似饕餮的龍，(原寸)，爵，殷後期Ⅲ　　4-11，類似饕餮的龍，(4/5)，角，殷後期Ⅲ　　4-12，類似饕餮的龍，(原寸)，瓿，殷後期Ⅲ B　　4-13，類似饕餮的龍，瓿，西周Ⅰ A　　4-14，類似饕餮的龍，(4/5)，瓿，殷後期Ⅰ，臺北，故宮博物院

4 - 15

4 - 18

4 - 16

4 - 19

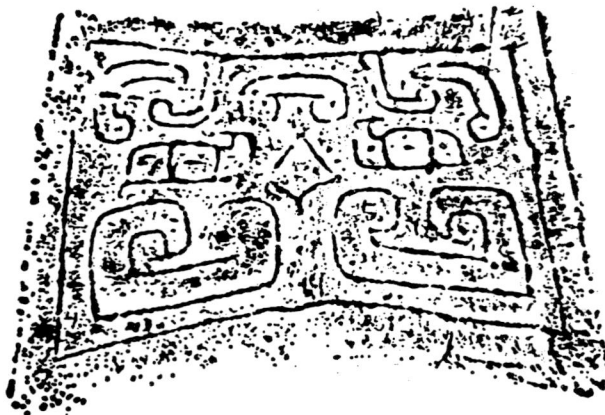

4 - 17

4 - 20

4-15，類似饕餮的龍，卣，特定地域型，石樓　　4-16，類似饕餮的龍，(4/5)，角，西周 I，Metropolitan Museum of Art　　4-17，類似饕餮的龍，鉦，西周，臨潼零口公社　　4-18，類似饕餮的龍，(原寸)，方彝　　4-19，類似饕餮的龍，(原寸)，匜，西周 III，濬縣辛村　　4-20，類似饕餮的龍，(1/2)，雙羊尊，特定地域型，根津美術館

4 - 21

4 - 22

4-21，類似饕餮的龍，鉦，特定地域型，江寧橫溪公社　　4-22，類似饕餮的龍，(1/2)，鉦，特定地域型

4 - 30

4 - 23

4 - 31

4 - 24

4 - 32

4 - 25

4 - 33

4 - 26

4 - 34

4 - 27

4 - 35

4 - 28

4 - 29

4 - 36

4-23, 帶狀 T 形羊角龍,（1）類,（3/5）, 卣, 殷後期Ⅲ 　　4-24, 帶狀 T 形羊角龍,（1）類,（3/5）, 簋, 西周ⅠA 　　4-25, 帶狀 T 形羊角龍,（1）類,（2/3）, 簋, 西周ⅠA, 臺北, 故宮博物院 　　4-26, 帶狀 T 形羊角龍,（1）類,（2/3）, 簋, 西周ⅠB, Dr. Arthur M. Sackler Collection, New York 　　4-27, 帶狀 T 形羊角龍,（1）類,（1/2）, 簋, 西周ⅠB 　　4-28, 帶狀 T 形羊角龍,（1）類,（2/3）, 簋, 西周ⅡA, 臺北, 故宮博物院 　　4-29, 帶狀 T 形羊角龍,（1）類,（1/2）, 簋, 西周ⅡA 　　4-30, 帶狀 T 形羊角龍,（2）類, 簋, 殷後期Ⅲ 　　4-31, 帶狀 T 形羊角龍,（2）類, 卣, 西周ⅠA 　　4-32, 帶狀 T 形羊角龍,（2）類, 簋, 西周ⅠA 　　4-33, 帶狀 T 形羊角龍,（2）類,（3/5）, 鼎, 西周ⅠA, From: Eleanor von Konsten, *Chinese Bronzes from the Collection of Chester Dale and Dolly Carter*, no.19, with kind permission of *Artibus Asiae* 　　4-34, 帶狀 T 形羊角龍,（2）類, 簋, 西周ⅡA, 扶風雲塘 　　4-35, 帶狀 T 形羊角龍,（2）類,（3/5）, 簋, 西周ⅡA 　　4-36, 帶狀 T 形羊角龍,（2）類,（2/3）, 卣, 西周ⅡB, 黑川古文化研究所

4 - 37

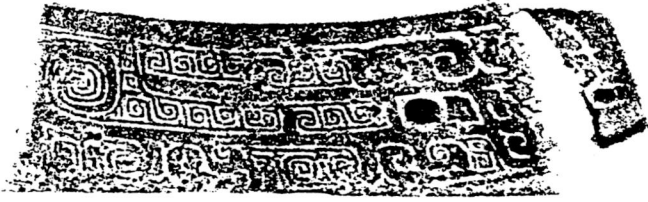

4 - 38

4 - 42

4 - 39

4 - 40

4 - 41

4-37，帶狀 T 形羊角龍,（3）類,（2/3），卑，殷後期 I，白鶴美術館　　4-38，帶狀 T 形羊角龍,（3）類,（4/5），卣，殷後期Ⅲ　　4-39，帶狀 T 形羊角龍,（3）類,
（3/5），卣，西周 I A，Dr. Arthur M. Sackler Collection, New York　　4-40，帶狀 T 形羊角龍,（3）類，卑，西周 I B，扶風莊白　　4-41，帶狀 T 形羊角龍,（3）類,
（3/5），卣，西周 I B，Dr. Arthur M. Sackler Collection, New York　　4-42，帶狀 T 形羊角龍,（3）類,（3/5），瓠形尊，西周Ⅱ B

4 - 43

4 - 46

4 - 44

4 - 47

4 - 45

4-43，向下 S 形對向龍，罍，殷後期Ⅲ，上海博物館　　4-44，向下 S 形對向龍，(下 2/3)，罍，殷後期Ⅲ，藤田美術館　　4-45，向下 S 形對向龍，(1/3)，罍，殷後期Ⅲ，瓿，殷後期Ⅲ B　　4-46，向下 S 形對向龍，瓿，殷後期Ⅲ B　　4-47，向下 S 形對向龍，(2/5)，罍，西周Ⅰ A，北京，故宮博物院

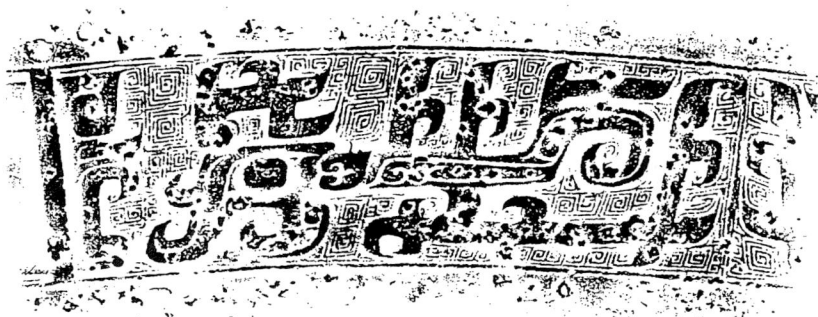

4 - 48

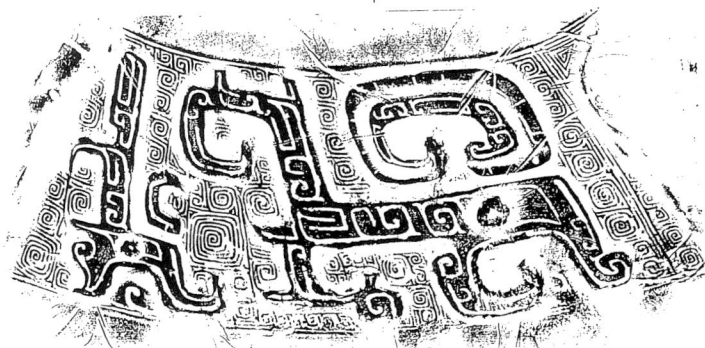

4 - 51

4 - 49

4 - 52

4 - 50

4-48，向下 S 形對向龍，(2/3)，甗，西周 I B，泉屋博古館　　4-49，向下 S 形對向龍，瓿，殷後期Ⅲ A，出光美術館　　4-50，向下 S 形對向龍，(1/2)，瓿，殷後期Ⅲ B，藤田美術館　　4-51，向下 S 形對向龍，(下 3/7)，瓿，殷後期Ⅲ B　　4-52，向下 S 形對向龍，(2/3)，壺，殷後期Ⅲ

4 - 53

4 - 57

4 - 54

4 - 58

4 - 55

4 - 56

4 - 59

4-53，向下 S 形卷鼻龍,(4/5)，觚，殷後期 I，安陽後北岡   4-54，向下 S 形卷鼻龍，瓿，殷後期 I，南昌老福山   4-55，向下 S 形卷鼻龍，觚形尊，殷後期 II，泉屋博古館，樋口隆康先生攝   4-56，向下 S 形卷鼻龍，(原寸)，觚形尊，殷後期 III，From, Eleanor von Konsten, *Chinese Bronzes from the Collection of Chester Dale and Dolly Carter*, no.61, with kind permission of *Artibus Asiae*   4-57，向下 S 形卷鼻龍，觚，殷後期 II，安陽小屯   4-58，向下 S 形卷鼻龍,(4/5)，觚，殷後期 II   4-59，向下 S 形卷鼻龍，觚，殷後期 II，樋口隆康先生攝

4 - 60

4 - 65

4 - 61

4 - 66

4 - 62

4 - 63

4 - 67

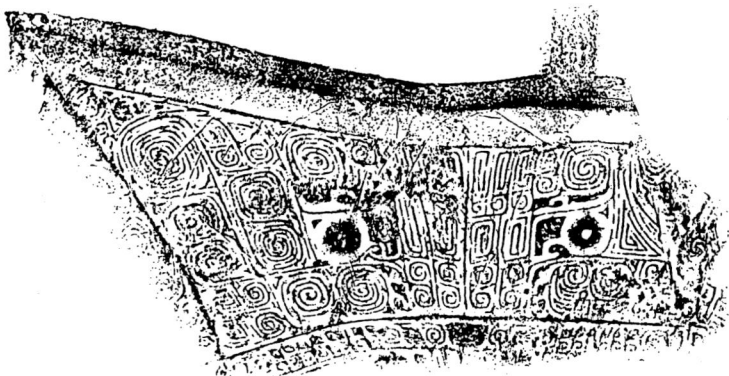

4 - 64

4-60、向下Ｓ形卷鼻龍、(2/3)、壺、殷後期Ⅲ　　4-61、向下Ｓ形卷鼻龍、(3/5)、壺、殷後期Ⅲ、松岡美術館　　4-62、向下Ｓ形卷鼻龍、罕、殷後期Ⅱ、安陽小屯　　4-63、向下Ｓ形卷鼻龍、爵、殷後期Ⅱ　　4-64、向下Ｓ形卷鼻龍、(2/3)、爵、西周ⅠＢ、黑川古文化研究所　　4-65、向下Ｓ形卷鼻龍、(2/3)、瓿、殷後期Ⅰ、安陽小屯　　4-66、向下Ｓ形卷鼻龍、(原寸)、瓿、殷後期Ⅱ　　4-67、向下Ｓ形卷鼻龍、偶方彝、殷後期Ⅱ、安陽小屯

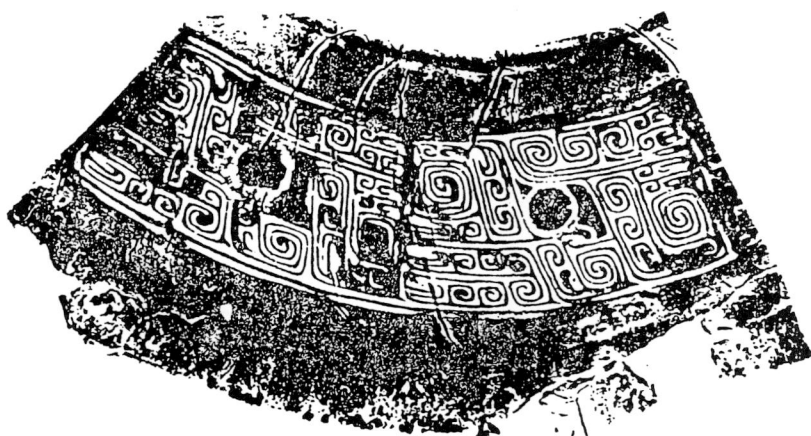

4-68

4-70

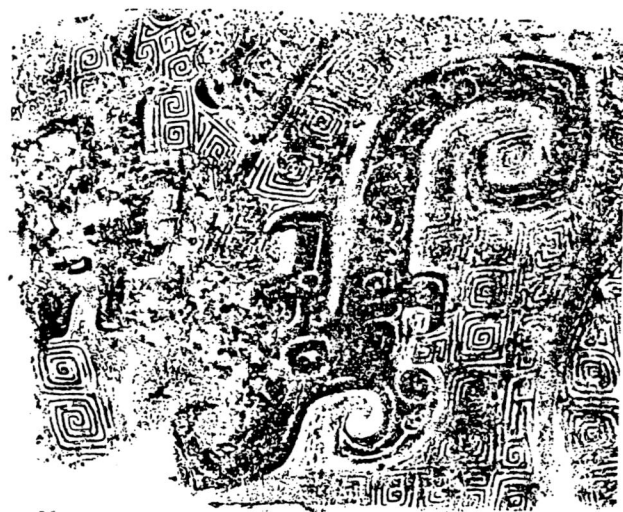

4-71

4-69

4-72

4-68，向下 S 形卷鼻龍，(原寸)，瓴，殷後期Ⅰ，安陽小屯　　4-69，向下 S 形卷鼻龍，(下 1/2)，壺，殷後期Ⅱ，Museum für Ostasiatische Kunst　　4-70，向下 S 形卷鼻龍，壺，殷後期Ⅰ，Musée Guimet, Paris　　4-71，向下 S 形卷鼻龍，獸形匜，殷後期Ⅱ，安陽小屯　　4-72，向下 S 形卷鼻龍，瓶，殷後期Ⅱ，安陽小屯

4－73

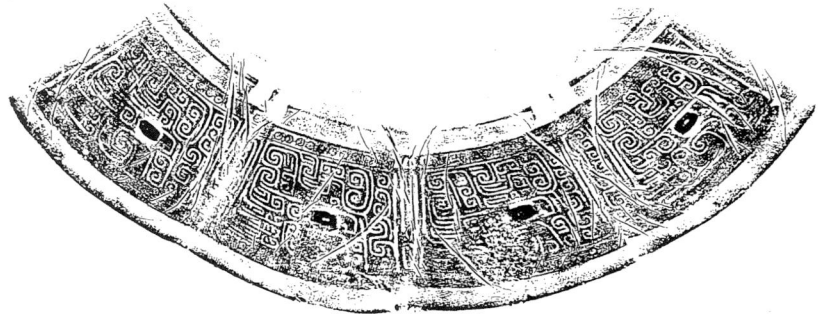

4－77

4－74

4－78

4－75

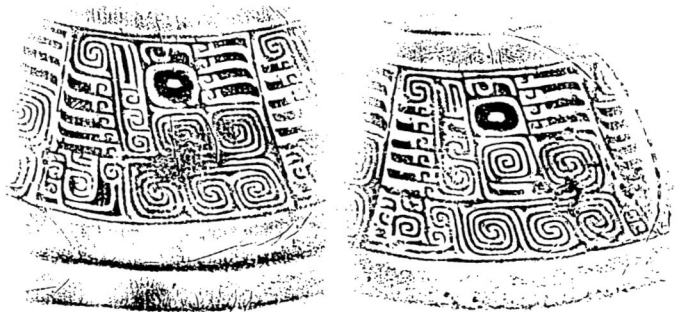

4－79

4－76

4－80

4-73，向下 S 形卷鼻龍，(2/5)，壺，殷後期　　4-74，向下 S 形卷鼻龍，簋，殷後期Ⅱ，泉屋博古館，樋口隆康先生攝　　4-75，向下 S 形卷鼻龍，骨柶，殷後期Ⅱ，安陽侯家莊　　4-76，向下 S 形卷鼻龍，瓿，殷後期Ⅱ，正定新城鋪村　　4-77，向下 S 形卷鼻龍，(2/5)，瓿，殷後期ⅢA　　4-78，向下 S 形卷鼻龍，瓿，殷後期Ⅰ，Museo Nazionale d'Arte Orientale　　4-79，向下 S 形卷鼻龍，(2/3)，瓿，殷後期Ⅱ　　4-80，向下 S 形卷鼻龍，瓿，殷後期Ⅱ，樋口隆康先生攝

4 - 81

4 - 82

4 - 83

4 - 84

4 - 85

4 - 86

4 - 87

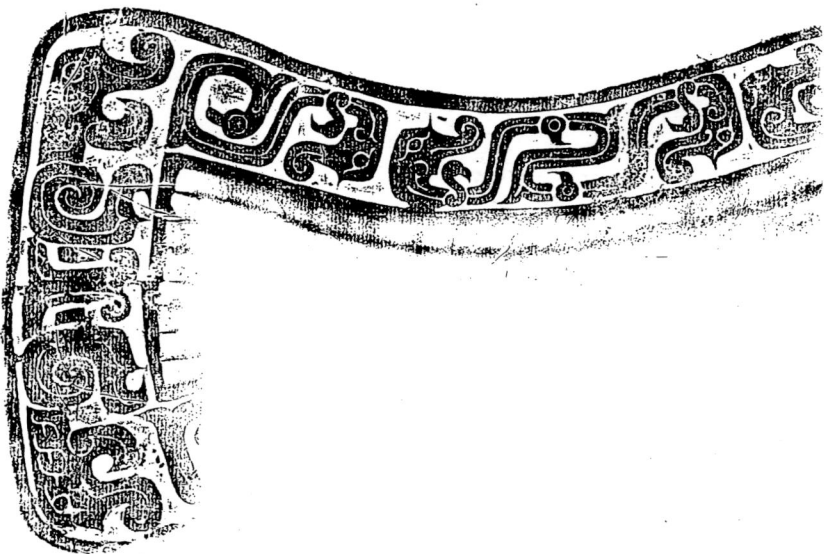

4 - 88

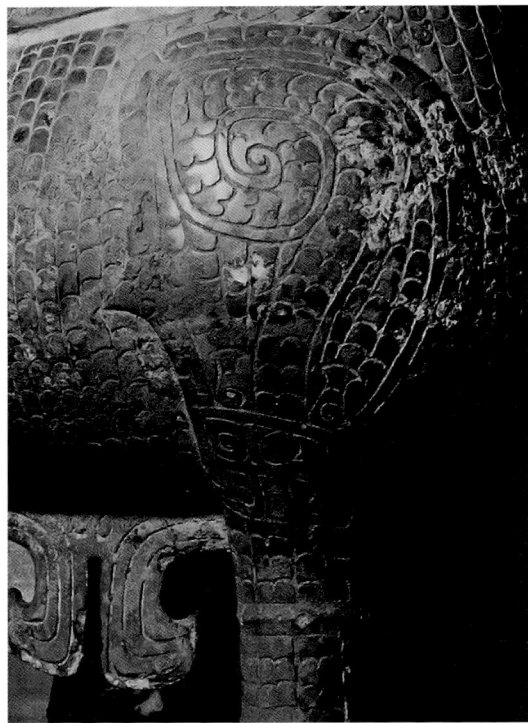

4 - 89

4-81，向下S形卷鼻龍，(1/2)，盤，西周Ⅲ A，長安張家坡　　4-82，向下S形卷鼻龍，簋，西周Ⅲ A，岐山董家村　　4-83，向下S形卷鼻龍，簋，西周Ⅲ A，武功南仁公社　　4-84，向下S形卷鼻龍，鼎，西周Ⅲ B，扶風康家村　　4-85，向下S形卷鼻龍，(1/2)，簋，西周Ⅲ B　　4-86，向下S形卷鼻龍，鴟鴞尊，殷後期Ⅱ，安陽小屯　　4-87，尾端成爲鳥頭的S形龍，匕，西周Ⅲ，永壽好時河村　　4-88，尾端成爲鳥頭的S形龍，(1/2)，匜，西周Ⅲ，寧樂美術館　　4-89，向下S形卷鼻龍，雙羊尊，特定地域型　Courtesy of the Trustees of the British Museum

4 - 90

4 - 91

4 - 92

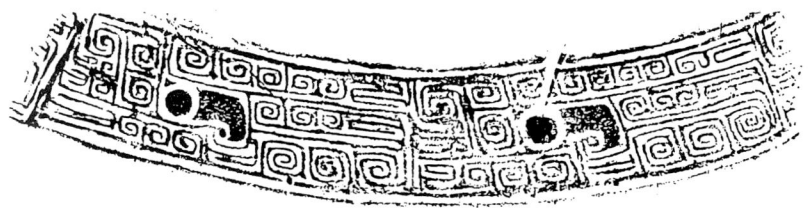

4 - 95

4 - 96

4 - 93

4 - 97

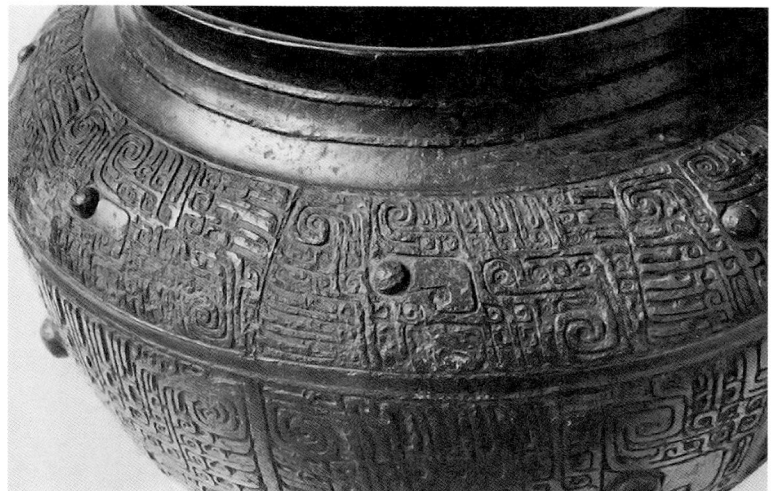

4 - 94

4-90、向下 S 形長鼻、垂尾龍，罕，殷中期 I，黃陂盤龍城　　4-91、向下 S 形長鼻、垂尾龍，罕，殷中期 I，黃陂盤龍城　　4-92、向下 S 形長鼻、垂尾龍，（原寸），瓿，殷中期 II，安陽小屯　　4-93、向下 S 形長鼻、垂尾龍，瓿，殷後期 I，泉屋博古館，樋口隆康先生攝　　4-94、向下 S 形長鼻、垂尾龍，（3/5），瓿，殷後期 I，臺北，故宮博物院　　4-95、向下 S 形長鼻、垂尾龍，（3/5），瓿，殷後期 I，安陽小屯　　4-96、向下 S 形長鼻、垂尾龍，（1/2），瓿，殷後期 I　　4-97、向下 S 形長鼻、垂尾龍，瓿，殷後期 I，Musée Guimet, Paris

4 - 98

4 - 101

4 - 99

4 - 102

4 - 103

4 - 100

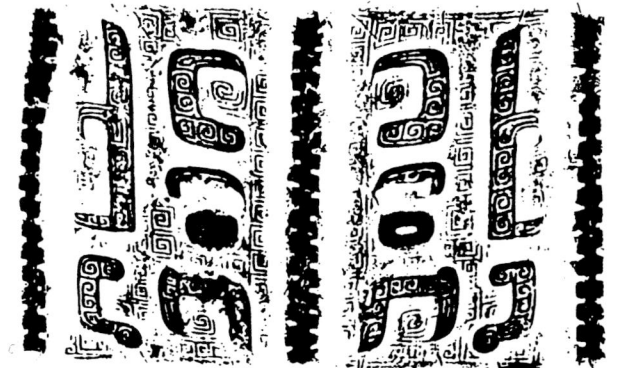

4 - 104

4 - 105

4-98，向前直身龍，(1/2)，鬲鼎，殷後期Ⅲ　　4-99，向前直身龍，罍，殷後期Ⅲ，白鶴美術館　　4-100，向前直身龍，截頭尊，殷中期　　4-101，向前直身龍，(原寸)，觚，殷後期Ⅱ，臺北，故宮博物院　　4-102，向前直身龍，(原寸)，觚，殷後期Ⅱ　　4-103，向前直身龍，觚，殷後期ⅢA，安陽殷墟西區　　4-104，向前直身龍，(原寸)，觚，殷後期Ⅱ，Dr. Arthur M. Sackler Collection, New York　　4-105，向前直身龍，(原寸)，觚，殷後期ⅢA

4－106

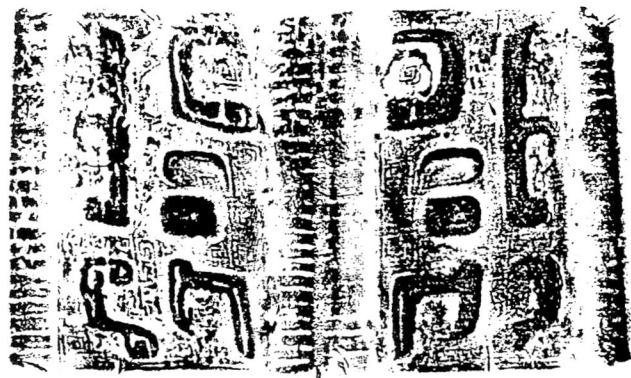

4－110

4－107

4－111

4－108

4－112

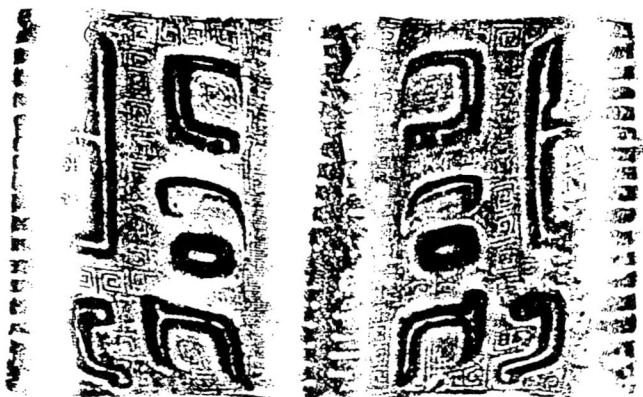

4－109

4－113

4-106，向前直身龍，（原寸），瓿，殷後期Ⅲ A　　4-107，向前直身龍，（原寸），瓿，殷後期Ⅲ B　　4-108，向前直身龍，（2/3），瓿，殷後期Ⅲ B，Dr. Arthur M.
Sackler Collection, New York　　4-109，向前直身龍，（原寸），瓿，殷後期Ⅲ B　　4-110，向前直身龍，（原寸），瓿，西周Ⅰ A　　4-111，向前直身龍，（4/5），瓿，
西周Ⅰ A　　4-112，向前直身龍，（原寸），瓿，西周Ⅰ A　　4-113，向前直身龍，瓿，殷後期Ⅱ，Collection Dr. Paul Singer，樋口隆康先生攝

4 - 114

4 - 117

4 - 115

4 - 116

4-114，向前直身龍，觚，殷後期Ⅱ　　4-115，向前直身龍,（4/5），爵，殷後期Ⅲ　　4-116，向前直身龍，有肩尊，西周Ⅰ　　4-117，向前直身龍,（1/2），扁足
鼎，殷後期Ⅰ，藤井有鄰館

4 - 120

4 - 118

4 - 121

4 - 119

4 - 122

4-118，向前凹字形龍與向前直身龍，（下 1/3），罍，殷後期Ⅱ　　4-119，向前凹字形龍，（3/5），方彝，殷後期Ⅲ　　4-120，向前凹字形龍，鬲鼎，殷後期Ⅲ
4-121，向前凹字形龍，（2/3），鬲鼎，西周ⅠA　　4-122，向前凹字形龍，罍，殷後期Ⅰ，Courtesy of the Freer Gallery of Art, Smithsonian Institution, Washington D.C.

4 - 123

4 - 124

4 - 125

4 - 126

4 - 127

4 - 128

4 - 129

4 - 130

4 - 131

4-123，向前凹字形龍，觚，殷後期Ⅱ，上海博物館　　4-124，向前凹字形龍，觚，殷後期Ⅱ，安陽小屯　　4-125，向前凹字形龍，觚，殷後期Ⅱ，Museum of Decorative Art, Copenhagen　　4-126，向前凹字形龍，觚，殷後期Ⅱ，安陽小屯　　4-127，向前凹字形龍，觚，殷後期Ⅱ，安陽小屯　　4-128，向前凹字形龍，觚，殷後期ⅢB，Museum Rietberg　　4-129，向前凹字形龍，(3/5)，甗，殷後期Ⅰ，安陽小屯　　4-130，向前凹字形龍，有肩尊，殷後期Ⅱ，安陽小屯　4-131，向前凹字形龍，瓿，殷後期Ⅰ，泉屋博古館，樋口隆康先生攝

4 - 132

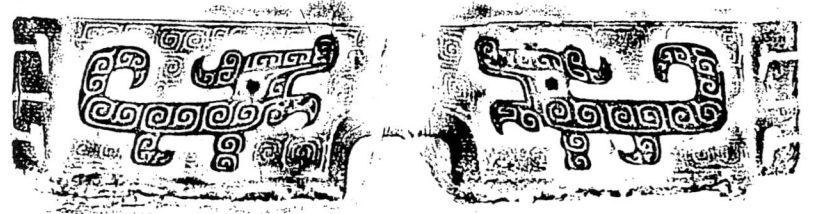

4 - 138

4 - 133

4 - 134

4 - 139

4 - 140

4 - 135

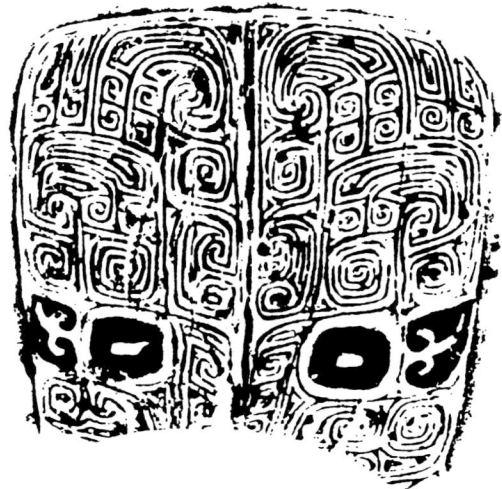

4 - 141

4 - 136

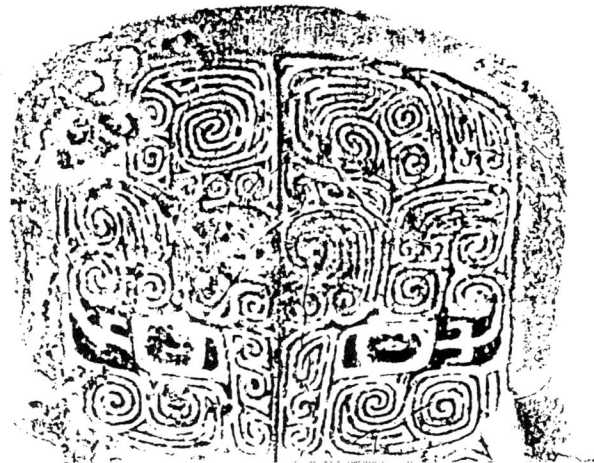

4 - 137

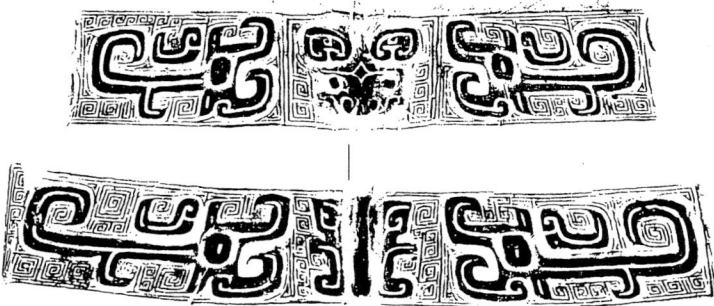

4 - 142

4-132，向前凹字形龍，有肩尊，殷後期Ⅱ，安陽小屯　　4-133，向前凹字形龍，(2/3)，有肩尊，殷後期Ⅱ，根津美術館　　4-134，向前凹字形龍，方鼎，殷後期Ⅱ，安陽侯家莊　　4-135，向前凹字形龍，方鼎，殷後期Ⅱ，安陽侯家莊　　4-136，向前凹字形龍，(原寸)，方彝，殷後期Ⅱ　　4-137，向前凹字形龍，(1/2)，簋，殷後期ⅢA，臺北，故宮博物院　　4-138，向前凹字形龍，(2/3)，方彝，殷後期ⅢA　　4-139，向前凹字形龍，(2/3)，扁足鼎，殷後期Ⅲ　　4-140，向前凹字形龍，(2/3)，扁足鼎，西周ⅠA　　4-141，向前凹字形龍，(原寸)，爵，西周ⅠA，Dr. Arthur M. Sackler Collection, New York　　4-142，向前凹字形龍，(原寸)，爵，西周ⅠB

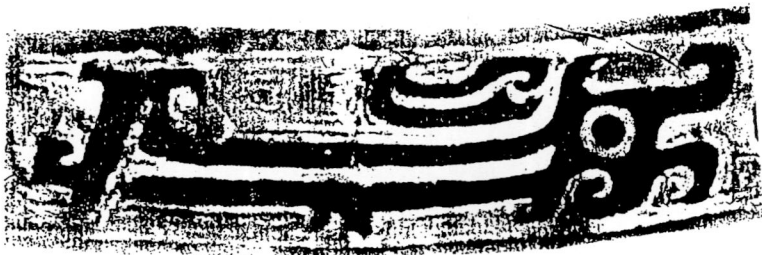

4 - 143

4 - 144

4 - 143，向前凹字形龍，（原寸），鼎，春秋 I，From: Eleanor von Konsten: *Chinese Bronzes from the Collection of Chester Dale and Dolly Carter*, no.31, with kind permission of *Artibus Asiae* 4 - 144，印度象，京都動物園

4 - 145

4 - 148

4 - 146

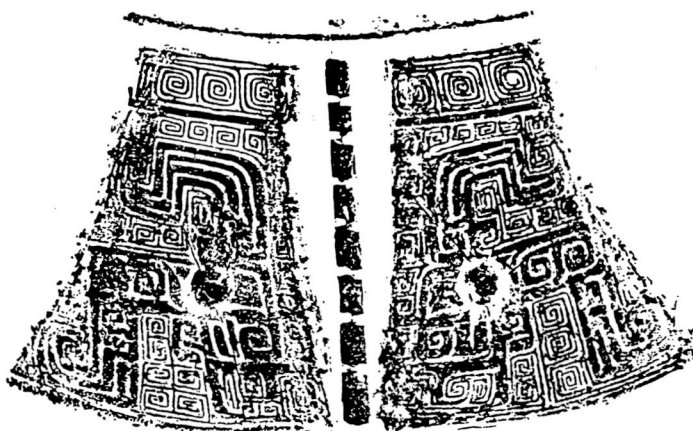

4 - 149

4 - 147

4 - 150

4-145，向下乙字形龍，(1)類，(原寸)，觚，殷後期Ⅰ，臺北，故宮博物院　　4-146，向下乙字形龍，(1)類，(原寸)，觚，殷後期Ⅰ，From: Eleanor von Konsten, *Chinese Bronzes from the Collection of Chester Dale and Dolly Carter*, no.67, with kind permission of *Artibus Asiae*　　4-147，向下乙字形龍，(1)類，(下4/5)，觚，殷後期Ⅱ，Museum für Ostasiatische Kunst　　4-148，向下乙字形龍，(1)類，觚，殷後期Ⅱ，安陽小屯　　4-149，向下乙字形龍，(1)類，觚，殷後期Ⅱ，安陽小屯
4-150，向下乙字形龍，(1)類，(左原寸)，觚，殷後期ⅢA，出光美術館

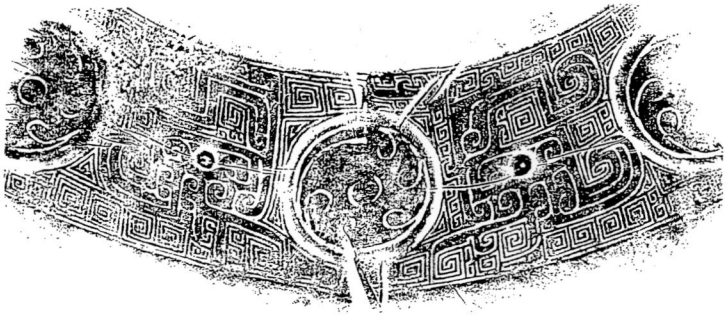

4 - 151

4 - 157

4 - 152

4 - 158

4 - 159

4 - 153

4 - 160

4 - 154

4 - 161

4 - 155

4 - 162

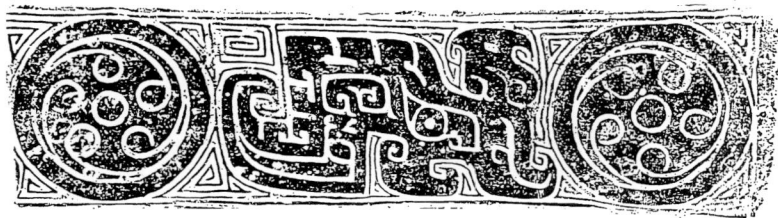

4 - 156

4 - 163

4-151，向下乙字形龍，(1)類，(1/2)，罍，殷後期Ⅲ，寧樂美術館　　4-152，向下乙字形龍，(2)類，(3/5)，鼎，殷後期Ⅰ，臺北，故宮博物院　　4-153，向下乙字形龍，(2)類，(4/5)，爵，殷後期Ⅰ，黑川古文化研究所　　4-154，向下乙字形龍，(2)類，鼎，殷後期Ⅱ，寶雞市郊區　　4-155，向下乙字形龍，(2)類，爵，殷後期Ⅱ，安陽小屯　　4-156，向下乙字形龍，(2)類，三聯甗，殷後期Ⅱ，安陽小屯　　4-157，向下乙字形龍，(2)類，(2/5)，鼎，殷後期Ⅱ　　4-158，向下乙字形龍，(2)類，小型盉，殷後期Ⅱ，安陽小屯　　4-159，向下乙字形龍，(2)類，(原寸)，觚，殷後期Ⅱ，Dr. Arthur M. Sackler Collection, New York　　4-160，向下乙字形龍，(2)類，(1/2)，方彝，殷後期Ⅲ A　　4-161，向下乙字形龍，(2)類，(3/5)，觚形尊　　4-162，向下乙字形龍，(2)類，(原寸)，簋，殷後期Ⅲ A，臺北，故宮博物院　　4-163，向下乙字形龍，(2)類，(3/5)，觚形尊，殷後期Ⅲ

4 - 164

4 - 170

4 - 165

4 - 171

4 - 166

4 - 167

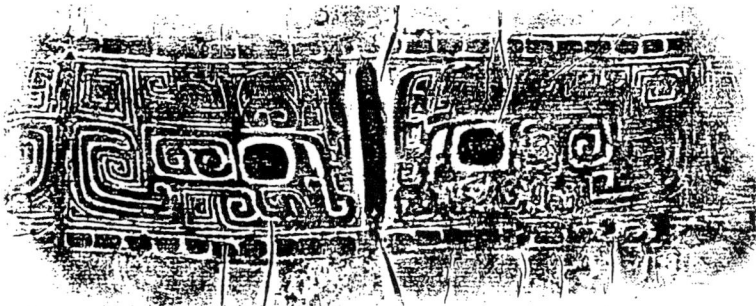

4 - 172

4 - 168

4 - 173

4 - 169

4-164，向下乙字形龍，(2)類，(原寸)，瓿，殷後期Ⅲ A　　4-165，向下乙字形龍，(2)類，(原寸)，瓿，殷後期Ⅲ A　　4-166，向下乙字形龍，(2)類，鼎，殷後期Ⅲ B，長清南興復河北岸　　4-167，向下乙字形龍，(2)類，(4/5)，爵，西周Ⅰ A　　4-168，向下乙字形龍，(2)類，鼎，西周Ⅰ A，Ethnography Department of the National Museum of Copenhagen　　4-169，向下乙字形龍，(2)類，觶，西周Ⅰ A，Metropolitan Museum of Art　　4-170，向下乙字形龍，(2)類，(原寸)，瓿，西周Ⅰ A　　4-171，向下乙字形龍，(2)類，(2/5)，鼎，西周Ⅰ A　　4-172類似向下乙字形龍的饕餮，骨製容器，安陽侯家莊　　4-173，類似向下乙字形龍的饕餮，方鼎，殷後期Ⅲ

4－174

4－175

4－176

4－177

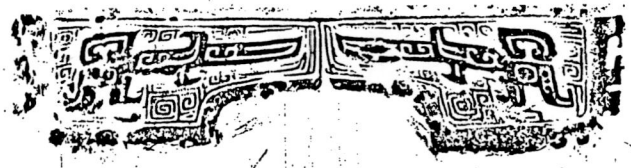

4－178

4－179

4-174，向下直身龍，(2/3)，小型盉，殷後期Ⅲ，臺北，故宮博物院　　4-175，向下直身龍，(2/3)，簋，西周ⅠB　　4-176，向下直身龍，(2/3)，卣，西周ⅡA
4-177，向下直身龍，方彝，殷後期Ⅱ，安陽小屯　　4-178，向下直身龍，(2/3)，方彝，殷後期ⅢA　　4-179，向下直身龍，匜，殷後期ⅢB，泉屋博古館，樋口
隆康先生攝

4－164

4－170

4－165

4－171

4－166

4－167

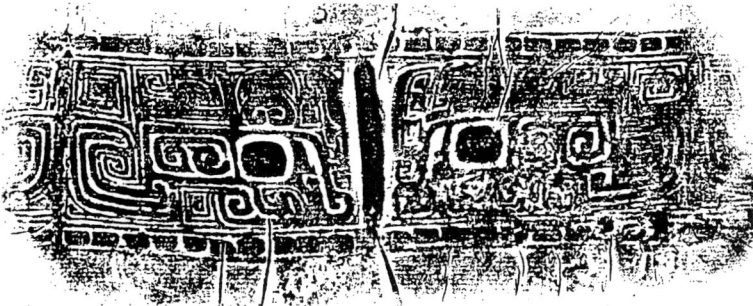

4－172

4－168

4－173

4－169

4-164，向下乙字形龍，（2）類，（原寸），瓿，殷後期ⅢA　　4-165，向下乙字形龍，（2）類，（原寸），瓿，殷後期ⅢA　　4-166，向下乙字形龍，（2）類，瓿，殷後期ⅢB，長清南興復河北岸　　4-167，向下乙字形龍，（2）類，（4/5），爵，西周ⅠA　　4-168，向下乙字形龍，（2）類，瓿，西周ⅠA，Ethnography Department of the National Museum of Copenhagen　　4-169，向下乙字形龍，（2）類，觶，西周ⅠA，Metropolitan Museum of Art　　4-170，向下乙字形龍，（2）類，（原寸），瓿，西周ⅠA　　4-171，向下乙字形龍，（2）類，（2/5），瓿，西周ⅠA　　4-172類似向下乙字形龍的饕餮，骨製容器，安陽侯家莊　　4-173，類似向下乙字形龍的饕餮，方鼎，殷後期Ⅲ

4 - 174

4 - 175

4 - 176

4 - 177

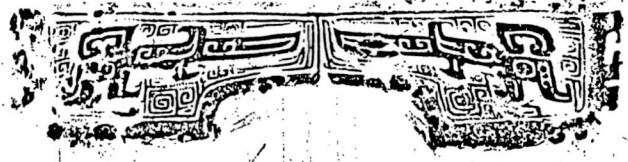

4 - 178

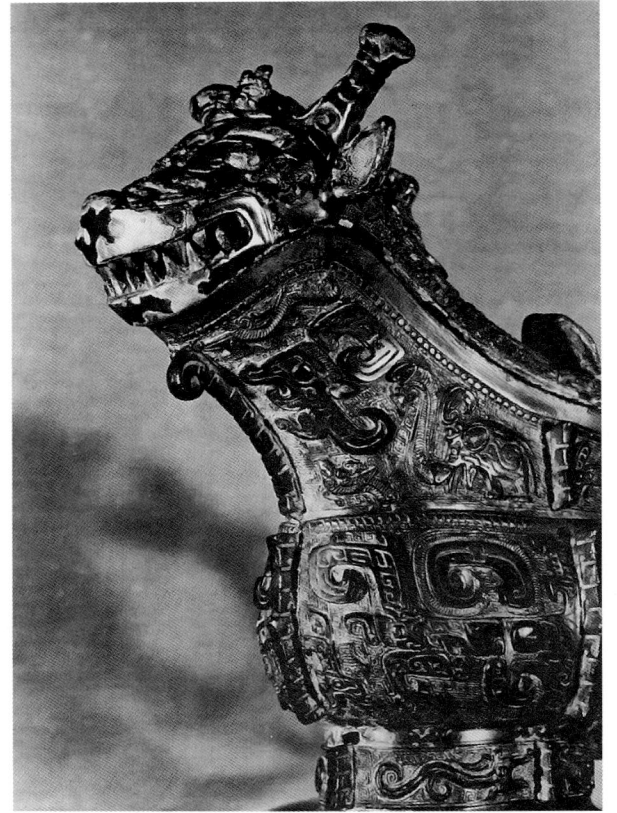

4 - 179

4-174，向下直身龍，(2/3)，小型盂，殷後期Ⅲ，臺北，故宮博物院　　　4-175，向下直身龍，(2/3)，簋，西周ⅠB　　　4-176，向下直身龍，(2/3)，卣，西周ⅡA
4-177，向下直身龍，方彝，殷後期Ⅱ，安陽小屯　　　4-178，向下直身龍，(2/3)，方彝，殷後期ⅢA　　　4-179，向下直身龍，匜，殷後期ⅢB，泉屋博古館，樋口
隆康先生攝

5 - 1

5 - 4

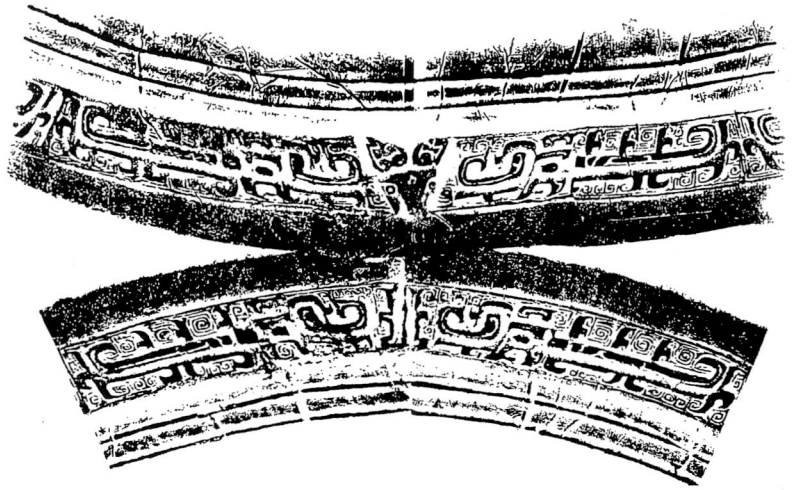

5 - 5

5 - 6

5 - 2

5 - 7

5 - 3

5 - 8

5-1，長鼻向下凹字形龍，(2/3)，斝，殷中期　　5-2，長鼻向下凹字形龍，(下 2/5)，卣，殷後期Ⅲ　　5-3，長鼻向下凹字形龍，(2/5)，卣，西周Ⅰ A　　5-4，長鼻向下凹字形龍，(2/3)，簋，西周Ⅰ A　　5-5，長鼻向下凹字形龍，(3/5)，觚形尊，西周Ⅰ B　　5-6，長鼻向下凹字形龍，(2/3)，罍，西周Ⅰ　　5-7，長鼻向下凹字形龍，(1/2)，鼎，西周Ⅱ A，臺北，故宮博物院　　5-8，長鼻向下凹字形龍，(2/3)，卣，西周Ⅱ B

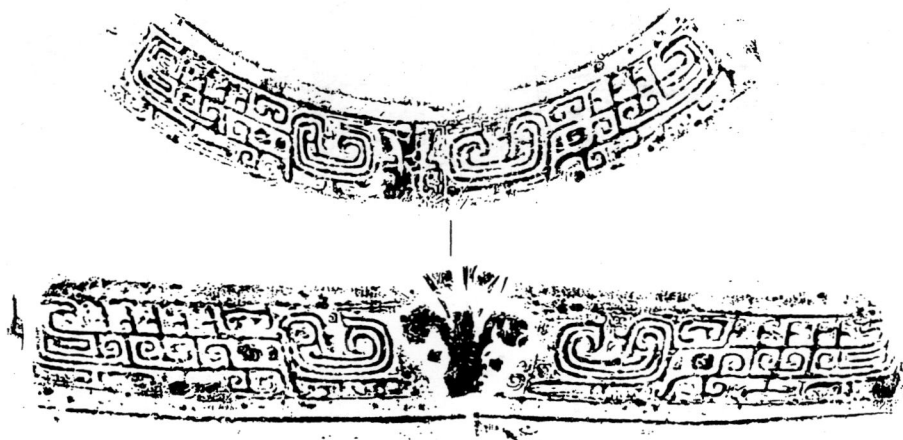

5 - 9

5 - 10

5 - 9，長鼻向下凹字形龍，(3/5)，卣，西周ⅡB，Dr. Arthur M. Sackler Collection, New York　　5 - 10，長鼻向下凹字形龍，(3/5)，鼎，西周Ⅱ

5 - 11

5 - 16

5 - 12

5 - 17

5 - 13

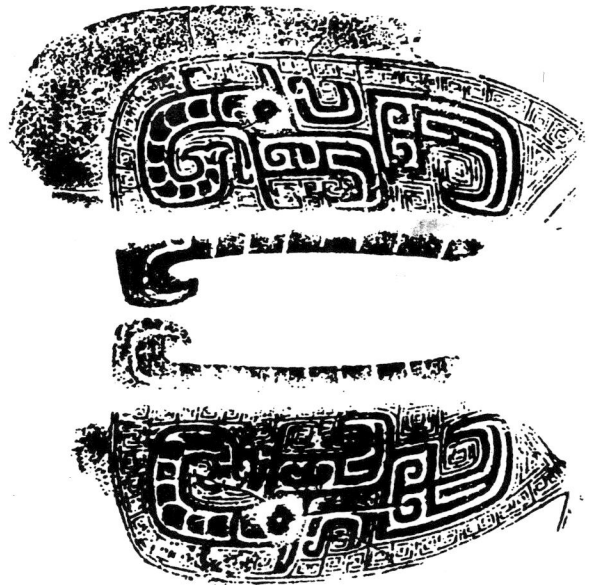

5 - 18

5 - 14

5 - 15

5 - 19

5-11，向前S形長鼻、垂鼻龍，(1)類，(4/5)，罍，殷後期Ⅱ，黒川古文化研究所　　5-12，向前S形長鼻、垂鼻龍，(1)類，鼎，殷後期Ⅲ　　5-13，向前S形長鼻、垂鼻龍，(1)類，瓠形尊，殷後期Ⅲ，Museum Rietberg, Zürig　　5-14，向前S形長鼻、垂鼻龍，(1)類，(原寸)，有肩尊，殷後期Ⅲ，藤田美術館　　5-15，向前S形長鼻、垂鼻龍，(1)類，(2/3)，有肩尊，西周ⅠA，Dr. Arthur M. Sackler Collection, New York　　5-16，向前S形長鼻、垂鼻龍，(1)類，(1/3)，匜，西周ⅠA，出光美術館　　5-17，向前S形長鼻、垂鼻龍，(1)類，鬲鼎，西周Ⅱ，泉屋博古館，樋口隆康先生攝　　5-18，向前S形長鼻、垂鼻龍，(1)類，爵，西周ⅠA，Metropolitan Museum of Art　　5-19，向前S形長鼻、垂鼻龍，(1)類，盤，西周ⅠB

5-20

5-24

5-25

5-21

5-26

5-27

5-22

5-28

5-23

5-29

5-20，向前 S 形長鼻、垂鼻龍，(2)類，方彝，殷後期 I　　5-21，向前 S 形長鼻、垂鼻龍，(2)類，罍，殷後期 II，Asian Art Museum of San Francisco, Avery Brundage Collection，樋口隆康先生攝　　5-22，向前 S 形長鼻、垂鼻龍，(2)類，瓵，殷後期 III A，出光美術館　　5-23，向前 S 形長鼻、垂鼻龍，(2)類，(2/3)，簋，殷後期 III A，臺北，故宮博物院　　5-24，向前 S 形長鼻、垂鼻龍，(2)類，壺，殷後期 III，Courtesy of the Freer Gallery of Art, Smithsonian Institution, Washington D.C.　　5-25，向前 S 形長鼻、垂鼻龍，(2)類，罍，西周 I A　　5-26，向前 S 形長鼻、垂鼻龍，(2)類，(2/3)，盉，西周 II　　5-27，向前 S 形長鼻、垂鼻龍，(2)類，爵，西周 II，長安普渡村　　5-28，向前 S 形長鼻、垂鼻龍，(2)類，(2/3)，小型盉，西周 II　　5-29，向下 S 形長鼻、垂鼻龍，(2)類，盉，西周 II，長安普渡村

5－30

5－31

5－34

5－35

5－32

5－36

5－33

5－37

5－30，向下 S 形龍，(原寸)，方彝，殷後期Ⅱ　　5－31，向下 S 形龍，觶，殷後期Ⅱ，安陽小屯　　5－32，向下 S 形龍，(下 2/3)，盉，殷後期Ⅱ，根津美術館
5－33，向下 S 形龍，(2/3)，盉，殷後期Ⅱ，根津美術館　　5－34，向下 S 形龍，(原寸)，罍，殷後期Ⅲ，根津美術館　　5－35，向下 S 形龍，(原寸)，卣，殷後期
Ⅲ B　　5－36，向下 S 形龍，(原寸)，爵，西周 I B　　5－37，向下 S 形龍，(原寸)，爵，西周 I B，The Museum of Far Eastern Antiquities, Bequest, Axel and Nora Lundgren

5 - 38

5 - 39

5 - 40

5 - 41

5 - 42

5 - 43

5-38，向下 S 形龍，(原寸)，罍，西周 I B，喀左北洞　　5-39，向下 S 形龍，(原寸)，爵，西周 II A　　5-40，向下 S 形龍，(4/5)，盤，西周 III A　　5-41，向下 S 形龍，(3/5)，盉，特定地域型　　5-42，向下 S 形龍，金屬裝飾，大約殷後期 III，Courtesy of the Trustees of the British Museum　　5-43，向下 S 形龍，金屬裝飾，大約西周 I，Musée Guimet, Paris

5 - 44

5 - 51

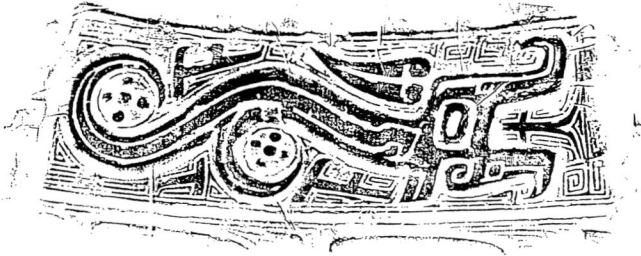

5 - 45

5 - 52

5 - 46

5 - 53

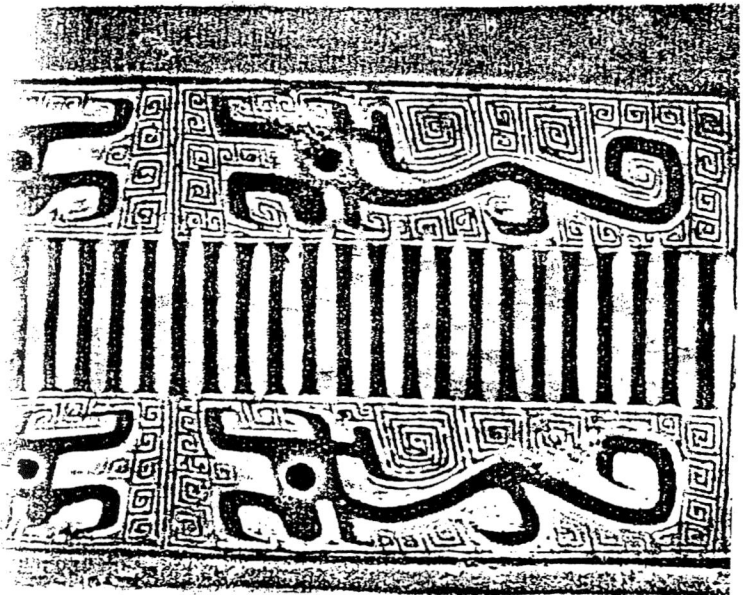

5 - 47

5 - 48

5 - 54

5 - 49

5 - 55

5 - 50

5 - 56

5-44，向前 W 形龍，三聯甗，殷後期Ⅱ，安陽小屯　　5-45，向前 W 形龍，(1/2)，瓿，特定地域型，根津美術館　　5-46，向前 W 形龍，(2/5)，簋，殷後期Ⅱ
5-47，向前 W 形龍，(3/5)，匜，殷後期Ⅲ A，Ethnography Department of the National Museum of Copenhagen　　5-48，向前 W 形龍，(4/5)，卣，殷後期Ⅲ B，白鶴
美術館　　5-49，向前 W 形龍，(2/5)，簋，殷後期Ⅲ B　　5-50，向前 W 形龍，卣，殷後期Ⅲ　　5-51，向前 W 形龍，(1/2)，方鼎，殷後期Ⅲ，東京國立博物館
5-52，向前 W 形龍，(2/5)，卣，西周 I A　　5-53，向前 W 形龍，卣，西周 I A，武鳴馬頭公社　　5-54，向前 W 形龍，(原寸)，簋，西周 I A，出光美術館
5-55，向前 W 形龍，(2/5)，小型盉，西周 I　　5-56，向前 W 形龍，(3/5)，鼎，西周Ⅱ A，Dr. Arthur M. Sackler Collection, New York

5 - 57

5 - 63

5 - 58

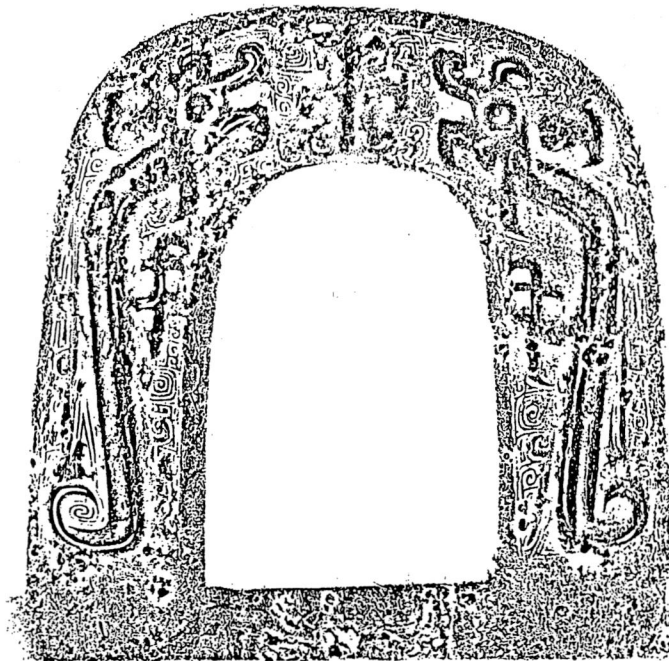

5 - 64

5 - 59

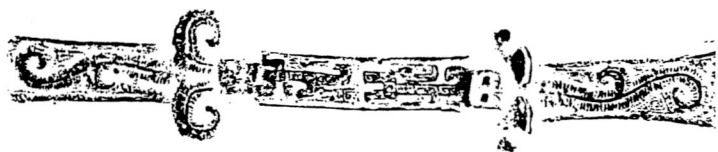

5 - 60

5 - 65

5 - 61

5 - 62

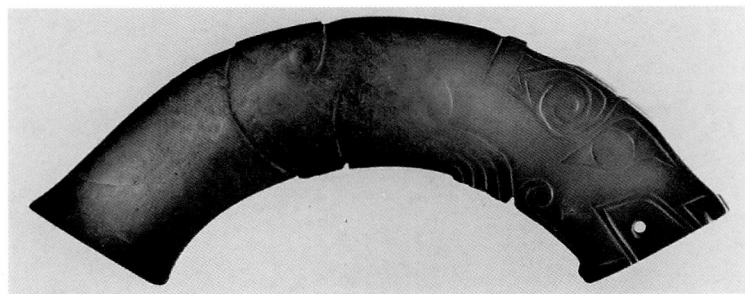

5 - 66

5-57，向前 W 形龍，盤，西周Ⅱ，臺北，故宮博物院　　5-58，向前 W 形龍，(2/3)，盂，殷後期Ⅱ，根津美術館　　5-59，向前 W 形龍，(2/3)，盂，殷後期Ⅱ，根津美術館　　5-60，向前 W 形龍，(1/2)，枓，殷後期Ⅱ～Ⅲ　　5-61，向前 W 形龍，(3/5)，骨柶，大約殷後期Ⅱ，安陽侯家莊　　5-62，向前 W 形龍，匜，殷後期Ⅱ，安陽小屯　　5-63，向前 W 形龍，舟形容器，殷後期，石樓桃花莊　　5-64，向前 W 形龍，(3/5)，鼎，西周ⅠB　　5-65，向前 W 形龍，刀，殷後期　　5-66，向前 W 形龍，玉器，殷

5－67

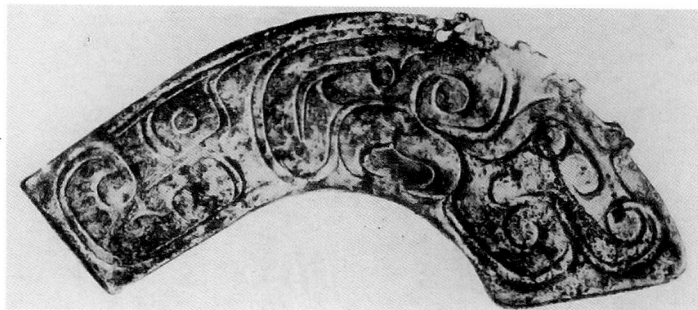

5－68

5－69

5－70

5-67，向前 W 形龍，小型盉，殷後期Ⅲ，安陽殷墟西區　　5-68，向前 W 形龍，玉器，西周Ⅱ　　5-69，向前 W 形龍，鼎，春秋Ⅰ　　5-70，向前 W 形龍，觚形尊，春秋Ⅰ，The Museum of Far Eastern Antiquities

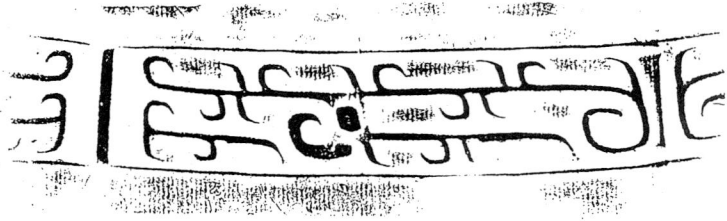

5-71

5-76

5-72

5-73

5-74

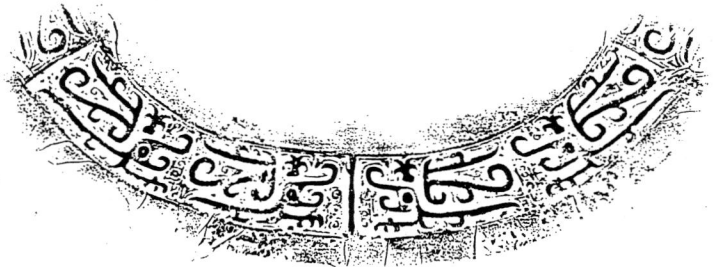

5-75

5-77

5-71，向前長鼻、羽身龍，(1)類，(2/3)，卣，西周ⅠA，出光美術館　　5-72，向前長鼻、羽身龍，(1)類，(4/5)，瓠形尊，西周ⅠA，出光美術館　　5-73，向前長鼻、羽身龍，(1)類，(4/5)，卣，西周ⅠA　　5-74，向前長鼻、羽身龍，(1)類，(1/2)，卣，西周ⅠB　　5-75，向前長鼻、羽身龍，(1)類，(4/5)，簋，西周ⅡB　　5-76，向前長鼻、羽身龍，(2)類，(3/5)，卣，西周ⅠB　　5-77，向前長鼻、羽身龍，(2)類，(下3/5)，卣，西周ⅠB，東京國立博物館

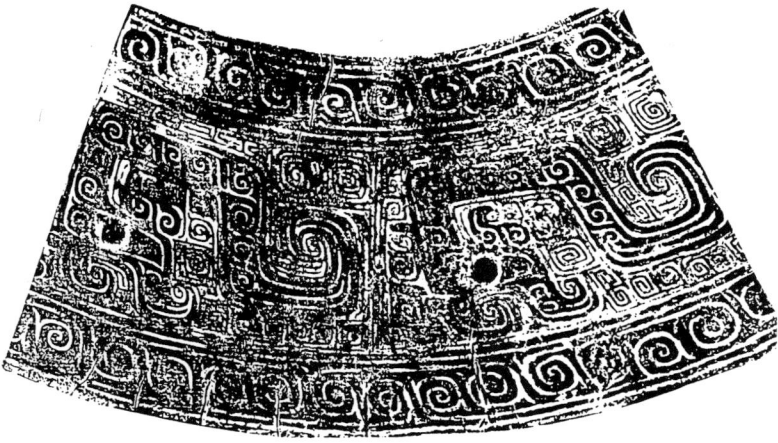

5 - 78

5 - 81

5 - 79

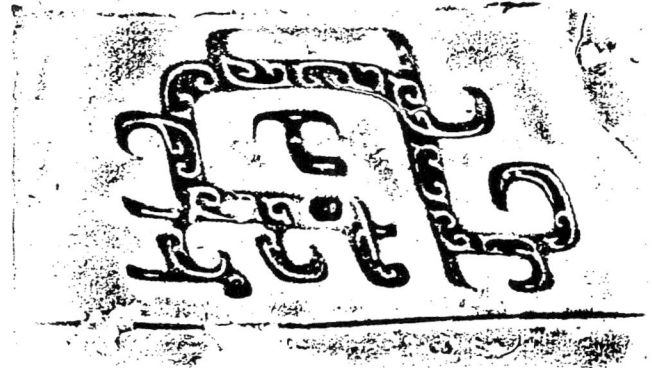

5 - 82

5 - 80

5 - 83

5 - 84

5-78，倒立S形龍，(2/3)，罍，殷後期Ⅱ　　5-79，倒立S形龍，罍，殷後期Ⅱ，Museum für Völker Kunde　　5-80，倒立S形龍，匜，殷後期Ⅲ A，白鶴美術館
5-81，倒立S形龍，瓠形尊，殷後期Ⅲ，The Cleaveland Museum of Art, Purchase from the J.H. Wade Fund，樋口隆康先生攝　　5-82，倒立S形龍，(原寸)，卣，西周
Ⅰ A　　5-83，倒立C形龍，匜，殷後期Ⅲ　　5-84，倒立C形龍，(1/2)，瓠形尊，殷後期

5 - 85

5 - 86

5 - 87

5 - 88

5 - 89

5 - 90

5 - 91

5 - 92

5 - 93

5-85，回首Ｌ形龍，（1）類，（4/5），罍，殷後期Ⅱ，根津美術館　　5-86，回首Ｌ形龍，（1）類，（1/2），小型盉，殷後期Ⅱ　　5-87，回首Ｌ形龍，（1）類，（2/5），小型盉，殷後期Ⅲ　　5-88，回首Ｌ形龍，（1）類，（原寸），鼎，殷後期ⅢA　　5-89，回首Ｌ形龍，（1）類，（2/3），鼎，殷後期ⅢB　　5-90，回首Ｌ形龍，（1）類，（3/5），簋，殷後期Ⅱ，臺北，故宮博物院　　5-91，回首Ｌ形龍，（1）類，瓿，殷後期Ⅱ，Museum of Fine Arts, Boston　　5-92，回首Ｌ形龍，（1）類，鼎，西周ⅠB，Ethnographical Department of the National Museum of Copenhagen　　5-93，回首Ｌ形龍，（1）類，（2/5），簋，西周ⅠB

5 - 97

5 - 94

5 - 98

5 - 95

5 - 99

5 - 96

5-94，回首 L 形龍，(1) 類，(下 1/3)，鐘，西周Ⅲ，藤井有鄰館　　5-95，回首 L 形龍，(1) 類，(原寸)，簋，西周Ⅲ　　5-96，回首 L 形龍，(1) 類，(3/5)，鐘，西周Ⅲ，扶風齊家村　　5-97，回首 L 形龍，(1) 類，鐘，西周Ⅲ，扶風莊白　　5-98，回首 L 形龍，(1) 類，鐘，春秋Ⅰ　　5-99，回首 L 形龍，(1) 類，(2/3)，鐘，春秋Ⅰ，臺北，故宮博物院

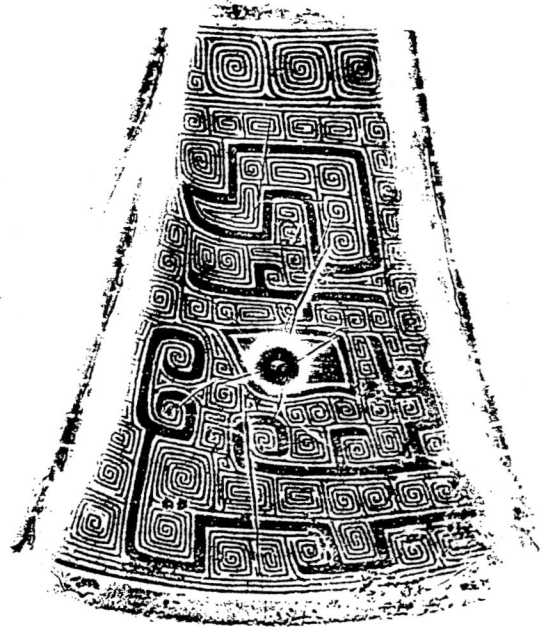

5 - 100

5 - 101

5 - 104

5 - 105

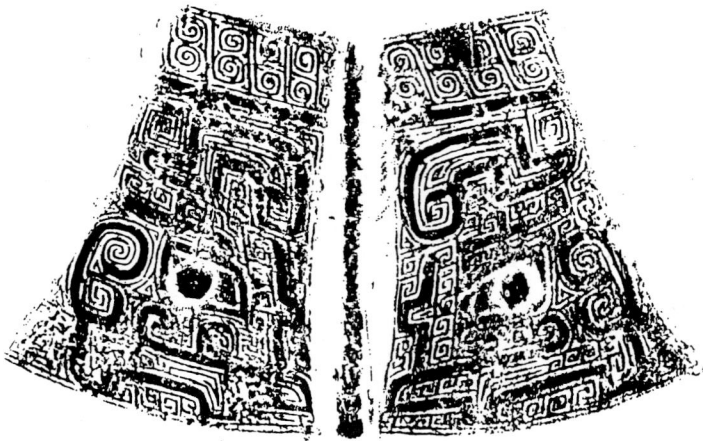

5 - 102

5 - 106

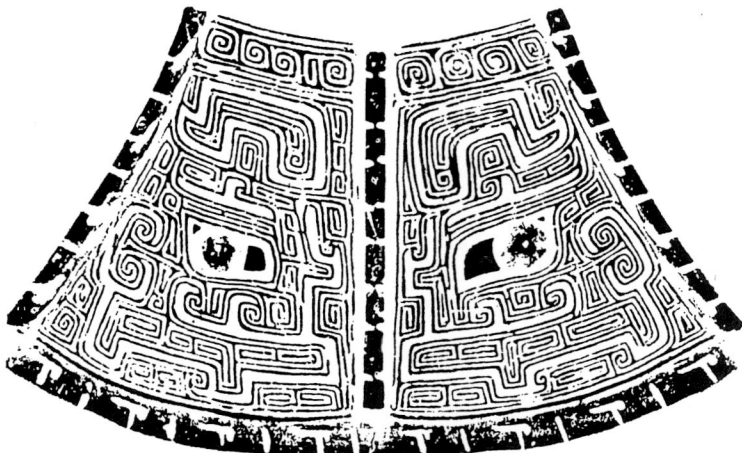

5 - 103

5-100，回首 L 形龍，(2)類，觚，殷後期Ⅱ，The Museum of Far Eastern Antiquities　　5-101，回首 L 形龍，(2)類、觚、殷後期Ⅱ，泉屋博古館，樋口隆康先生攝
5-102，回首 L 形龍，(2)類，(4/5)，觚，殷後期ⅢA　　5-103，回首 L 形龍，(2)類，觚，殷後期Ⅱ，上海博物館　　5-104，回首 L 形龍，(2)類，(原寸)，觚，
殷後期Ⅱ，Museum of Decorative Art, Copenhagen　　5-105，回首 L 形龍，(2)類，觚，殷後期Ⅱ，安陽小屯　　5-106，回首 L 形龍，(2)類，(4/5)，觚，殷後期Ⅱ，
臺北，故宮博物院

5-110

5-111

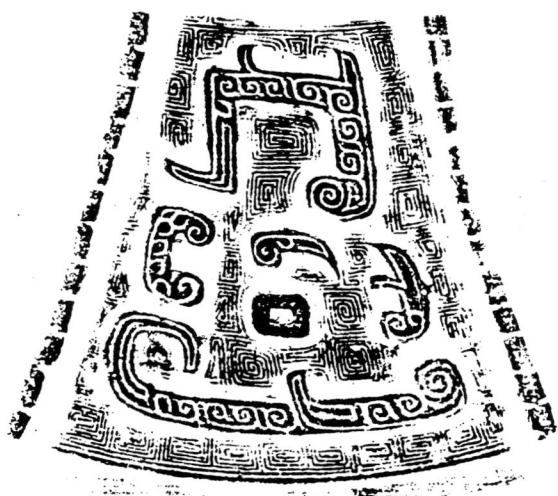

5-107

5-112

5-113

5-108

5-109

5-107，回首 L 形龍，（2）類，（下原寸），觚，殷後期Ⅱ　　5-108，回首 L 形龍，（2）類，（1/2），簋，西周ⅠA　　5-109，回首 L 形龍，（2）類，（3/5），簋，西周ⅠB　5-110，回首 L 形龍，（2）類，小型盂，西周Ⅱ，Musée Guimet, Paris　　5-111，回首 L 形龍，（2）類，小型盂，西周Ⅱ，長安普渡村　　5-112，回首 L 形龍，（2）類，罍，西周Ⅲ，寧樂美術館　　5-113，回首 L 形龍，（2）類，（1/3），簋，西周ⅢA，岡山美術館

5 - 114

5 - 119

5 - 115

5 - 120

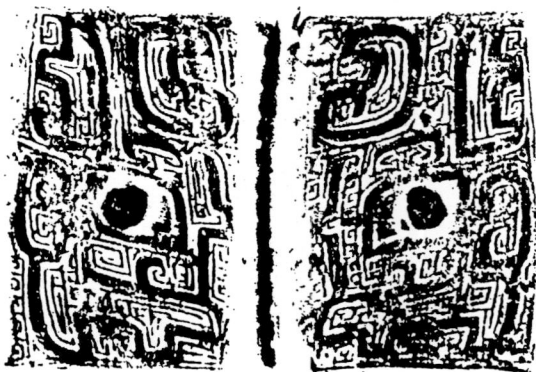

5 - 116

5 - 121

5 - 117

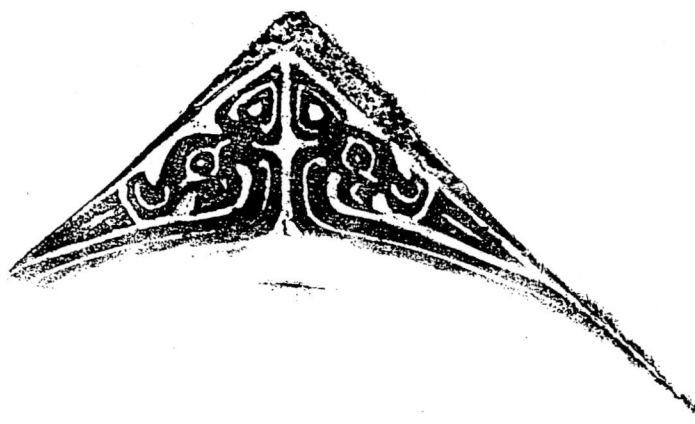

5 - 122

5 - 118

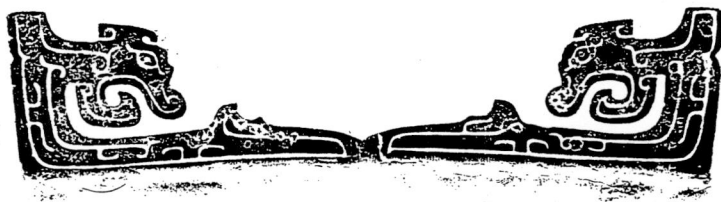

5 - 123

5-114、回首L形龍,(2)類,(2/5),簋,西周ⅠB　　5-115、回首L形龍,(3)類,卣、殷後期Ⅰ,白鶴美術館　　5-116、回首L形龍,(3)類,(原寸),瓿,殷後期ⅢA　　5-117、回首L形龍,(3)類,(2/5),鐘,西周Ⅲ,臺北、故宮博物院　　5-118、回首L形龍,(3)類,(2/5),簋,西周Ⅲ　　5-119、回首L形龍,(3)類,(1/2),鬲,西周Ⅲ,Dr. Arthur M. Sackler Collection, New York　　5-120、回首L形龍,(3)類,鼎,春秋Ⅰ,隨縣尚店　　5-121、回首L形龍,(4)類,鼎,西周ⅠB　　5-122、回首L形龍,(4)類,(2/3),簋,西周ⅢA,MOA美術館　　5-123、回首L形龍,(4)類,(1/2),盨,西周ⅢB

5 - 124

5 - 128

5 - 129

5 - 125

5 - 126

5 - 130

5 - 127

5-124，回首 L 形龍（卷尾），觚，殷後期Ⅲ A，出光美術館　　5-125，回首 L 形龍（卷尾），觚，殷後期Ⅲ A，安陽殷墟西區　　5-126，回首 L 形龍（卷尾），觚，殷後期Ⅲ A　　5-127，回首 L 形龍（卷尾），（2/3），觚形尊，殷後期Ⅲ，Art Institute of Chicago, Lucy Maud Buckingham Collection of Archaic Chinese Bronzes　5-128，回首 L 形龍（卷尾），方鼎，殷後期Ⅲ　　5-129，回首 L 形龍（卷尾），（2/5），爵，西周 I A　　5-130，回首 L 形龍（卷尾），（原寸），觚形尊，西周 I A，From: Eleanor von Konsten, *Chinese Bronzes from the Collection of Chester Dale and Dolly Carter*, no.63, with kind permission of *Artibus Asiae*

5‒131

5‒134

5‒135

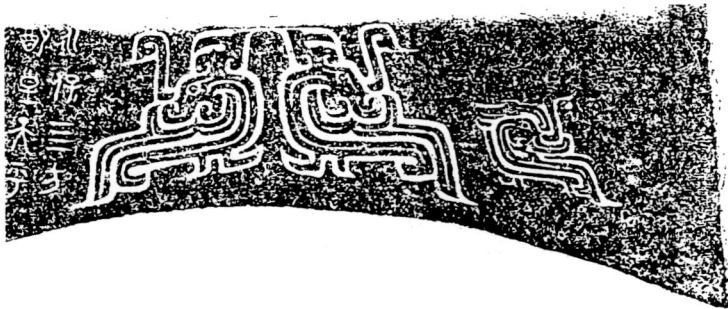

5‒132

5‒136

5‒133

5‒131, 回首 L 形龍（卷尾），瓠形尊，西周ⅠA, Museum of Decorative Art, Copenhagen　　5‒132, 回首 L 形龍（卷尾），鐘，西周Ⅲ，扶風城關公社　　5‒133, 回首 L 形龍（卷尾），鬲，西周Ⅲ, Museum für Ostasiatische Kunst　　5‒134, 回首 L 形龍（卷尾），鬲，春秋Ⅰ，淅川下寺　　5‒135, 回首 L 形龍（卷尾），(1/2), 鬲，春秋Ⅰ　　5‒136, 回首 L 形龍（卷尾），鐘，西周Ⅲ，泉屋博古館

5－137

5－140

5－138

5－141

5－139

5－142

5－137，卷體側視形龍，盤，殷後期Ⅱ，安陽小屯　　5－138，卷體側視形龍，盤，殷後期　　5－139，卷體側視形龍，（原寸），卣，殷後期Ⅲ，白鶴美術館
5－140，卷體側視形龍，卣，殷後期Ⅱ，Musée Guimet, Paris　　5－141，卷體側視形龍，（原寸），瓿，殷後期ⅢA，出光美術館　　5－142，卷體側視形龍，卣，殷後
期Ⅲ，大阪市立東洋陶磁美術館

5－143

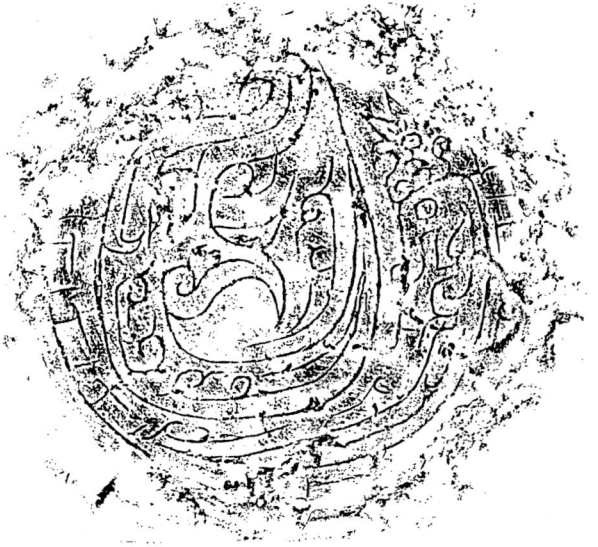

5－146

5－144

5－147

5－145

5－148

5－143，卷體側視形龍，（2/3），簋，西周ⅠA，Museum für Ostasiatische Kunst　　5－144，卷體側視形龍，（3/5），簋，西周ⅠA，Art Institute of Chicago, Lucy Maud Buckingham Collection of Archaic Chinese Bronzes　　5－145，卷體側視形龍，（原寸），觶，西周ⅠA　　5－146，卷體側視形龍，（1/2），盤，西周ⅠB　　5－147，卷體側視形龍，（1/2），簋，西周ⅡB　　5－148，卷體側視形龍，（2/5），盤，西周Ⅱ，Fitzwilliam Museum

5－149

5－150

5－151

5－152

5－153

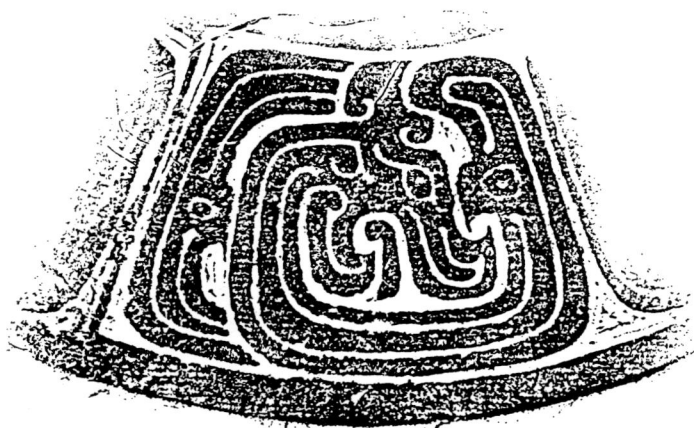

5－154

5－155

5－149，卷體側視形龍，（原寸），觶，西周Ⅱ　　5－150，卷體側視形龍，玉器，西周Ⅱ，Minneapolis Institute of Art　　5－151，卷體側視形龍，（原寸），卣，西周
Ⅱ A　　5－152，卷體側視形龍，（原寸），盂，西周Ⅱ B，Asian Art Museum of San Francisco, Avery Brundage Collection　　5－153，卷體側視形龍，（1/2），壺，西周
Ⅲ A，Asian Art Museum of San Francisco, Avery Brundage Collection　　5－154，卷體側視形龍，（原寸），簋，西周Ⅲ B　　5－155，卷體側視形龍，（4/5），簋，西周
Ⅲ B，Nelson-Atkins Museum of Art, Kansas City, Missouri

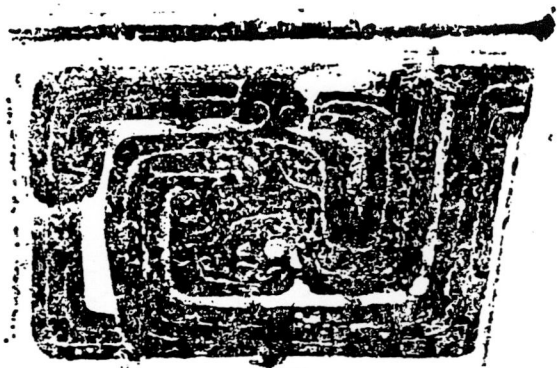

5 - 156

5 - 157

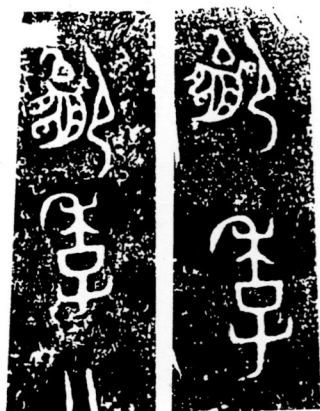

5 - 158

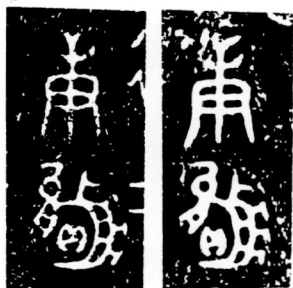

5 - 159

5-156，卷體側視形龍，甗，春秋Ⅰ，隨縣下店　　5-157，卷體側視形龍，(2/3)，簋，春秋Ⅰ　　5-158，卷體側視形龍相關金文，(原寸)，西周ⅡA　　5-159，卷體側視形龍相關金文，(原寸)，西周ⅡA

5 - 160

5 - 161

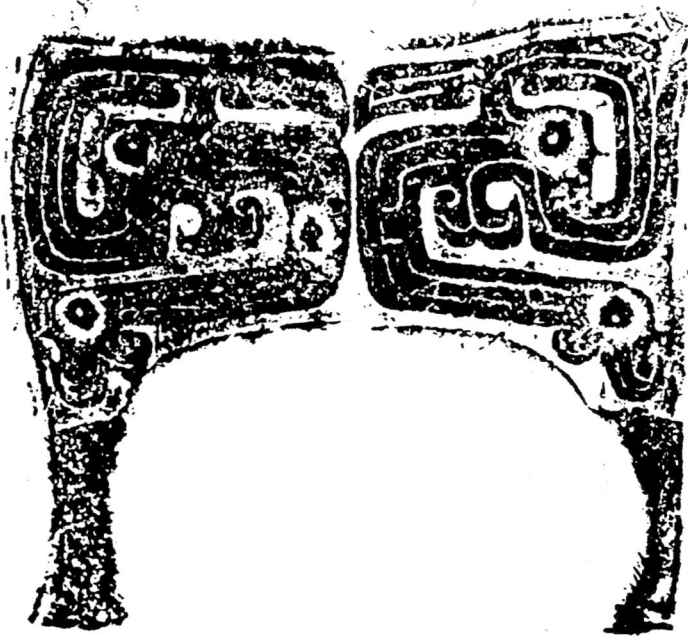

5 - 162

5-160，卷體側視形龍（尾部有頭），簠，西周Ⅲ，滕縣後荊溝　　5-161，卷體側視形龍（尾部有頭），(1/2)，簠，春秋Ⅰ　　5-162，卷體側視形龍（尾部有頭），鬲，春秋Ⅰ，黃縣南埠村

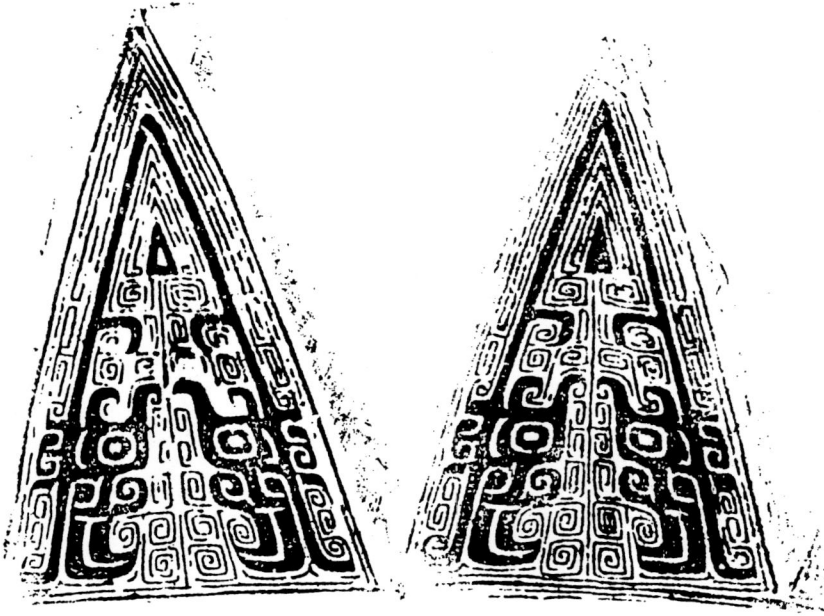

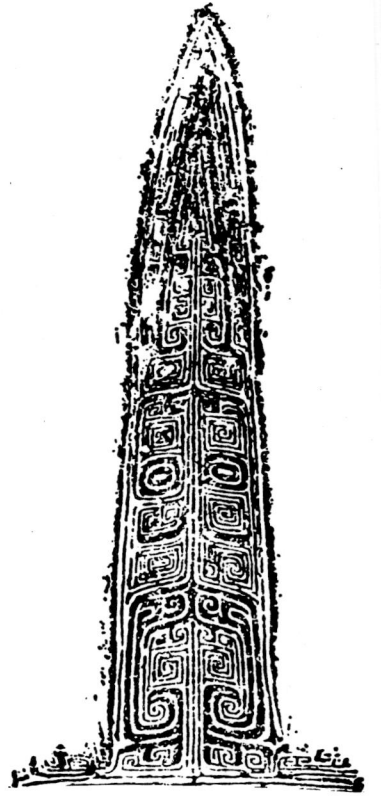

5 - 163　　　　　　　　　　5 - 164　　　　　　　　　　5 - 165

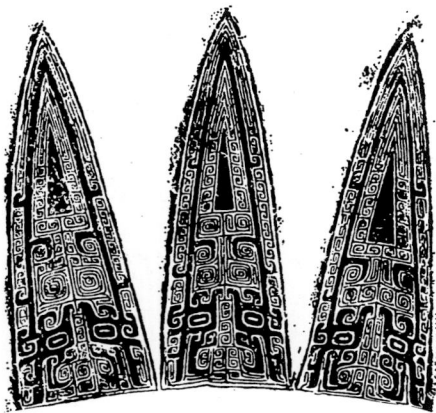

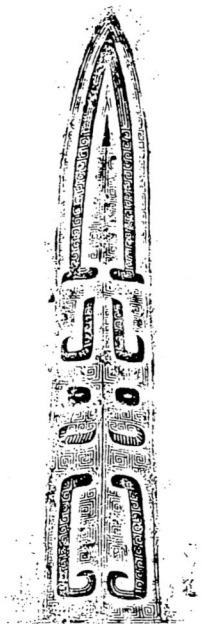

5 - 166　　　　　5 - 167　　　　　5 - 168　　　　　5 - 169　　　　　5 - 170

5-163，尖葉形内、回首龍，（原寸），斝，殷後期Ⅰ　　　5-164，尖葉形内、回首龍，（3/5），斝，殷後期Ⅰ，Art Institute of Chicago, Lucy Maud Buckingham Collection
5-165，尖葉形内、回首龍，觚，殷後期Ⅱ，安陽小屯　　　5-166，尖葉形内、回首龍，有肩尊，殷後期Ⅱ，安陽小屯　　　5-167，尖葉形内、回首龍，有肩尊，殷後期Ⅱ，安陽小屯　　　5-168，尖葉形内、回首龍，（2/3），觚，殷後期Ⅰ，臺北，故宮博物院　　　5-169，尖葉形内、回首龍，（3/5），觚，殷後期Ⅱ，The Museum of Far Eastern Antiquities, Bequest, Late King Gustaf VI Adolf of Sweden　　　5-170，尖葉形内、回首龍，（1/2），觚，殷後期Ⅱ，Dr. Arthur M. Sackler Collection, New York

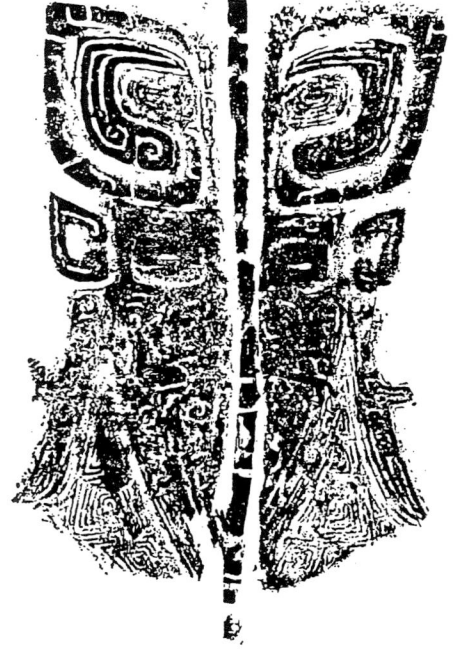

5-171　　　　　　5-172　　　　　　　　5-173

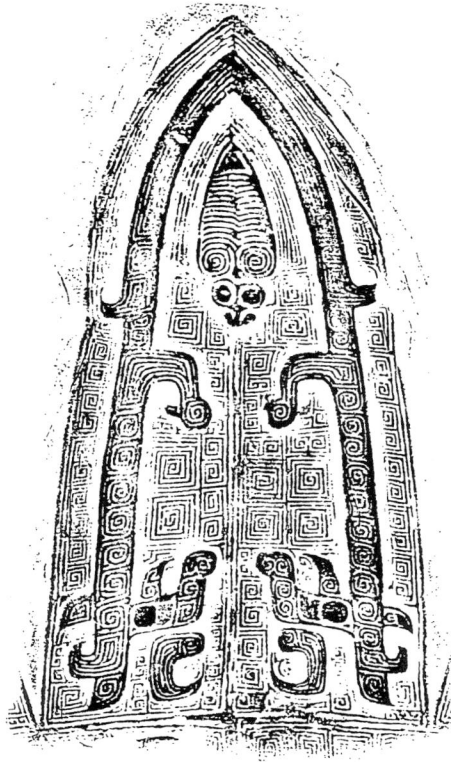

5-174　　　　　　　　　　　　　　　5-175

5-171，尖葉形内、回首龍,（左3/5），戟，殷後期Ⅱ　　　5-172，尖葉形内、回首龍，戟，殷後期Ⅱ，安陽小屯　　　5-173，尖葉形内、回首龍，鴟鴞尊，殷後期Ⅱ，安陽小屯　　　5-174，尖葉形内、回首龍，瓠形尊，殷後期Ⅲ，Museum Rietberg, Zürig　　　5-175，尖葉形内、回首龍,（左2/3），瓠形尊，殷後期Ⅲ

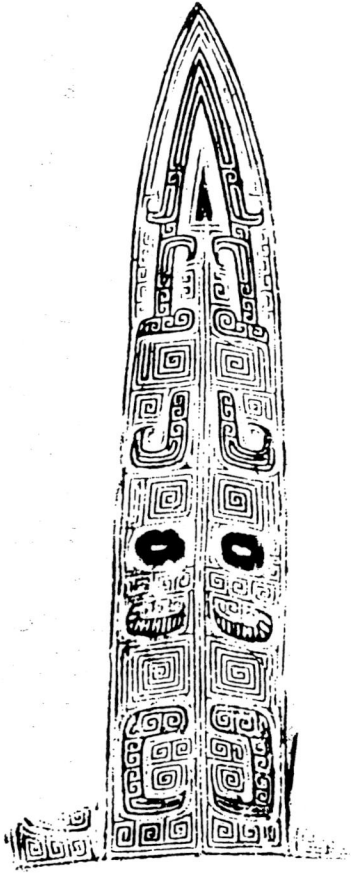

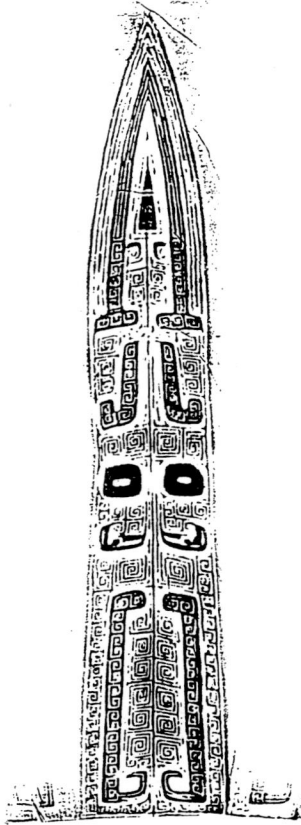

5 - 176　　　　　　　　5 - 177　　　　　　　　5 - 178　　　　　　　　5 - 179

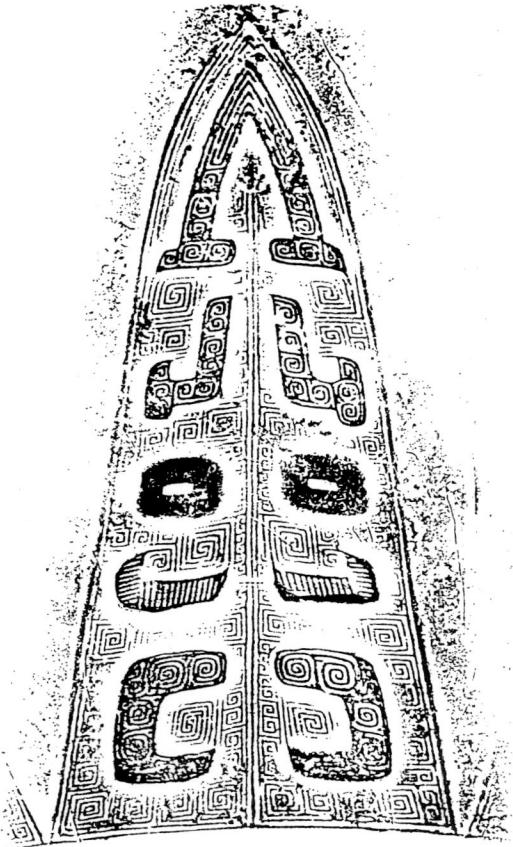

5 - 180

5 - 181

5-176，尖葉形内、回首龍，(4/5)，瓽，殷後期Ⅲ A　　5-177，尖葉形内、回首龍，(2/3)，瓽，殷後期Ⅲ A　　5-178，尖葉形内、回首龍，(3/4)，瓽，殷後期Ⅲ B
5-179，尖葉形内、回首龍，(4/5)，瓽，殷後期Ⅲ B　　5-180，尖葉形内、回首龍，(4/5)，瓽形尊，殷後期Ⅲ　　5-181，尖葉形内、回首龍，(4/5)，瓽形尊，殷後
期Ⅲ

5 - 182

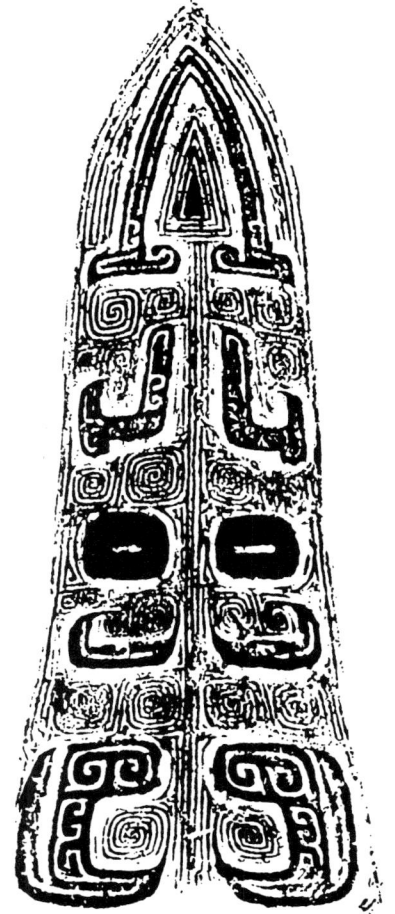

5 - 183

5 - 184

5 - 185

5 - 186

5-182、尖葉形内、回首龍,（左4/5）、觚形尊、殷後期Ⅲ　　5-183、尖葉形内、回首龍,（4/5）、觚形尊、殷後期Ⅲ　　5-184、尖葉形内、回首龍,（4/5）、觚形尊、殷後期Ⅲ　　5-185、尖葉形内、回首龍、觶、西周ⅠA、泉屋博古館、樋口隆康先生撮　　5-186、尖葉形内、回首龍、觚形尊、西周ⅠA、Metropolitan Museum of Art

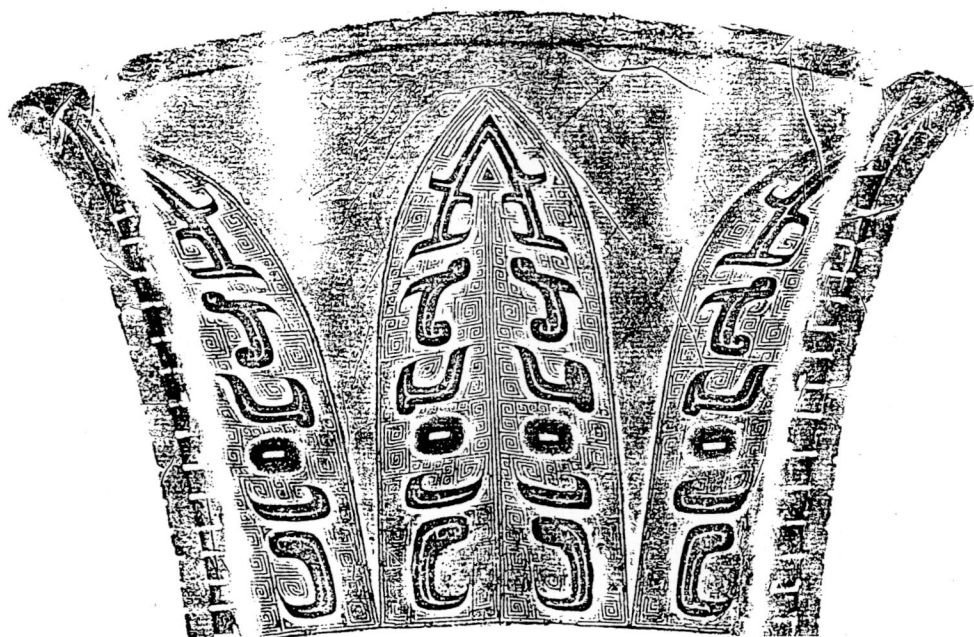

5－187　　　　　　　5－188　　　　　　　5－189

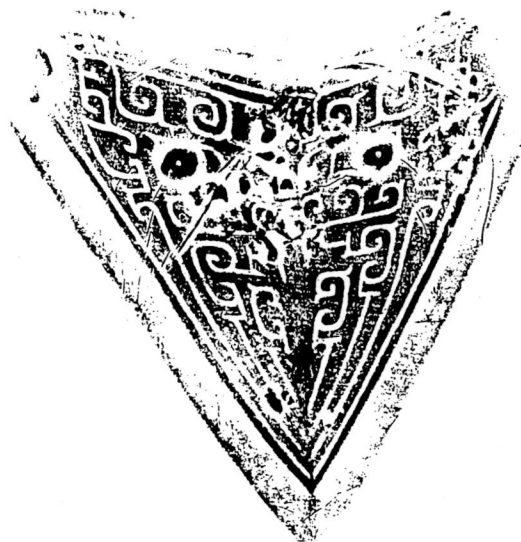

5－190　　　　　　　　　　　　　　　　　5－191

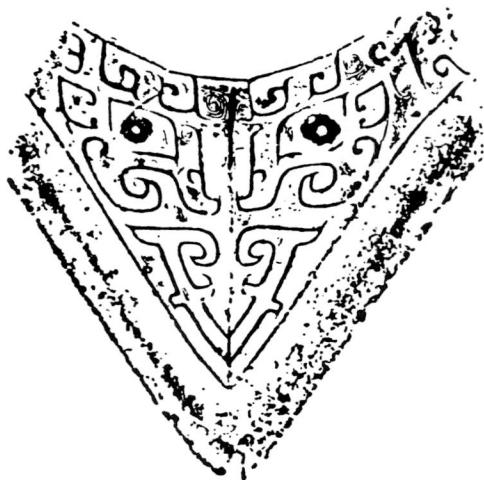

5－192　　　　　　　　　　　　　　　　　5－193

5－187，尖葉形内、回首龍，(2/3)，觚形尊，西周ⅠA　　　5－188，尖葉形内、回首龍，(2/3)，觚，西周1A　　　5－189，尖葉形内、回首龍，(4/5)，角，西周Ⅰ
5－190，尖葉形内、回首龍，小型盉，殷後期Ⅱ，安陽小屯　　　5－191，尖葉形内、回首龍，(2/3)，角，殷後期Ⅱ　　　5－192，尖葉形内、回首龍，角，西周Ⅰ，靈臺
白草坡　　　5－193，尖葉形内、回首龍，觶，殷後期Ⅱ，上海博物館

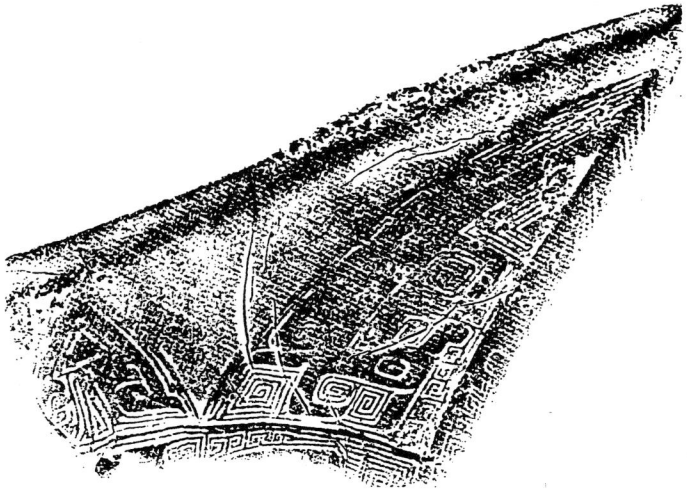

5 - 194

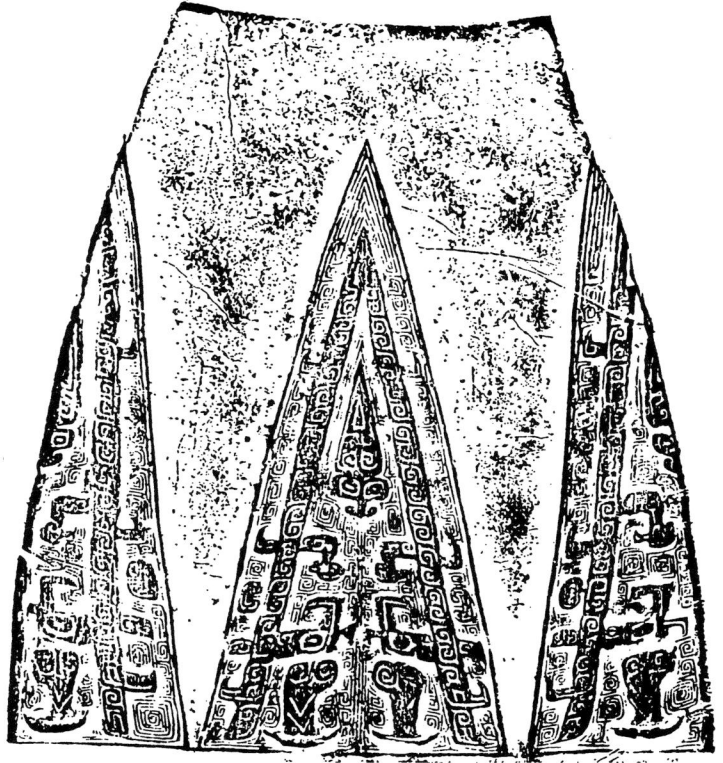

5 - 195

5 - 196

5 - 197

5 - 198

5-194，尖葉形内、回首龍，(4/5)，角，殷後期Ⅲ　　5-195，尖葉形内、回首龍，罍，殷後期Ⅱ，城固蘇村　　5-196，尖葉形内、回首龍，(2/3)，瓿形尊，西周
ⅠA，岡山美術館　　5-197，尖葉形内、回首龍，(原寸)，爵，西周Ⅱ　　5-198，尖葉形内、回首龍，罍，殷後期Ⅱ，Museum für Völkerkunde

5 - 199

5 - 200

5 - 201

5 - 202

5 - 203

5‐199，尖葉形内、回首龍，罍，西周Ⅱ，寧樂美術館　　5‐200，尖葉形内、回首龍，罍，殷後期Ⅱ，Nelson-Atkins Museum of Art, Kansas City, Missouri (Nelson Fund)　　5‐201，尖葉形内、回首龍，罍，特定地域型，江陵萬城　　5‐202，尖葉形内、回首龍，(1/2)，罍，特定地域型　　5‐203 尖葉形内、回首龍，(1/2)，鐘，特定地域型

5 - 204

5 - 209

5 - 205

5 - 206

5 - 207

5 - 210

5 - 208

5 - 211

5 - 212

5-204，回首 S 形龍，（4/5），卣，殷後期Ⅲ A　　5-205，象回首 S 形龍的圖像符號，（原寸）　　5-206，象圖 205 龍的角形的圖像符號，（原寸）　　5-207，角形與圖 206 相同的回首 S 形龍，殷後期，Courtesy of the Trustees of the British Museum　　5-208，回首 S 形龍，有肩尊，殷後期Ⅰ，安陽小屯　　5-209，回首 S 形龍，（原寸），有肩尊，殷後期Ⅱ，根津美術館　　5-210，回首 S 形龍，（下原寸），有肩尊，殷後期Ⅱ，根津美術館　　5-211，回首 S 形龍，（3/5），簋，殷後期Ⅱ，臺北，故宮博物院　　5-212，回首 S 形龍，（1/2），小型盉，殷後期Ⅲ，東京國立博物館

5 - 216

5 - 213

5 - 217

5 - 218

5 - 214

5 - 219

5 - 215

5 - 220

5-213，回首 S 形龍，(下 2/3)，瓿，殷後期Ⅲ　　5-214，回首 S 形龍，(原寸)，簋，西周Ⅰ B，出光美術館　　5-215，回首 S 形龍，(2/3)，觚形尊，大約西周Ⅰ
5-216，回首 S 形龍，小型盉，西周Ⅱ，Museum Rietberg. Zürig　　5-217，回首 S 形龍，鼎，西周Ⅱ B，扶風莊白　　5-218，回首 S 形龍，方鼎，西周Ⅱ B，扶風
莊白　　5-219，回首 S 形龍，(原寸)，簋，西周Ⅱ A，From, Eleanor von Konsten, *Chinese Bronzes from the Collection of Chester Dale and Dolty Carter*, no.77, with kind
permission of *Artibus Asiae*　　5-220，回首 S 形龍，(4/5)，壺，西周Ⅱ B

5 - 221

5 - 226

5 - 222

5 - 227

5 - 223

5 - 228

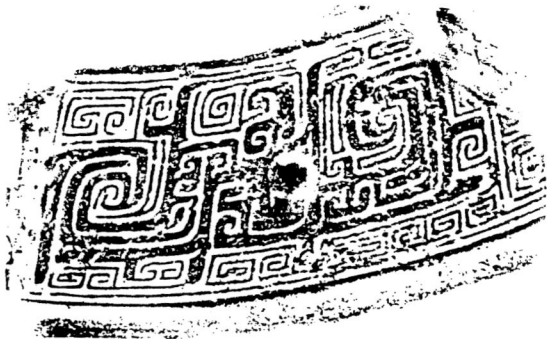

5 - 224

5 - 229

5 - 225

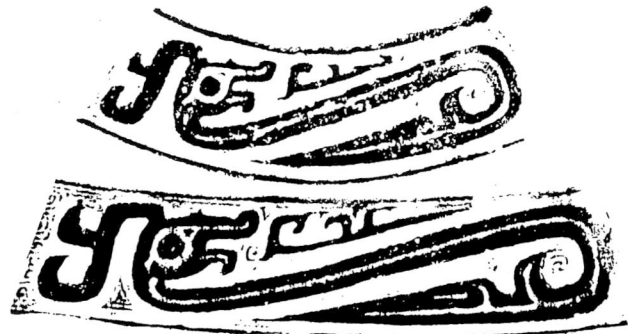

5 - 230

5-221，回首 S 形龍，(3/5)，有肩尊，殷後期Ⅱ，根津美術館　　5-222，回首 S 形龍，(原寸)，匜足部，殷後期Ⅲ，Ethnography Department of the National Museum of Copenhagen　　5-223，回首 S 形龍，(3/5)，鼎，西周ⅡB　　5-224，回首 S 形龍，(原寸)，有肩尊，殷後期Ⅱ，根津美術館　　5-225，回首 S 形龍，(原寸)，方彝，西周ⅠB，根津美術館　　5-226，回首 S 形龍，(3/5)，瓿，殷後期Ⅰ，臺北，故宮博物院　　5-227，回首 S 形龍，(2/3)，觚形尊，西周ⅠB　　5-228，回首 S 形龍，(4/5)，壺，西周Ⅱ　　5-229，回首 S 形龍，小型盉，西周Ⅱ　　5-230，回首 S 形龍，(原寸)，卣，西周Ⅱ，From, Eleanor von Konsten, *Chinese Bronzes from the Cotlection of Chester Dale and Dolly Carter*, no.50, with kind permission of *Artibus Asiae*

5 - 231

5 - 236

5 - 232

5 - 237

5 - 233

5 - 238

5 - 234

5 - 239

5 - 235

5-231，回首Ｓ形龍，(4/5)，卣，西周ⅡB　　5-232，回首Ｓ形龍，鼎，西周ⅡB，靈臺百里公社　　5-233，回首Ｓ形龍，大型盂，西周Ⅱ，北京，故宮博物院
5-234，回首Ｓ形龍，(1/2)，盂，西周ⅡB　　5-235，回首Ｓ形龍，瓿，西周Ⅱ　　5-236，回首Ｓ形龍，盤，西周Ⅱ，The Museum of Far Eastern Antiquities
5-237，回首Ｓ形龍，鼎，西周ⅢA，扶風莊白　　5-238，回首Ｓ形龍，簋，西周Ⅱ　　5-239，回首Ｓ形龍，鼎，西周Ⅱ，岐山清華鎮

5 - 240

5 - 241

5 - 247

5 - 242

5 - 248

5 - 243

5 - 249

5 - 244

5 - 245

5 - 246

5 - 250

5 - 251

5-240、回首 S 形龍、(原寸)、觶形尊、西周ⅡA 5-241、回首 S 形龍、(1/2)、觶、西周Ⅱ 5-242、回首 S 形龍、(2/3)、卣、西周ⅡA、根津美術館
5-243、回首 S 形龍、(4/5)、鼎、西周Ⅱ、From: Eleanor von Konsten: *Chinese Bronzes from the Collection of Chester Date and Dolly Carter*, no.26, with kind permission of
Artibus Asiae 5-244、回首 S 形龍、(2/3)、鼎、西周ⅡA、Dr. Arthur M. Sackler Collection, New York 5-245、回首 S 形龍、(2/5)、匜、西周ⅢA 5-246、回
首 S 形龍、(1/2)、鬲、西周Ⅲ 5-247、回首 S 形龍、盤、西周Ⅲ 5-248、回首 S 形龍、爵、殷後期Ⅱ、安陽小屯 5-249、回首 S 形龍、(原寸)、方鼎、殷
後期Ⅲ 5-250、回首 S 形龍、(原寸)、方鼎、西周ⅠA、Dr. Arthur M. Sackler Collection, New York 5-251、回首 S 形龍、(4/5)、方鼎、西周ⅠB、藤井有鄰館

5 - 257

5 - 258

5 - 252

5 - 253

5 - 259

5 - 254

5 - 255

5 - 260

5 - 256

5-252，回首 W 形龍，(下 1/2)，簋，西周Ⅱ B　　5-253，回首 W 形龍，(1/2)，簋，西周Ⅱ B，臺北，故宮博物院　　5-254，回首 W 形龍，(2/3)，簋，大約西周Ⅱ，Nelson-Atkins Museum of Art, Kansas City, Missouri　　5-255，回首 W 形龍，(3/5)，簋，西周Ⅱ A　　5-256，回首 W 形龍，(1/2)，大約西周Ⅱ　　5-257，回首 W 形龍，大型盉，西周Ⅲ，扶風劉家村　　5-258，回首 W 形龍，鼎，西周Ⅱ B，臨潼南羅生產大隊　　5-259，回首 W 形龍，簋，西周Ⅱ B，藤井有鄰館　　5-260，回首 W 形龍，簋，西周Ⅱ B

5 - 261

5 - 266

5 - 262

5 - 263

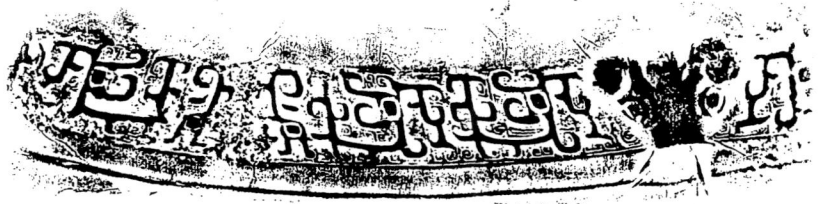

5 - 267

5 - 264

5 - 268

5 - 265

5-261，回首"于"尾龍，卣，西周Ⅰ A，Courtesy of Trustees of the Victoria and Albert Museum　5-262，回首"于"尾龍，(1/2)，鼎，西周Ⅰ A　5-263，回首"于"尾龍，(2/3)，卣，西周Ⅰ B，出光美術館　5-264，回首"于"尾龍，(4/5)，觶，西周Ⅰ B　5-265，回首"于"尾龍，(2/3)，瓠形尊，西周Ⅰ B　5-266，回首"于"尾龍，(3/5)，卣，西周Ⅰ B．Museum of Fine Arts，Boston　5-267，回首"于"尾龍，(3/5)，瓠形尊，西周Ⅱ A　5-268，回首"于"尾龍，卣，特定地域型，屯溪奕棋

5 - 269

5 - 270

5 - 275

5 - 271

5 - 276

5 - 272

5 - 277

5 - 273

5 - 274

5 - 278

5-269，四足向前龍，(2/5)，盤，殷後期Ⅱ　　5-270，四足向前龍，獸形匜，殷後期Ⅱ，安陽小屯　　5-271，四足向前龍，(2/3)，盤，殷後期Ⅲ　　5-272，四足向前龍，(2/3)，盤，殷後期Ⅲ，Asian Art Museum of San Francisco, Avery Brundage Collection　　5-273，四足向前龍，(2/3)，盤，西周Ⅰ B，天理參考館　　5-274，四足向前龍，(4/5)，罍，西周Ⅰ B，根津美術館　　5-275，四足向前龍，鼎，西周Ⅰ B，淳化史家塬　　5-276，四足向前龍，鼎，西周Ⅲ A，長安新旺村　5-277，四足向前龍，(2/3)，鉦，特定地域型，寧鄉　　5-278，四足向下龍，(1/2)，簋，西周Ⅲ，Dr. Arthur M. Sackler Collection, New York

5－279

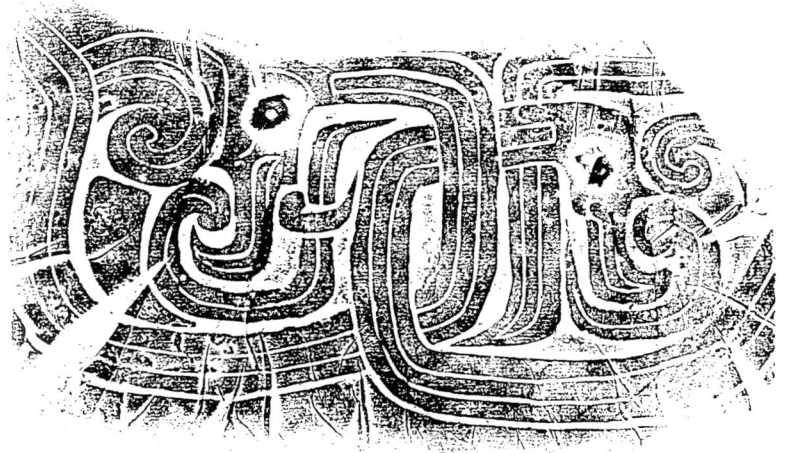

5－283

5－280

5－284

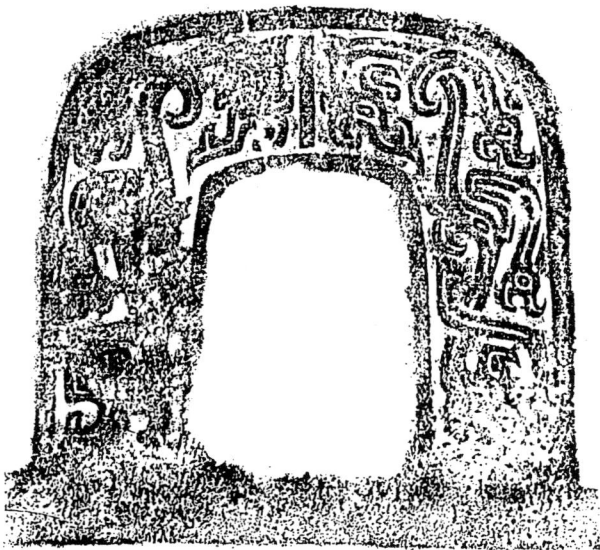

5－281

5－285

5－286

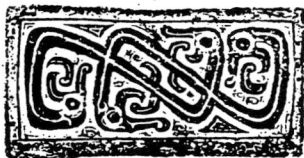

5－282

5-279，對稱形交叉龍，匕，西周Ⅱ～Ⅲ　　5-280，對稱形交叉龍，鼎，西周Ⅲ B　　5-281，對稱形交叉龍，(2/3)，鼎，西周Ⅲ B，黑川古文化研究所　　5-282，對稱形交叉龍，簋，春秋Ⅰ　　5-283，對稱形交叉龍，(2/3)，壺，西周Ⅲ　　5-284，對稱形交叉龍，(原寸)，壺，西周Ⅲ B，臺北，故宮博物院　　5-285，對稱形交叉龍，鼎(2/3)，春秋Ⅰ　　5-286，對稱形交叉龍，(4/5)，瓠形尊，西周Ⅰ A

5 - 287

5 - 294

5 - 288

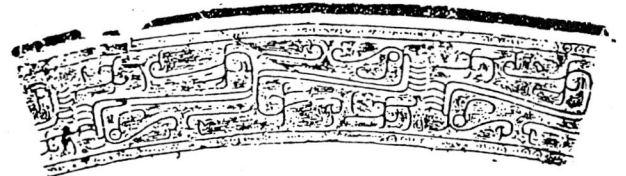

5 - 295

5 - 289

5 - 290

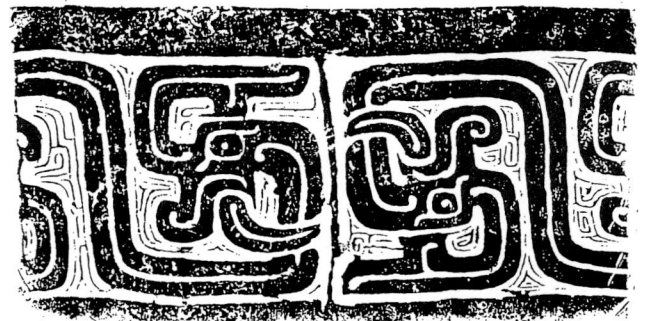

5 - 296

5 - 291

5 - 297

5 - 292

5 - 298

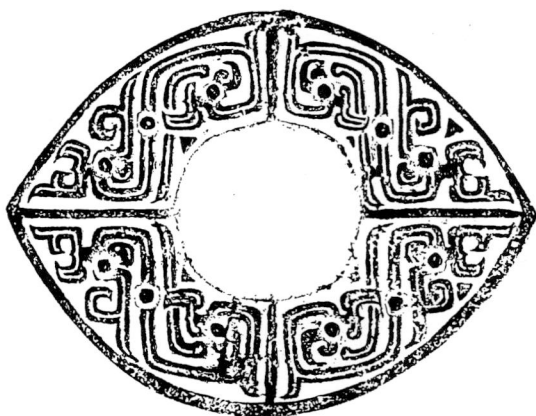

5 - 299

5 - 293

5-287，回首雙頭Ｚ形龍，(原寸)，卣，殷後期Ⅲ　　5-288，回首雙頭Ｚ形龍，(2/3)，卣，西周ⅠA，出光美術館　　5-289，回首雙頭Ｚ形龍，(2/5)，卣，西周ⅠA　　5-290，回首雙頭Ｚ形龍，(1/2)，匜，殷後期Ⅲ，Ethnographical Department of the National Museum of Copenhagen　　5-291，回首雙頭Ｚ形龍，卣，西周ⅠA，Metropolitan Museum of Art　　5-292，回首雙頭Ｚ形龍，(2/3)，卣，西周ⅠA，根津美術館　　5-293，回首雙頭Ｚ形龍，(1/2)，鐘，春秋Ⅰ　　5-294，回首雙頭Ｚ形龍，(1/2)，罍，特定地域型　　5-295，回首雙頭Ｚ形龍，盤，特定地域型，屯溪奕棋　　5-296，回首雙頭Ｚ形龍，(3/5)，壺，西周ⅢB，臺北，故宮博物院　　5-297，回首雙頭Ｚ形龍，(2/3)，鐘，西周Ⅲ，臺北，故宮博物院　　5-298，回首雙頭Ｚ形龍，鐘，西周Ⅲ，扶風強家村　　5-299，回首雙頭Ｚ形龍，(原寸)，鐘，春秋Ⅰ

5－300

5－301

5－302

5－303

5－304

5－305

5－306

5－307

5－300，回首雙頭Z形龍，罍，春秋Ⅰ，三門峽市上村嶺　　5－301，回首雙頭Z形龍，鬲，春秋Ⅰ，Dr. Arthur M. Sackler Collection, new York，樋口隆康先生攝
5－302，回首雙頭Z形龍，盤，特定地域型，潢川彭店公社　　5－303，回首雙頭Z形龍，鐘，西周Ⅲ，扶風南陽公社　　5－304，回首雙頭Z形龍，（2/3），盨，西
周Ⅲ B，Art Institute of Chicago, Lucy Maud Buckingham Collection of Archaic Chinese Bronzes　　5－305，回首雙頭Z形龍，盨，西周Ⅲ B，扶風雲塘　　5－306，回首
雙頭Z形龍，（2/3），簠，西周Ⅲ　　5－307，回首雙頭Z形龍，壺，西周Ⅲ B，扶風雲塘

5 – 308

5 – 309

5 – 310

5 – 311

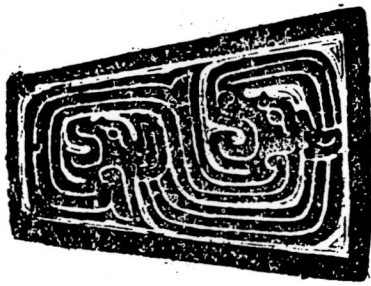

5 – 312

5 – 313

5－308，同向雙頭 S 形龍，(4/5)，瓠形尊，西周 I A，出光美術館　　5－309，同向雙頭 S 形龍，壺，西周 I A，扶風召李村　　5－310，同向雙頭 S 形龍，(2/3)，卣，西周 I B　　5－311，同向雙頭 S 形龍，簋，西周 I B，喀左北洞　　5－312，同向雙頭 S 形龍，瓚，西周 III B，扶風雲塘　　5－313，同向雙頭 S 形龍，簠，春秋 I，滕縣薛城

5 - 314

5 - 315

5 - 316

5-314，相背雙頭 S 形龍，(下 1/2)，盨，西周Ⅲ A，白鶴美術館　　5-315，相背雙頭 S 形龍，(2/3)，盨，春秋 I　　5-316，相背雙頭 S 形龍，罍，春秋 I，鄒縣七家峪

5 - 317

5 - 322

5 - 318

5 - 323

5 - 319

5 - 324

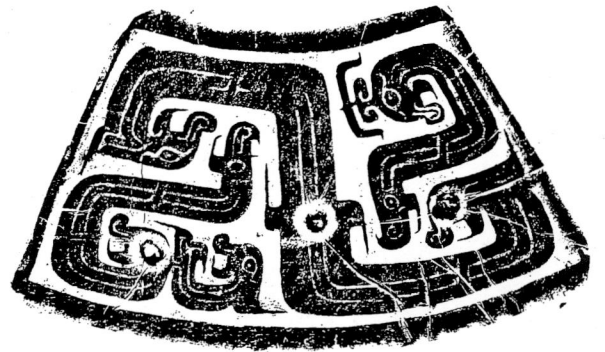

5 - 320

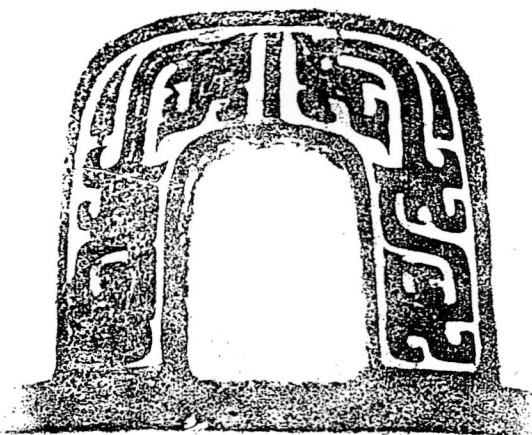

5 - 321

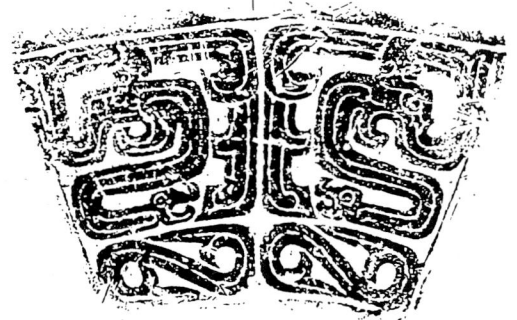

5 - 325

5-317，不對稱形多頭龍，壺，殷後期Ⅱ，安陽小屯　　5-318，不對稱形多頭龍，(1/2)，簋，西周Ⅰ A，臺北，故宮博物院　　5-319，不對稱形多頭龍，(4/5)，卣，西周Ⅱ A，根津美術館　　5-320，不對稱形多頭龍，卣，西周Ⅱ A，Museum für Ostasiatische Kunst　　5-321，不對稱形多頭龍，(2/3)，鼎，西周Ⅲ B，藤井有鄰館　　5-322，不對稱形多頭龍，(2/5)，簋，西周Ⅲ，Dr. Arthur M. Sackler Collection, New York　　5-323，不對稱形多頭龍，匜，西周Ⅲ B，Asian Art Museum of San Francisco, Avery Brundage Collection，樋口隆康先生撮　　5-324，不對稱形多頭龍，甗，春秋Ⅰ，臺北，故宮博物院　　5-325，不對稱形多頭龍，甗，春秋Ⅰ

5－326

5－327

5－328

5-326，不對稱形多頭龍，罍，春秋Ⅰ，鄒縣七家峪　　5-327，不對稱形多頭龍，盤，春秋Ⅰ，上海博物館　　5-328，不對稱形多頭龍，簠，西周Ⅲ，滕縣後荆溝

5 – 329

5 – 333

5 – 330

5 – 334

5 – 331

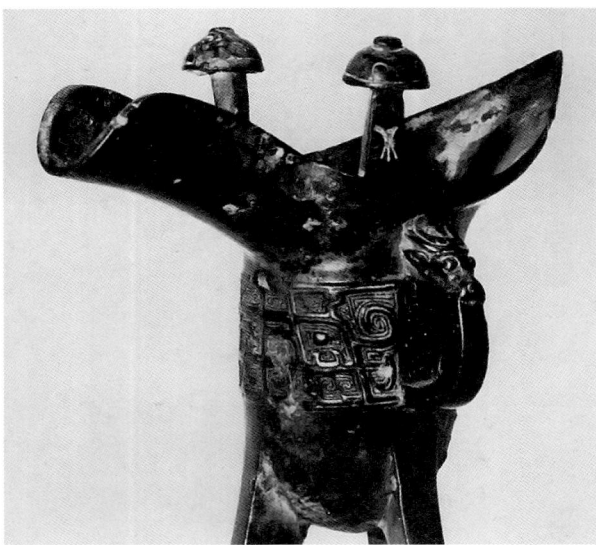

5 – 332

5-329，格子狀龍，(原寸)，爵，西周ⅠA　　5-330，格子狀龍，(原寸)，爵，西周ⅠA，濬縣辛村　　5-331，格子狀龍，(原寸)，爵，西周ⅠA，Museum of Fine Arts, Boston　　5-332，格子狀龍，爵，西周ⅠB，黑川古文化研究所　　5-333，格子狀龍，爵，西周ⅠB　　5-334，格子狀龍，爵，西周ⅡB，扶風雲塘

5 - 335

5 - 340

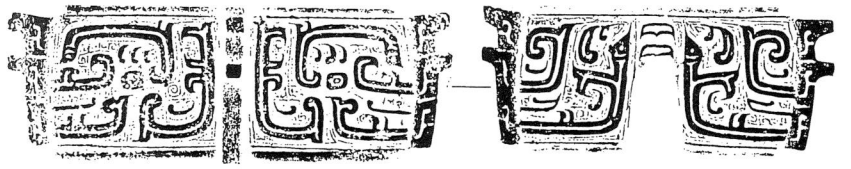

5 - 341

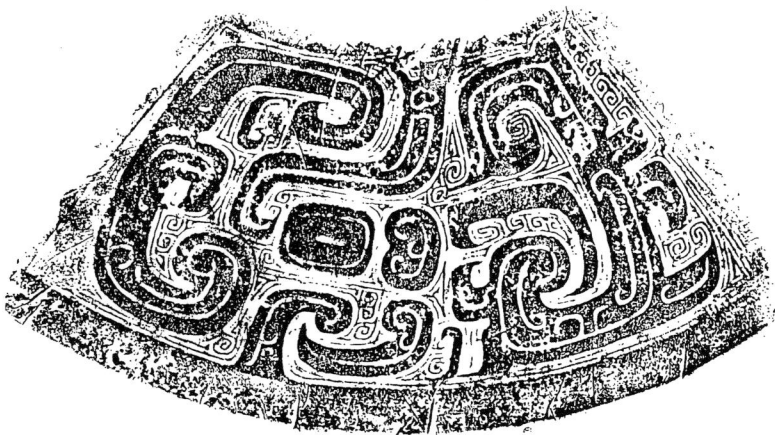

5 - 336

5 - 342

5 - 343

5 - 337

5 - 344

5 - 338

5 - 345

5 - 339

5-335，西周中晩期式分散龍（A型），（1）類，（原寸），方彝、西周ⅡA　　5-336，西周中晩期式分散龍（A型），（1）類，（原寸），簋、西周Ⅱ～Ⅲ　　5-337，西周中晩期式分散龍（A型），（1）類，（1/2），鼎、西周ⅡA　　5-338，西周中晩期式分散龍（A型），（1）類，（3/5），鼎、西周ⅡA　　5-339，西周中晩期式分散龍（A型），（1）類，鼎、西周ⅡB，長安普渡村　　5-340，西周中晩期式分散龍（A型），（1）類，（原寸），鼎、西周ⅡB，From: Eleanor von Konsten, *Chinese Bronzes from the Collection of Chester Dale and Dolly Carter*, no.27, with kind permission of *Artibus Asiae*　　5-341，西周中晩期式分散龍（A型），（1）類，（1/2），方彝、西周ⅡB，上海博物館　　5-342，西周中晩期式分散龍（A型），（1）類，（1/2），鼎、西周ⅢA　　5-343，西周中晩期式分散龍（A型），（1）類，鼎、西周ⅢA，長安張家坡　　5-344，西周中晩期式分散龍（A型），（1）類，簋、西周ⅢA，岐山鳳雛村　　5-345，西周中晩期式分散龍（A型），（1）類，（2/5），鼎、西周ⅢB，上海博物館

5 - 346

5 - 347

5 - 348

5 - 349

5 - 350

5-346，西周中晚期式分散龍（A 型），（1）類，（3/5），鼎，西周Ⅲ B，藤井有鄰館　　5-347，西周中晚期式分散龍（A 型），（1）類，（原寸），簋，西周Ⅲ B　　5-348，西周中晚期式分散龍（A 型），（1）類，甗，春秋 I，隨縣河店公社　　5-349，西周中晚期式分散龍（A 型），（2）類，簋，西周Ⅲ A，長安張家坡　　5-350，西周中晚期式分散龍（A 型），（2）類，簋，西周Ⅲ A，長安張家坡

5 - 351

5 - 352

5 - 353

5 - 354

5 - 351，西周中晚期式分散龍（B型），方彝，西周ⅡA　　5 - 352，西周中晚期式分散龍（B型），（原寸），簋，西周ⅢA，臺北，故宮博物院　　5 - 353，西周中晚期式分散龍（B型），壺，西周ⅢB　　5 - 354，西周中晚期式分散龍（B型），鼎，西周ⅢA，岐山董家村

5 - 355

5 - 360

5 - 356

5 - 361

5 - 357

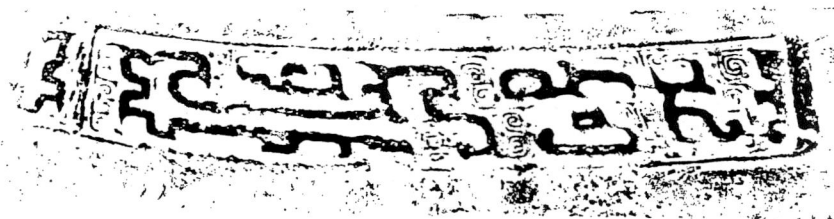

5 - 358

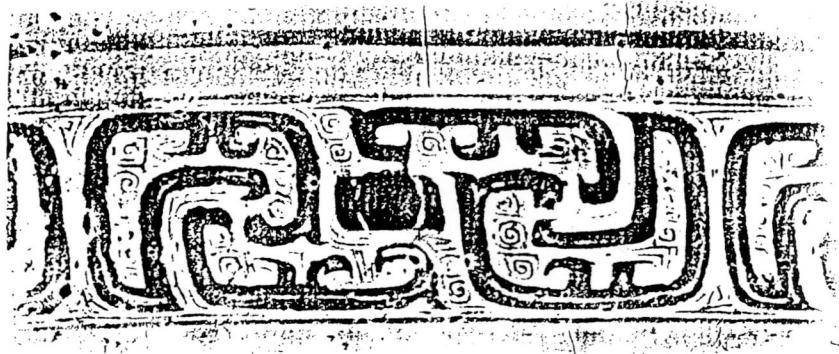

5 - 359

5-355，西周中晩期式分散龍（C型），簠，西周ⅡB，扶風黄甫公社　　5-356，西周中晩期式分散龍（C型），（3/5），簋，西周ⅢA，出光美術館　　5-357，西周中晩期式分散龍，卣，西周ⅠB，泉屋博古館，樋口隆康先生攝　　5-358，西周中晩期式分散龍，（原寸），觶形尊，西周ⅡA，白鶴美術館　　5-359，西周中晩期式分散龍，（原寸），簠，西周ⅡB　　5-360，西周中晩期式分散龍，（3/5），卣，西周ⅡB　　5-361，西周中晩期式分散龍，（2/3），鬲，西周Ⅲ，扶風齊家村

5 - 362

5 - 367

5 - 363

5 - 368

5 - 369

5 - 364

5 - 370

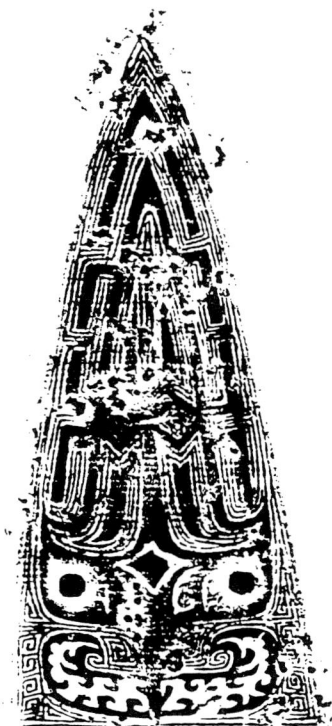

5 - 365

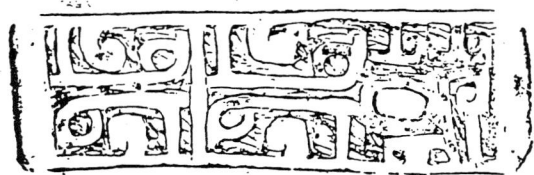

5 - 366

5 - 371

5 - 372

5-362、其他饕餮、類似饕餮的龍類紋飾，(1/2)，有肩尊，殷後期Ⅰ　　5-363、其他饕餮、類似饕餮的龍類紋飾，(2/3)，壺，殷後期Ⅰ　　5-364、其他饕餮、類似饕餮的龍類紋飾，(2/3)，鼎，殷後期Ⅱ　　5-365、其他饕餮、類似饕餮的龍類紋飾，(原寸)，卣，殷後期Ⅱ　　5-366、其他饕餮、類似饕餮的龍類紋飾，鼎，殷後期ⅢA，武功髯敔村　　5-367、其他饕餮、類似饕餮的龍類紋飾，(1/2)，卣，西周ⅠA，Dr. Arthur M. Sackler Collection, New York　　5-368、其他饕餮、類似饕餮的龍類紋飾，(3/5)，小型盉，西周Ⅱ，Metropolitan Museum of Art　　5-369、其他饕餮、類似饕餮的龍類紋飾，甌，特定地域型，凌源海島營子　　5-370、其他饕餮、類似饕餮的龍類紋飾，鼎，春秋Ⅰ，三門峽市上村嶺　　5-371、其他饕餮、類似饕餮的龍類紋飾，(2/3)，觚，西周ⅢA　　5-372、其他饕餮、類似饕餮的龍類紋飾，(4/5)，觚形尊，西周ⅠA，Dr. Arthur M. Sackler Collection, New York

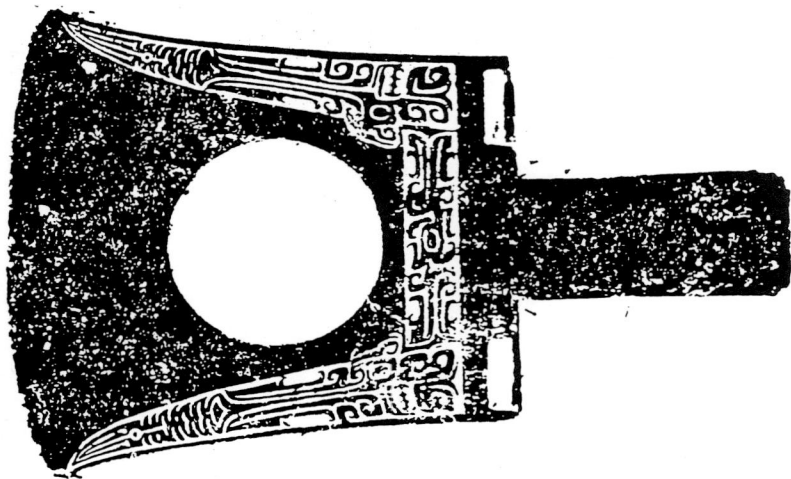

5 – 373

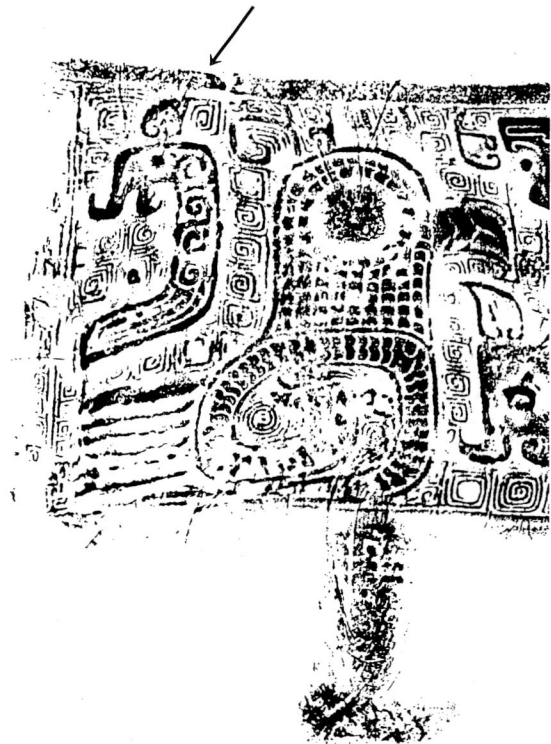

5 – 377

5 – 374

5 – 375

5 – 376

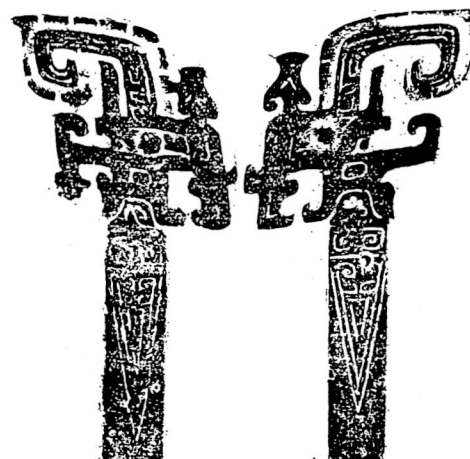

5 – 378

5 – 379

5 - 373，其他龍類紋飾，鉞，殷中期，黃陂盤龍城　　5 - 374，其他龍類紋飾，（原寸），有肩尊，殷中期　　5 - 375，其他龍類紋飾，鼎，殷後期Ⅰ，The Museum of Far Eastern Antiquities　　5 - 376，其他龍類紋飾，扁足鼎，殷後期Ⅰ，寧樂美術館　　5 - 377，其他龍類紋飾，（2/3），卣，殷後期Ⅱ　　5 - 378，其他龍類紋飾，尺形器，殷後期Ⅱ，安陽小屯　　5 - 379，其他龍類紋飾，尺形器，殷後期Ⅱ

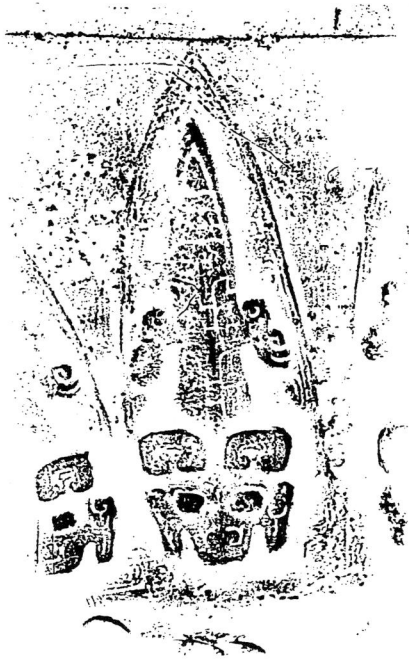

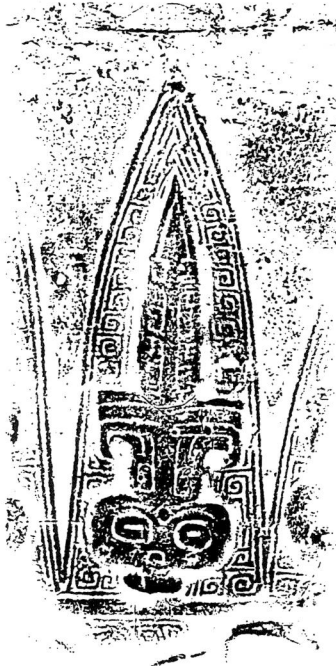

5－380

5－382

5－383

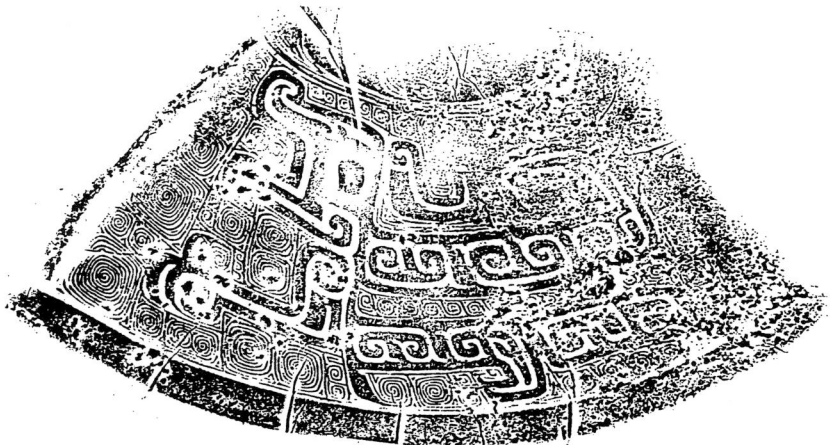

5－384

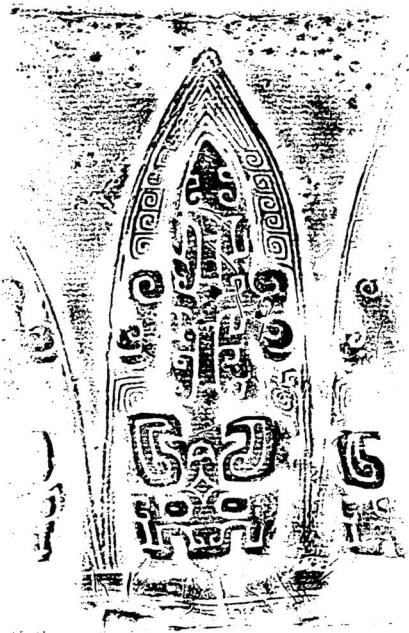

5－381

5-380，其他龍類紋飾，(2/3)，盉，殷後期Ⅱ，根津美術館　　5-381，其他龍類紋飾，(下2/3)，盉，殷後期Ⅱ，根津美術館　　5-382，其他龍類紋飾，(左2/3)，盉，殷後期Ⅱ，根津美術館　　5-383，其他龍類紋飾，(2/3)，有肩尊，殷後期Ⅱ，根津美術館　　5-384，其他龍類紋飾，(2/3)，罍，殷後期Ⅲ，白鶴美術館

5－385

5－389

5－386

5－390

5－387

5－391

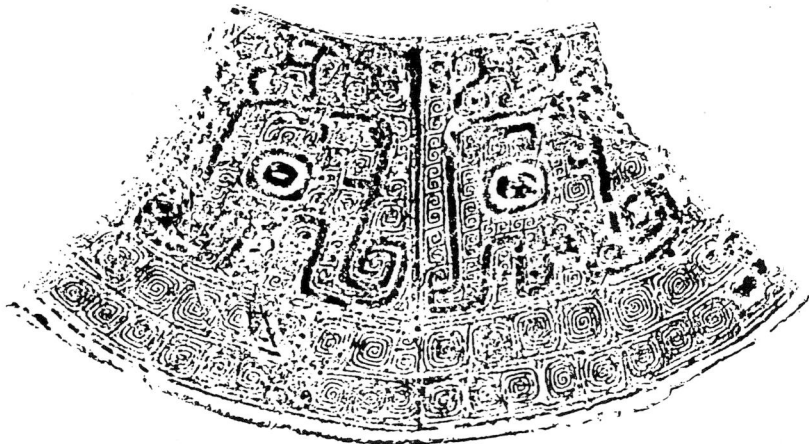

5－388

5－392

5-385，其他龍類紋飾，疊，西周Ⅰ A，泉屋博古館，樋口隆康先生攝　　5-386，其他龍類紋飾，(4/5)，觚，西周Ⅲ B　　5-387，其他龍類紋飾，(2/3)，鳥尊，殷後期Ⅲ　　5-388，其他龍類紋飾，(4/5)，觚，殷後期Ⅲ B　　5-389，其他龍類紋飾，(原寸)，觚形尊，殷後期Ⅲ，From: Eleanor von Konsten, *Chinese Bronzes from the Collection of Chester Dale and Dolly Carter*, no.61, with kind permission of *Artibus Asia*e　　5-390，其他龍類紋飾，(原寸)，方鼎，殷後期Ⅲ，東京國立博物館　　5-391，其他龍類紋飾，(原寸)，觚，殷後期Ⅲ，From：Eleanor von Konsten, *Chinese Bronzes from the Collection of Chester Dale and Dolly Carter*, no.70, with kind permission of *Artibus Asiae*　　5-392，其他龍類紋飾，疊，西周Ⅰ A

5 - 393

5 - 394

5 - 399

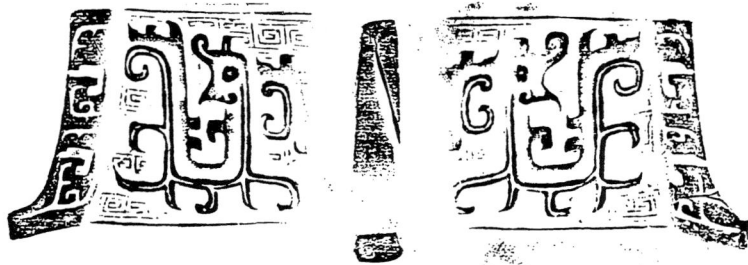

5 - 395

5 - 400

5 - 401

5 - 396

5 - 397

5 - 402

5 - 398

5-393，其他龍類紋飾，舟形容器，殷後期，石樓桃花莊　　5-394，其他龍類紋飾、觚、西周ⅠB，扶風莊白　　5-395，其他龍類紋飾，(2/3)，觚形尊，西周
ⅠB，白鶴美術館　　5-396，其他龍類紋飾，鼎，西周ⅢB，扶風康家村　　5-397，其他龍類紋飾，盠，西周Ⅲ，岐山鳳雛　　5-398，其他龍類紋飾，(原寸)，
鼎，春秋Ⅰ，Princeton University　　5-399，其他龍類紋飾，盤，特定地域型，潢川彭店公社　　5-400，其他龍類紋飾，(2/3)，扁足鼎，殷中期，安陽小屯
5-401，其他龍類紋飾，(4/5)，扁足鼎，殷中期　　5-402，其他龍類紋飾，扁足鼎，特定地域型，清江橫塘

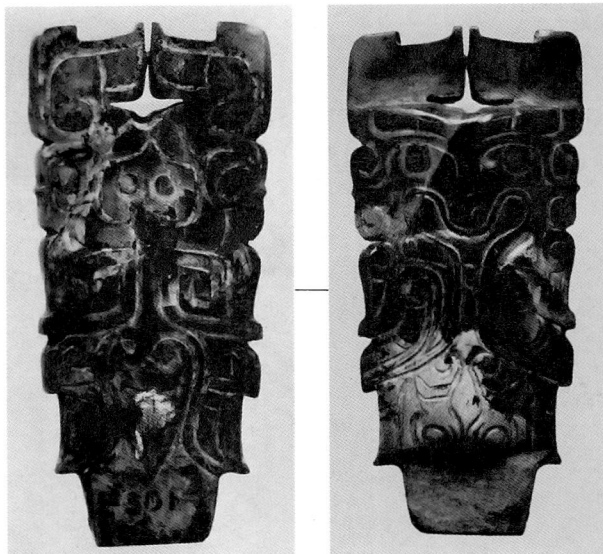

6 - 1

6 - 5

6 - 2

6 - 3

6 - 6

6 - 4

6-1，鳥身象鼻龍首神，(1/2)，簋，西周ⅠA，Art Institute of Chicago, Lucy Maud Buckingham Collection of Archaic Chinese Bronzes　　6-2，鳥身象鼻龍首神，玉器，西周Ⅱ，Nelson-Atkins Museum of Art, Kansas City, Missouri, (Nelson Fund)　　6-3，鳥身象鼻龍首神，(原寸)，觶形尊，西周ⅡB，The Museum of Far Eastern Antiquities　　6-4，鳥身象鼻龍首神，方鼎，西周Ⅱ　　6-5，鳥身龍首神，玉器，大約西周Ⅱ，樋口隆康先生攝　　6-6，鳥身龍首神，有肩尊，殷後期Ⅱ，寧樂美術館

6 - 7

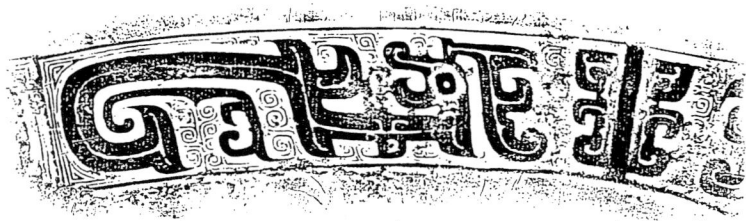

6 - 11

6 - 8

6 - 9

6 - 10

6 - 12

6-7，鳥身回首龍首神，卣，西周ⅠB，泉屋博古館，樋口隆康先生撮　　6-8，鳥身回首龍首神，小型盃，西周Ⅱ，凌源海島營子　　6-9，鳥身回首龍首神，鼎，西周ⅡA，寶雞茹家莊　　6-10，鳥身回首龍首神，盉，西周ⅡB，岐山董家村　　6-11，鳥身回首龍首神，(3/5)，盤，西周Ⅱ，Fitzwilliam Museum　　6-12，鳥身回首龍首神，大型盃，西周Ⅱ，北京，故宮博物院

6 - 13

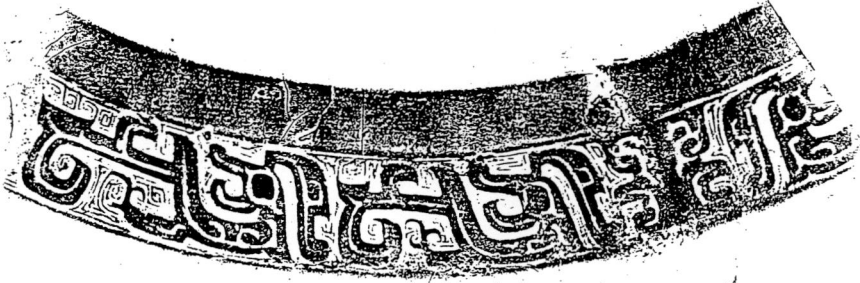

6 - 14

6 - 15

6-13，鳥身回首龍首神，(2/3)，簋，西周ⅢA　　6-14，鳥身回首龍首神，(3/5)，簋，西周Ⅲ，寧樂美術館　　6-15，鳥身回首龍首神，(1/2)，鬲，西周Ⅲ

6－16

6－21

6－17

6－22

6－18

6－23

6－19

6－24

6－20

6－25

6-16，凹字形龍身鳥首神（A型），（4/5），觚，殷中期，Asian Art Museum of San Francisco, Avery Brundage Collection　　6-17，凹字形龍身鳥首神（A型），（原寸），觚，殷中期，安陽小屯　　6-18，凹字形龍身鳥首神（A型），（4/5），觚，殷中期，安陽小屯　　6-19，凹字形龍身鳥首神（A型），截頭尊，殷中期，黃陂盤龍城
6-20，凹字形龍身鳥首神（A型），（原寸），觚，殷中期，安陽後北岡　　6-21，凹字形龍身鳥首神（A型），觚，殷中期Ⅱ，嘉山泊崗　　6-22，凹字形龍身鳥首神（A型），（2/3），有肩尊，特定地域型，根津美術館　　6-23，凹字形龍身鳥首神（A型），（3/5），瓿，殷後期Ⅰ　　6-24，凹字形龍身鳥首神（A型），（3/5），瓿，殷後期Ⅰ，臺北，故宮博物院　　6-25，凹字形龍身鳥首神（A型），瓿，殷後期Ⅰ，Musée Guimet, Paris

6-30

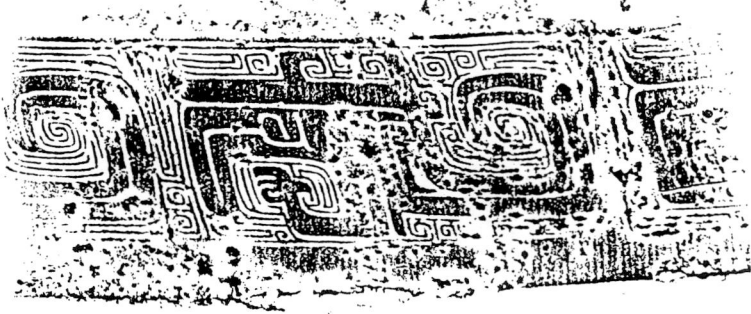

6-26

6-31

6-32

6-27

6-33

6-34

6-28

6-29

6-35

6-26，凹字形龍身鳥首神（A型），(下原寸)，小型盃，殷後期Ⅰ，Museum of Far Eastern Antiquities　　6-27，凹字形龍身鳥首神（A型），(2/3)，瓿，殷後期Ⅰ
6-28，凹字形龍身鳥首神（A型），(原寸)，斝，殷後期Ⅰ　　6-29，凹字形龍身鳥首神（A型），(2/5)，大型有蓋容器，大約殷後期Ⅱ，藤井有鄰館　　6-30，凹字
形龍身鳥首神（A型），瓠形尊，殷後期Ⅲ，Museum Rietberg, Zürig　　6-31，凹字形龍身鳥首神（A型），(原寸)，瓿，殷後期Ⅱ　　6-32，凹字形龍身鳥首神（A
型），鼎，殷後期Ⅱ，安陽小屯　　6-33，凹字形龍身鳥首神（A型），壺，殷後期Ⅱ，安陽小屯　　6-34，凹字形龍身鳥首神（A型），方彝，殷後期Ⅱ，安陽小屯
6-35，凹字形龍身鳥首神（A型），罍，殷後期Ⅱ，黑川古文化研究所

6-42

6-43

6-36

6-44

6-37

6-45

6-38

6-46

6-39

6-47

6-40

6-48

6-41

6-36，凹字形龍身鳥首神（A型），(2/3)，卣，殷後期Ⅲ　　6-37，凹字形龍身鳥首神（A型），鼎，殷後期Ⅲ A　　6-38，凹字形龍身鳥首神（A型），(1/2)，卣，殷後期Ⅲ A　　6-39，凹字形龍身鳥首神（A型），(3/5)，小型盉，殷後期Ⅲ，東京國立博物館　　6-40，凹字形龍身鳥首神（A型），(原寸)，觶，殷後期Ⅲ　　6-41，凹字形龍身鳥首神（A型），(4/5)，卣，殷後期Ⅲ A，根津美術館　　6-42，凹字形龍身鳥首神（A型），鼎，殷後期Ⅲ A　　6-43，凹字形龍身鳥首神（A型），(2/5)，卣，殷後期Ⅲ B　　6-44，凹字形龍身鳥首神（A型），(1/2)，簋，殷後期Ⅲ A，Courtesy of the Trustees of the British Museum　　6-45，凹字形龍身鳥首神（A型），(原寸)，卣，西周Ⅰ A，白鶴美術館　　6-46，凹字形龍身鳥首神（A型），(2/5)，鼎，西周Ⅰ A　　6-47，凹字形龍身鳥首神（A型），(原寸)，方鼎，西周Ⅰ B，藤井有鄰館　　6-48，凹字形龍身鳥首神（A型），(3/5)，方鼎，西周Ⅰ B，臺北，故宮博物院

6 - 49

6 - 50

6 - 51

6‑49，凹字形龍身鳥首神（A型），（1/2），簋，西周Ⅱ A　　6‑50，凹字形龍身鳥首神（A型），（原寸），簋，西周Ⅱ B，From: Eleanor von Konsten, *Chinese Bronzes from the collection of Chester Dale and Dolly Carter*, no.76, with kind permission of *Artious Asiae*　　6‑51，凹字形龍身鳥首神（A型），（原寸），甕，西周Ⅱ

6 - 52

6 - 57

6 - 53

6 - 58

6 - 54

6 - 59

6 - 60

6 - 55

6 - 61

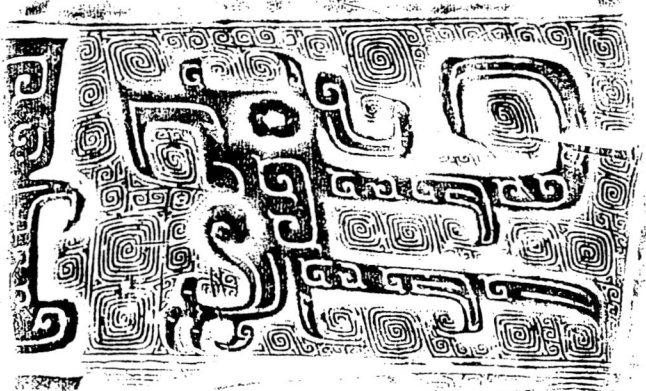

6 - 56

6 - 62

6-52，凹字形龍身鳥首神（B型），（2/5），罍，殷後期Ⅱ，根津美術館　　6-53，凹字形龍身鳥首神（B型），罍，殷後期Ⅱ，安陽小屯　　6-54，凹字形龍身鳥首神（B型），瓿，殷後期ⅢA，出光美術館　　6-55，凹字形龍身鳥首神（B型），（1/2），瓿，殷後期ⅢB　　6-56，凹字形龍身鳥首神（B型），（3/5），罍，殷後期Ⅲ，藤田美術館　　6-57，凹字形龍身鳥首神（B型），（1/2），盉，殷後期Ⅲ，Dr. Arthur M. Sackler Collection, New York　　6-58，凹字形龍身鳥首神（B型），（2/3），簋，殷後期ⅢB　　6-59，凹字形龍身鳥首神（B型），（2/3），匜，西周ⅠA，出光美術館　　6-60，凹字形龍身鳥首神（B型），（1/2），觚形尊，西周ⅠA，東京國立博物館　　6-61，凹字形龍身鳥首神（B型），簋，西周ⅠA，臺北，故宮博物院　　6-62，凹字形龍身鳥首神（B型），（3/5），方鼎，西周ⅠB，臺北，故宮博物院

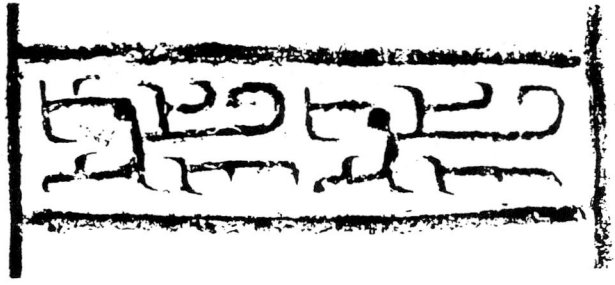

6‑63

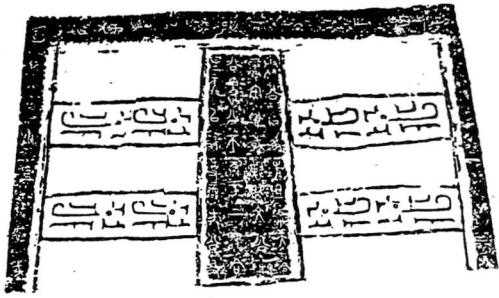

6‑64

6‑65

6‑63，凹字形龍身鳥首神（B型），(原寸)，鐘，西周Ⅲ　　6‑64，凹字形龍身鳥首神（B型），鐘，春秋Ⅰ，寶雞太公廟村　　6‑65，凹字形龍身鳥首神，(4/5)，簋，西周ⅠB

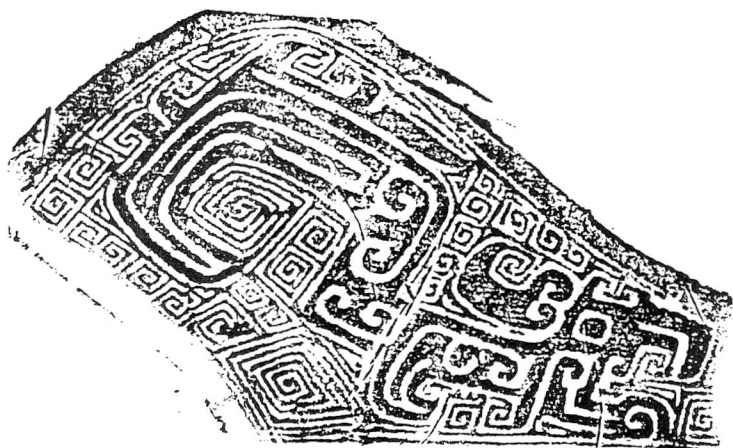
6 - 66

6 - 70

6 - 71

6 - 67

6 - 72

6 - 68

6 - 69

6-66，S形龍身鳥首神，(原寸)，匜，殷後期Ⅲ A　　6-67，S形龍身鳥首神，鼎，殷後期Ⅲ，Museum für Ostasiatische Kunst　　6-68，S形龍身形鳥首神，(4/5)，卣，殷後期Ⅲ B，白鶴美術館　　6-69，S形龍身鳥首神，(原寸)，卣，殷後期Ⅲ　　6-70，S形龍身鳥首神，(2/3)，觚形尊，殷後期Ⅲ　　6-71，S形龍身鳥首神，簋，西周Ⅰ A，淳化史家塬　　6-72，S形龍身鳥首神，卣，殷後期Ⅲ B，上海博物館

6 - 73

6 - 74

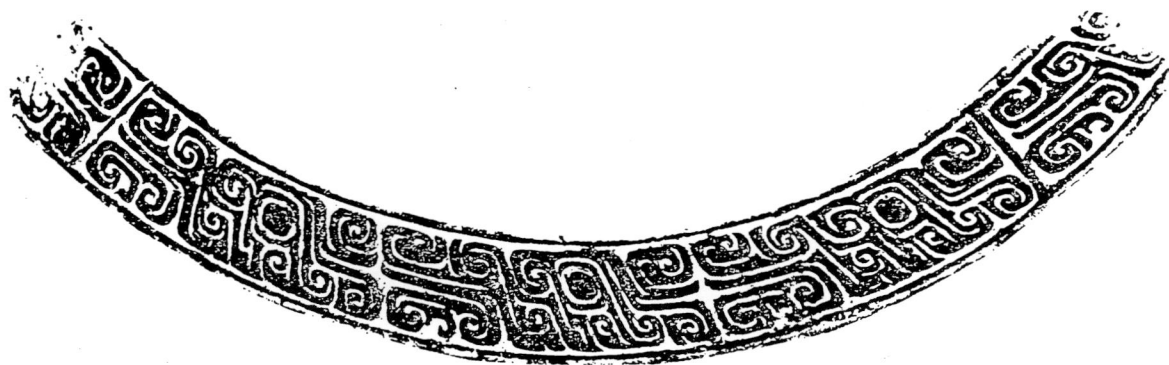

6 - 75

6 - 76

6 - 73，直體龍身鳥首神，（原寸），截頭尊，殷中期，安陽小屯　　6 - 74，直體龍身鳥首神，（原寸），扁足鼎，殷中期，Honolulu Academy of Arts, Purchase, 1954
6 - 75，直體龍身鳥首神，瓿，殷中期，安陽小屯　　6 - 76，直體龍身鳥首神，截頭尊，殷中期，泉屋博古館，樋口隆康先生攝

6 - 77

6 - 78

6 - 79

6 - 81

6 - 80

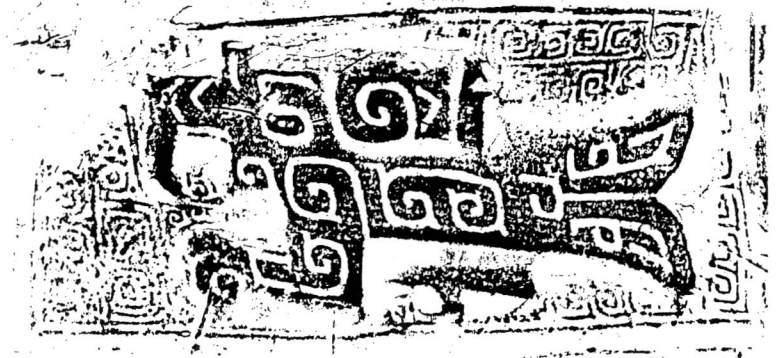

6 - 82

6-77，直體龍身鳥首神，罍，殷中期，黃陂盤龍城　　6-78，直體龍身鳥首神，瓿，殷中期Ⅱ，安陽小屯　　6-69，直體龍身鳥首神，瓿，殷中期Ⅱ，輝縣琉璃閣
6-80，直體龍身鳥首神，斝，殷後期Ⅱ，樋口隆康先生攝　　6-81，直體龍身鳥首神，斝，殷後期Ⅱ，Minneapolis Institute of Arts, Bequest, Alfred F. Pillsbury
6-82，直體龍身鳥首神，(原寸)，盉，殷後期Ⅱ，根津美術館

6 - 83

6 - 90

6 - 84

6 - 91

6 - 85

6 - 92

6 - 86

6 - 93

6 - 87

6 - 88

6 - 94

6 - 89

6-83，回首Ｓ形、龍身鳥首神，（3/5），鼎，殷後期Ⅰ　　6-84，回首Ｓ形、龍身鳥首神，斝，殷後期Ⅱ，羅山蟒張　　6-85，回首Ｓ形、龍身鳥首神，小型盉，殷後期Ⅱ，安陽小屯　　6-86，回首Ｓ形、龍身鳥首神，小型盉，殷後期Ⅱ，安陽小屯　　6-87，回首Ｓ形、龍身鳥首神，（1/2），鼎，西周Ⅰ　Ａ　　6-88，回首Ｓ形、龍身鳥首神，壺，殷後期Ⅲ　Ｂ，臺北，故宮博物院　　6-89，回首Ｓ形、龍身鳥首神，（原寸），小型盉，殷後期Ⅲ　　6-90，回首Ｓ形、龍身鳥首神，（1/2），小型盉，殷後期Ⅲ　　6-91，回首Ｓ形、龍身鳥首神，簋，殷後期Ⅲ，渭南南堡村　　6-92，回首Ｓ形、龍身鳥首神，（原寸），觶，殷後期Ⅲ　　6-93，回首Ｓ形、龍身鳥首神，（2/3），鼎，西周Ⅰ　Ａ，From: Eleanor von Konsten, *Chinese Bronzes from the Collection of Chester Dale and Dolly Carter*, no.21, with kind permission of *Artibus Asiae*　6-94，回首Ｓ形、龍身鳥首神，（下1/2），小型盉，西周Ⅰ

6 - 95

6 - 99

6 - 96

6 - 100

6 - 97

6 - 98

6-95, 回首S形、龍身鳥首神,(原寸), 觚形尊, 西周ⅠA 6-96, 回首S形、龍身鳥首神,(1/2), 簋, 西周Ⅰ 6-97, 回首S形、龍身鳥首神, 小型盂, 西周Ⅱ, 凌源海島營子 6-98, 回首S形、龍身鳥首神,(下3/5), 小型盂, 殷後期Ⅲ 6-99, 回首S形、龍身鳥首神,(原寸), 有肩尊, 殷後期Ⅲ 6-100, 回首S形、龍身鳥首神,(2/3), 簋, 西周ⅠA

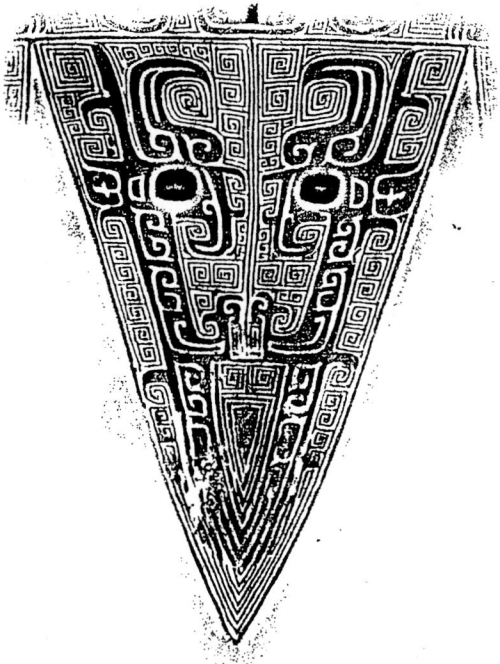

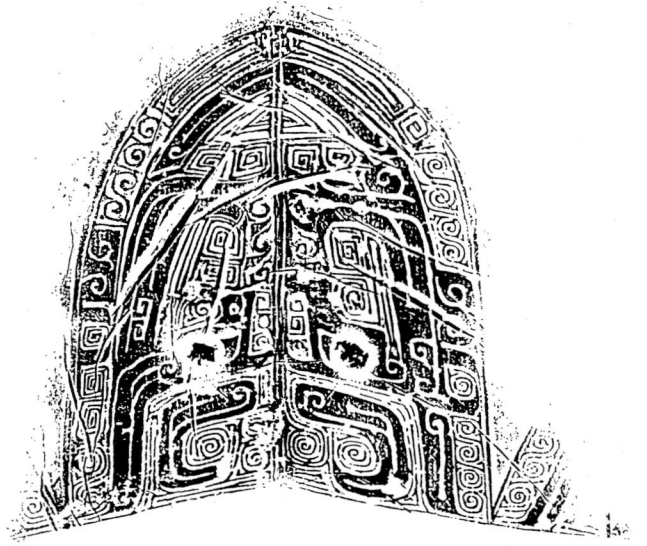

6 - 106

6 - 101　　　　　　　　6 - 102

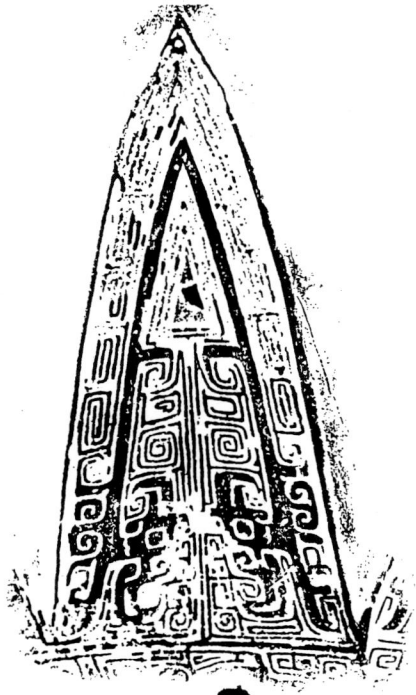

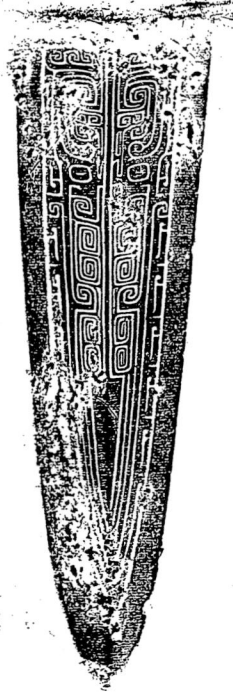

6 - 107

6 - 103　　　　　　　　6 - 104

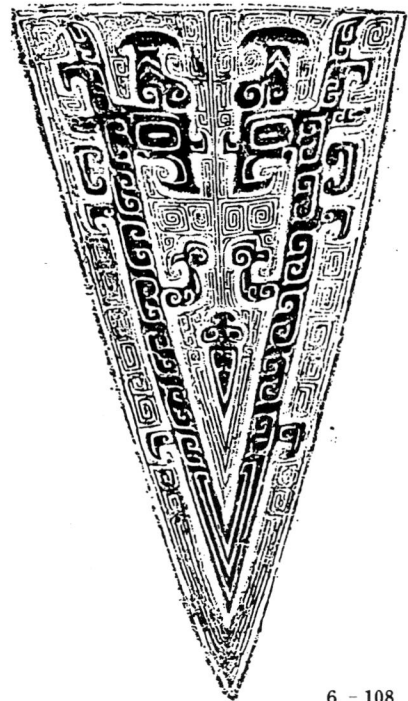

6 - 105

6 - 108

6-101、尖葉形内、回首龍身鳥首神，(2/3)，戈，殷後期Ⅱ，黑川古文化研究所　　　6-102、尖葉形内、回首龍身鳥首神，(2/3)，瓹，殷後期Ⅱ，臺北，故宮博物院
6-103、尖葉形内、回首龍身鳥首神，(4/5)，有肩尊，殷後期Ⅱ　　6-104、尖葉形内、回首龍身鳥首神，(1/2)，畀，殷後期Ⅱ，藤井有鄰館　　6-105、尖葉形
内、回首龍身鳥首神，瓹形尊，殷後期Ⅲ，泉屋博古館　　6-106、尖葉形内、回首龍身鳥首神，(3/5)，瓹形尊，西周ⅠA　　6-107、尖葉形内、回首龍身鳥首神，
(3/5)，瓹形尊，西周ⅠB，白鶴美術館　　6-108、尖葉形内、回首龍身鳥首神，戈，殷後期Ⅱ，安陽小屯

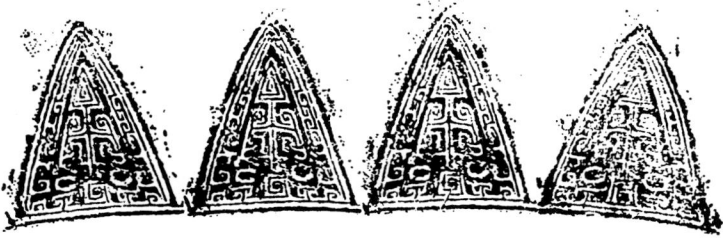

6 - 109

6 - 110

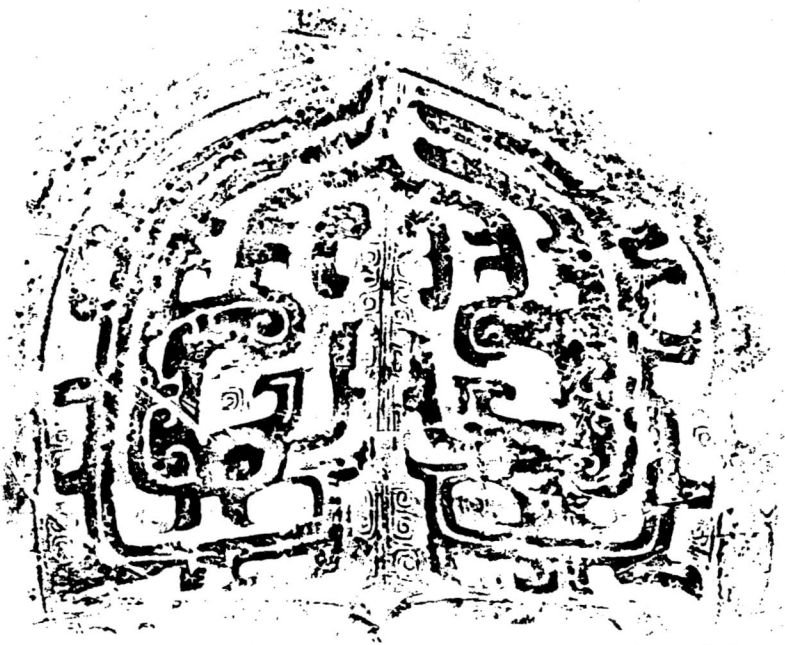

6 - 111

6-109，尖葉形内、回首龍身鳥首神，有肩尊，殷後期Ⅰ，安陽小屯　　6-110，尖葉形内、回首龍身鳥首神，(原寸)，觶形尊，西周ⅡA，University Museum, University of Pennsylvania　　6-111，尖葉形内、回首龍身鳥首神，(原寸)，觶形尊，西周ⅡA，白鶴美術館

6 - 112

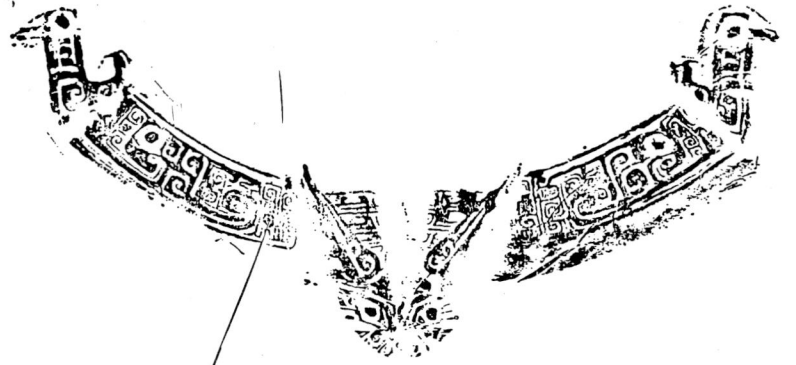

6 - 116

6 - 113

6 - 117

6 - 114

6 - 118

6 - 115

6-112，向下Ｓ形、龍身鳥首神，(2/3)，有肩尊，殷後期Ⅰ　　6-113，向下Ｓ形、龍身鳥首神，(2/3)，瓿，殷後期Ⅰ　　6-114，向下Ｓ形、龍身鳥首神，瓿，殷後期Ⅱ，安陽小屯　　6-115，向下Ｓ形、龍身鳥首神，象尊，特定地域型，Musée Guimet, Paris　　6-116，向下Ｓ形、龍身鳥首神，有肩尊，殷後期Ⅲ，城固蘇村6-117，向下Ｓ形、龍身鳥首神，匜，殷後期Ⅲ，白鶴美術館　　6-118，向下Ｓ形、龍身鳥首神，鼎，春秋Ⅰ，黃縣南埠村

6 - 119

6 - 120

6 - 121

6-119，卷體、回首龍身鳥首神，(4/5)，罍，殷後期Ⅱ～ⅢA 6-120，卷體、回首龍身鳥首神，(原寸)，簋，西周ⅢA，Nelson-Atkins Museum of Art, Kansas City, Missouri 6-121，卷體、回首龍身鳥首神，(原寸)，壺，春秋Ⅰ，永青文庫

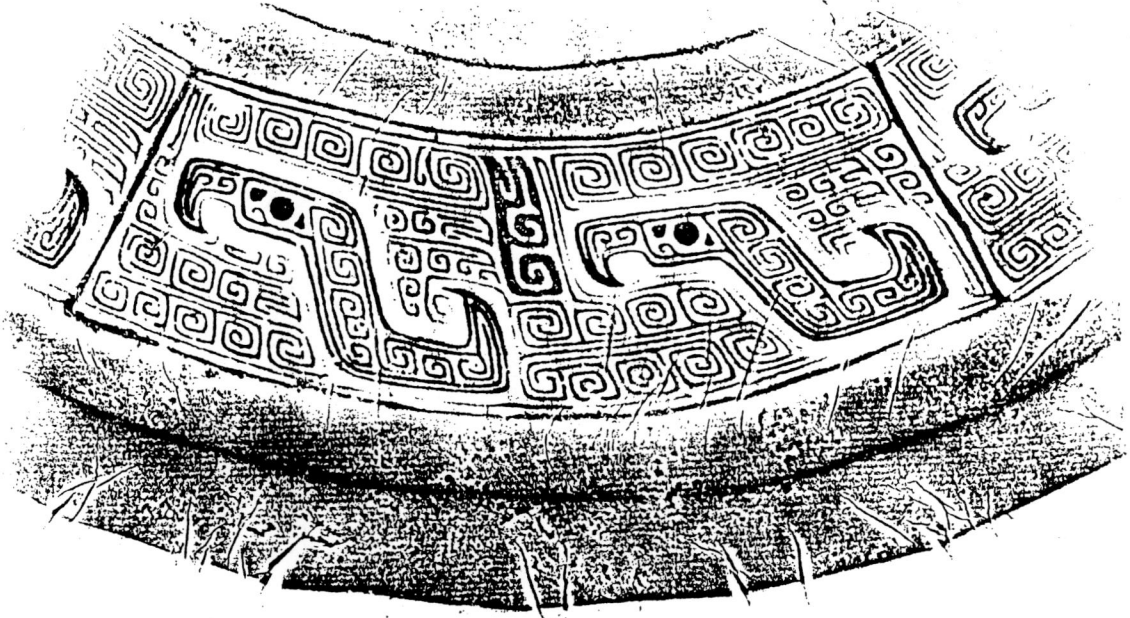

6‑122

6‑123

6‑124

6‑125

6‑126

6‑122，其他龍身鳥首神，（原寸），瓠，殷後期 I　　6‑123，其他龍身鳥首神，（原寸），壺，殷後期 III，From: Eleanor von Konsten, *Chinese Bronzes from the Collection of Chester Dale and Dolly Carter*, no.52, with kind permission of *Artibus Asiae*　　6‑124，其他龍身鳥首神，（原寸），盤，西周 I B，天理參考館　　6‑125，其他龍身鳥首神，卣，西周 II A，扶風召李村　　6‑126，魚身鳥首神，盤，殷中期，平谷南獨樂河

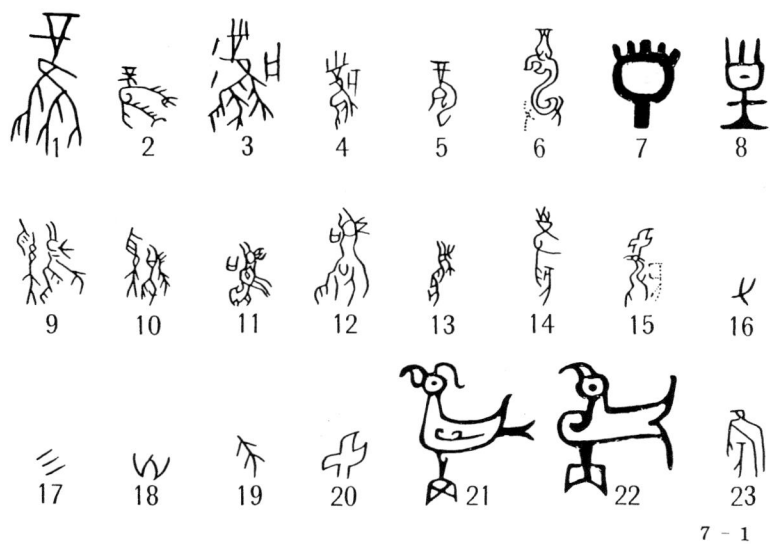

7-1

7-2

7-3

7-4

7-5

7-6

7-1，鳳凰相關文字、符號　　7-2，真正鳳凰，卣，殷後期Ⅱ，Courtesy of the Freer Gallery of Art, Smithsonian Institution, Washington D.C.　　7-3，真正鳳凰，卣，殷後期ⅢA，大阪市立東洋陶磁美術館　　7-4，真正鳳凰，卣，殷後期ⅢB，上海博物館　　7-5，兩種真正鳳凰，觚，西周ⅠA，Museum für Ostasiatische Kunst　7-6，真正鳳凰，卣，西周Ⅰ

7 - 7

7 - 10

7 - 8

7 - 11

7 - 9

7 - 12

7-7，真正鳳凰，觶，西周Ⅱ　　7-8，真正鳳凰，小型盂，西周Ⅱ　　7-9，真正鳳凰，卣，西周ⅡB，泉屋博古館，樋口隆康先生攝　　7-10，山紋中的真正鳳凰羽冠形，（原寸），壺，西周Ⅱ，臺北，故宮博物院　　7-11，頭上戴孔雀尾羽的鳳凰，畫像石，後漢　　7-12，頭上戴孔雀尾羽的鳳凰，畫像石，後漢

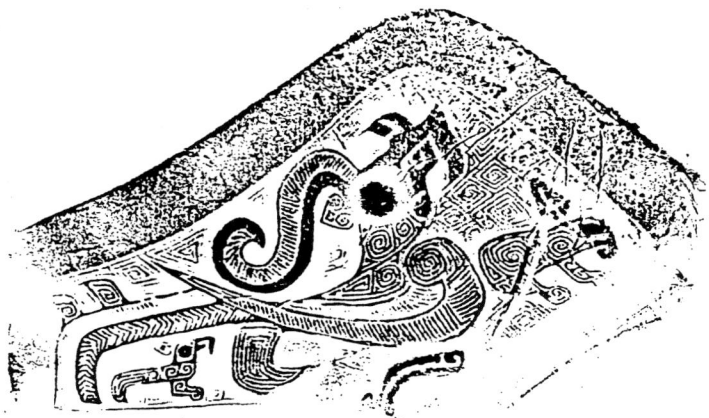

7 - 13

7 - 14

7 - 15

7 - 16

7 - 17

7 - 18

7 - 19

7-13，鶯，(4/5)，匜，殷後期ⅢB　　7-14，鶯，觚形尊，西周ⅠA　　7-15，鶯，(原寸)，簋，西周ⅠB　　7-16，鶯，壺，春秋ⅡB，侯馬上馬村　　7-17，鶯，(原寸)，敦，戰國Ⅰ　　7-18，鶯，壺，戰國Ⅰ　　7-19，鶯，空埠，前漢

7－20

7－24

7－21

7－25

7－22

7－23

7－20，鷟，塼，後漢　　7－21，金雞（*Chrysolophus pictus* Linné）　　7－22，鷟，墓室壁畫，後漢　　7－23，銅雞（*Chrysolophus amherstiae* Leadbeater）　　7－24，
翟＝鳳凰，匜，殷後期Ⅲ A，Courtesy of the Freer Gallery of Art, Smithsonian Institution, Washington D.C.　　7－25，翟＝鳳凰，塼，前漢

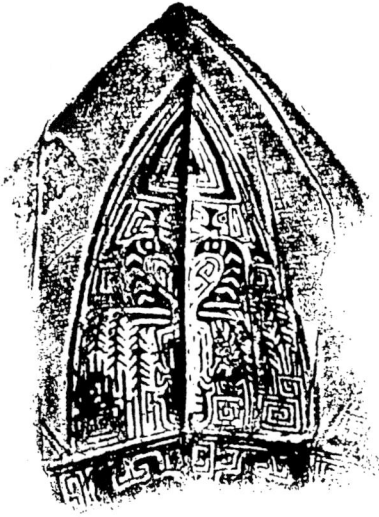

7－26

7－27

7－28

7－29

7－30

7-26，鳴鳥，(原寸)，爵，殷後期Ⅲ　　7-27，鳴鳥，觚形尊，西周ⅠB　　7-28，鳴鳥，觚形尊，殷後期　　7-29，鳴鳥，畫像石，後漢　　7-30，鳴鳥，畫像石，後漢

7 - 31

7 - 33

7 - 32

7 - 31，鳴鳥，碑，後漢　　7 - 32，没有羽冠的鳳凰，觶，殷後期Ⅲ　　7 - 33，没有羽冠的鳳凰，罍，殷後期Ⅱ，Museum für Völkerkunde

7 - 34

7 - 37

7 - 35

7 - 38

7 - 36

7 - 39

7-34，寶雞鳳凰，觚形尊，西周Ⅱ，University Museum, University of Pennsylvania　　7-35，寶雞鳳凰，觶形尊，西周ⅡB　　7-36，寶雞鳳凰，(1/2)，卣，西周ⅡB，臺北，故宮博物院　　7-37，寶雞鳳凰，塼，前漢　　7-38，寶雞鳳凰，畫像石，漢　　7-39，寶雞鳳凰，碑，後漢

7 - 40

7 - 41

7 - 43

7 - 42

7 - 40，寶雞鳳凰，卣，西周Ⅰ，白鶴美術館　　7 - 41，野雞（*Gallus gallus* Linné）　　7 - 42，寶雞鳳凰，畫像石，後漢　　7 - 43，寶雞鳳凰，畫像石，後漢

7 - 44

7-44，朱雀，鏡，後漢

8-1

8-4

8-2

8-5

8-3

8-6

8-1，真正鳳凰，方鼎，殷後期Ⅱ，安陽小屯　　8-2，真正鳳凰，（下原寸），卣，西周ⅠA，白鶴美術館　　8-3，真正鳳凰，卣，西周ⅠA，白鶴美術館　　8-4，
真正鳳凰，卣，西周ⅠA，Courtesy of the Freer Gallery of Art, Smithsonian Institution, Washington D.C.，樋口隆康先生攝　　8-5，真正鳳凰，卣，西周ⅠA，Courtesy
of the Freer Gallery of Art, Smithsonian Institution, Washington D.C.，樋口隆康先生攝　　8-6，真正鳳凰，瓠形尊，西周ⅠB，白鶴美術館

8 - 7

8 - 8

8 - 9

8-7，真正鳳凰,（原寸），觶，殷後期Ⅲ　　8-8，真正鳳凰,（原寸），匜，西周ⅠA　　8-9，真正鳳凰,（4/5），簋，西周ⅡB

8 - 10

8 - 14

8 - 11

8 - 15

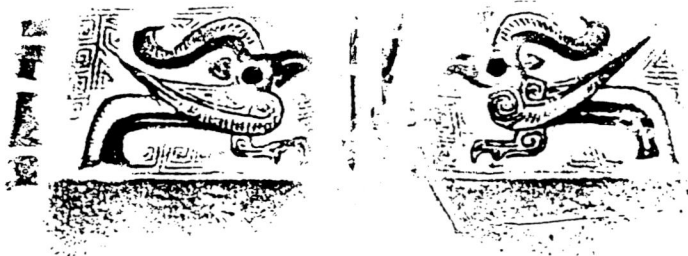

8 - 12

8 - 16

8 - 13

8-10，鶯，方彝，殷後期Ⅱ，Museum für Ostasiatische Kunst　　8-11，鶯，(3/5)，方鼎，殷後期Ⅲ，臺北，故宮博物院　　8-12，鶯，(1)類，(原寸)，匜，西周Ⅰ A　　8-13，鶯，(1)類，(4/5)，觚形尊，西周Ⅰ A　　8-14，鶯，(1)類，(下1/2)，小型盉，西周Ⅰ　　8-15，鶯，(1)類，(原寸)，簋，西周Ⅰ B　　8-16，鶯，(1)類，(2/3)，簋，西周Ⅰ B，臺北，故宮博物院

8 − 20

8 − 17

8 − 21

8 − 22

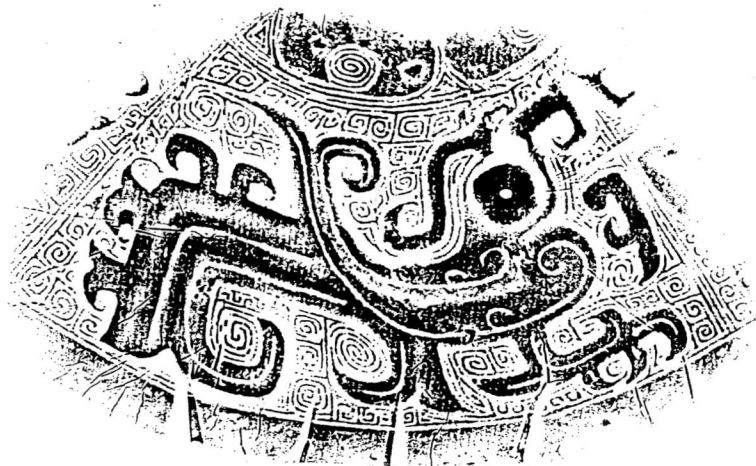

8 − 18

8 − 23

8 − 19

8 − 24

8−17，鶯，(1)類，(下2/5)，罍，西周ⅠB，根津美術館　　8−18，鶯，(1)類，(4/5)，罍，西周ⅠB，根津美術館　　8−19，鶯，(1)類，(3/5)，小壺，西周ⅠB
8−20，鶯，(1)類，(原寸)，卣，西周ⅠB，Nelson-Atkins Museum of Art, Kansas City, Missouri　　8−21，鶯，(1)類，(原寸)，方彝，西周ⅠB，根津美術館
8−22，鶯，(1)類，(原寸)，方鼎，西周ⅠB　　8−23，鶯，(1)類，(原寸)，爵，西周Ⅱ　　8−24，鶯，(1)類，(2/3)，壺，西周ⅡB

8 - 25

8 - 31

8 - 32

8 - 26

8 - 33

8 - 27

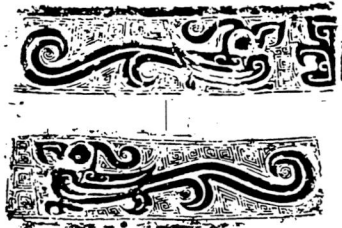

8 - 34

8 - 28

8 - 29

8 - 35

8 - 30

8-25，鶯，(1)類，卣，西周ⅡB，Museum für Völkerkunde　　8-26，鶯，(1)類，(原寸)，觶，殷後期Ⅲ，Dr. Arthur M. Sackler Collection, New York　　8-27，鶯，(1)類，鼎，西周ⅠB，凌源海島營子　　8-28，鶯，(1)類，(3/5)，卣，西周ⅡB，白鶴美術館　　8-29，鶯，(1)類，觶形尊，西周ⅡB，扶風莊白　　8-30，鶯，(1)類，(2/3)，簋，西周ⅡB，臺北，故宮博物院　　8-31，鶯，(1)類，(1/3)，簋，西周ⅡB，天理參考館　　8-32，鶯，(1)類，鼎，西周ⅡB，長安普渡村　8-33，鶯，(1)類，(2/5)，卣，西周ⅡB　　8-34，鶯，(2)類，卣，殷後期Ⅲ，上海博物館　　8-35，鶯，(2)類，(4/5)，卣，西周ⅠB

8 - 42

8 - 36

8 - 43

8 - 37

8 - 44

8 - 38

8 - 45

8 - 39

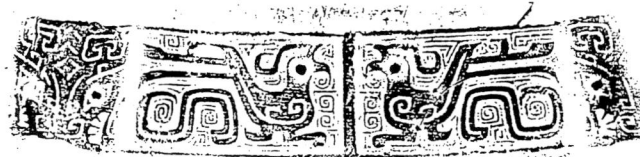

8 - 46

8 - 40

8 - 41

8 - 47

8-36、鶯、(2)類、(2/5)、觚形尊、西周Ⅰ B、Dr. Arthur M. Sackler Collection, New York　　8-37、鶯、(2)類、(1/3)、簋、西周Ⅱ B　　8-38、鶯、(2)類、簋、西周Ⅰ A、上海博物館　　8-39、鶯、(2)類、(1/2)、觶形尊、西周Ⅱ A　　8-40、鶯、(2)類、(1/2)、壺、西周Ⅱ B　　8-41、鶯、(2)類、(1/2)、方甗、西周Ⅰ B、Nelson-Atkins Museum of Art, Kansas City, Missouri（Nelson Fund）　　8-42、鶯、(2)類、簋、西周Ⅱ B、長安兆元坡村　　8-43、鶯、(2)類、(1/2)、觶形尊、西周Ⅱ B　　8-44、鶯、(2)類、(原寸)、觶形尊、西周Ⅱ B　　8-45、鶯、(2)類、盉、西周Ⅱ、扶風齊家村　　8-46、鶯、(2)類、(3/5)、壺、西周Ⅱ B　　8-47、鶯、(2)類、(1/2)、卣、西周Ⅱ B、出光美術館

8 - 48

8 - 51

8 - 49

8 - 52

8 - 50

8-48，鴬，青銅製品，The Museum of Far Eastern Antiquities，西周　8-49，鴬，(2/3)，扁足鼎，殷後期Ⅲ，臺北，故宮博物院　8-50，鴬，(原寸)，禁，西周ⅠA，Metropolitan Museum of Art　8-51，鴬，匜，西周ⅠA，上海博物館　8-52，鴬，鐘，西周Ⅲ，泉屋博古館，樋口隆康先生攝

8-53

8-54

8-55

8-56

8-57

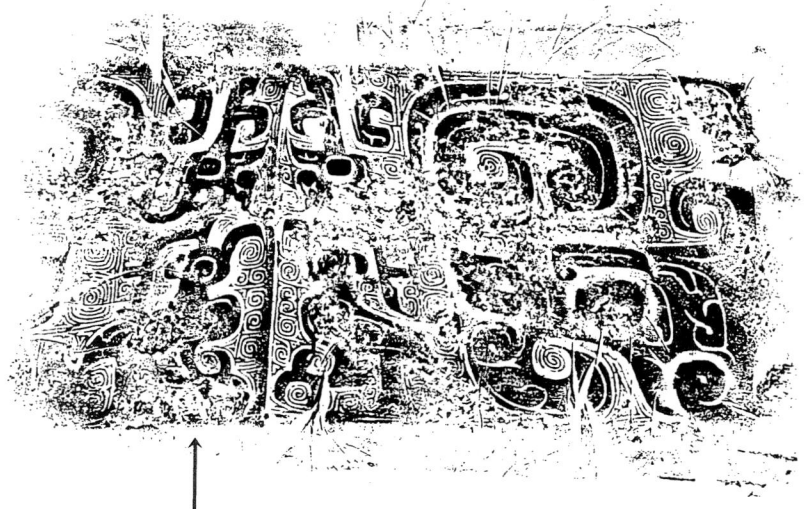

8-58

8-53，鳴鳥，(1)類，瓿，特定地域型，Musée Guimet, Paris　　8-54，鳴鳥，(1)類，罍，特定地域型，Courtesy of the Freer Gallery of Art, Smithsonian Institution, Washington D.C.，樋口隆康先生撮　　8-55，鳴鳥，(1)類，罍，特定地域型，岐山賀家村　　8-56，鳴鳥，(1)類，罍，特定地域型，泉屋博古館，樋口隆康先生撮　8-57，鳴鳥，(1)類，(2/5)，卣，殷後期Ⅱ　　8-58，鳴鳥，(1)類，(3/5)，觚形尊，西周ⅠA

8 - 59

8 - 63

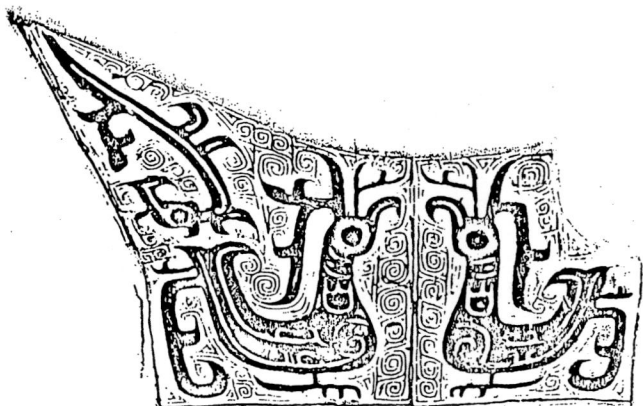

8 - 60

8 - 64

8 - 61

8 - 65

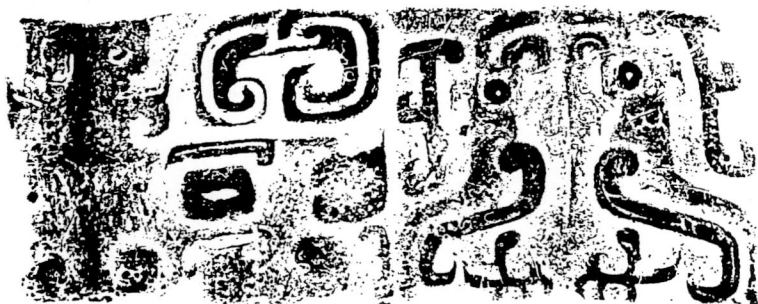

8 - 62

8-59，鳴鳥，(1)類，觚形尊，西周 I B　　8-60，鳴鳥，(1)類，(2/3)，爵，西周 II，北京，故宮博物院　　8-61，鳴鳥，(1)類，觶，西周 II，上海博物館
8-62，鳴鳥，(1)類，(3/5)，觚形尊，西周 II A　　8-63，鳴鳥，(1)類，(原寸)，觚形尊，西周 II A，From: Eleanor von Konsten, *Chinese Bronzes from the Collection of Chester Dale and Dolly Carter*, no.64, with kind permission of *Artibus Asiae*　　8-64，鳴鳥，(1)類，(3/5)，簋，西周 II B，扶風莊白　　8-65，鳴鳥，(1)類，(4/5)，觚形尊，西周 II B，扶風莊白

8 - 66

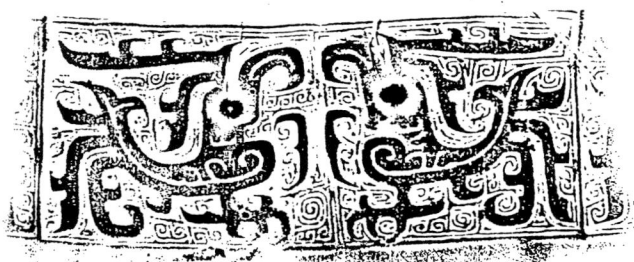

8 - 67

8 - 70

8 - 68

8 - 71

8 - 69

8 - 72

8-66，鳴鳥，（1）類，（3/5），鐘，西周Ⅱ　　8-67，鳴鳥，（1）類，（4/5），爵，西周Ⅱ　　8-68，鳴鳥，（1）類，（3/5），簋，西周Ⅱ B　　8-69，鳴鳥，（1）類，（4/5），盤，西周Ⅰ B，天理参考館　　8-70，鳴鳥，（1）類，（下1/2），有肩尊，特定地域型，Courtesy of the Freer Gallery of Art, Smithsonian Institution, Washington D.C.，照片，樋口隆康先生撮　　8-71，鳴鳥，（2）類，壺，西周Ⅲ A，扶風西高泉村　　8-72，鳴鳥，（2）類，（2/3），壺，西周Ⅱ，Dr. Arthur M. Sackler Collection, New York

8 - 73

8 - 74

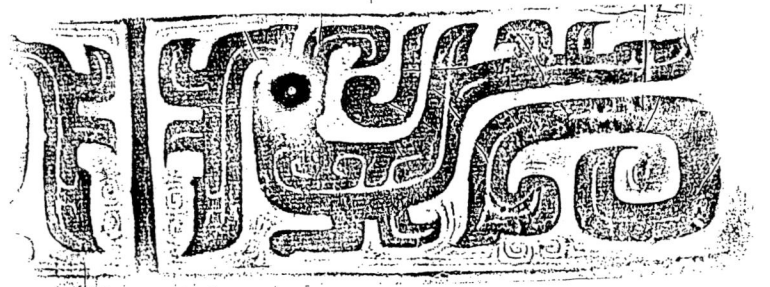

8 - 77

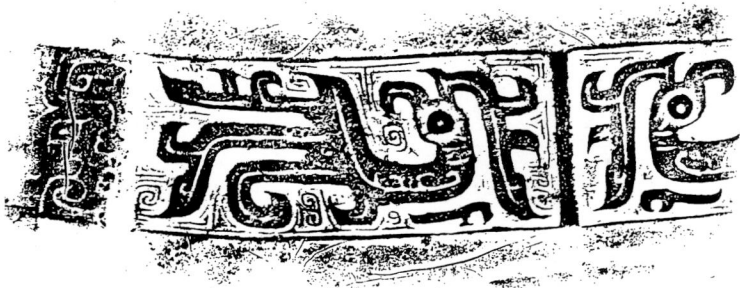

8 - 75

8 - 78

8 - 76

8 - 79

8-73，鳴鳥，(2)類，(2/5)，卣，西周Ⅱ B，上海博物館　　8-74，鳴鳥，(2)類，(原寸)，爵，西周Ⅱ　　8-75，鳴鳥，(2)類，(3/5)，壺，大約西周Ⅲ A　　8-76，鳴鳥，(2)類，(1/2)，簋，西周Ⅱ B，天理參考館　　8-77，鳴鳥，(2)類，(下 3/5)，壺，西周Ⅱ，根津美術館，照片，樋口隆康先生攝　　8-78，鳴鳥，(2)類，簋，西周Ⅱ A，Musée Guimet，Paris　　8-79，鳴鳥，(2)類，(1/2)，簋，西周Ⅲ A，Nelson-Atkins Museum of Art，Kansas City，Missouri（Nelson Fund）

8 – 80

8 – 84

8 – 81

8 – 82

8 – 83

8-80，鳴鳥，(2)類，壺，西周Ⅱ A，澄城城郊公社　　8-81，鳴鳥，(2)類，(1/2)，簋，西周Ⅱ　　8-82，鳴鳥，(2)類，壺，西周Ⅱ A　　8-83，鳴鳥，(2)類，（原寸），卣，西周Ⅱ B　　8-84，鳴鳥，(1/2)，簋，西周Ⅰ A，Dr. Arthur M. Sackler Collection, New York

8-117

8-121

8-122

8-118

8-123

8-119

8-120

8-117，羊角鳳凰，爵，殷後期Ⅱ，黑川古文化研究所　　8-118，羊角鳳凰，有肩尊，殷後期Ⅲ，臺北，故宮博物院　　8-119，羊角鳳凰，簋，西周ⅠA
8-120，羊角鳳凰，(1/2)，扁足鼎，殷後期Ⅲ，上海博物館　　8-121，T形羊角鳳凰，(下1/2)，小型盃，殷後期Ⅱ，MOA美術館　　8-122，T形羊角鳳凰，(原
寸)，有肩尊，殷後期Ⅱ　　8-123，T形羊角鳳凰，(1/2)，斝，殷後期Ⅱ～Ⅲ

8 - 80

8 - 84

8 - 81

8 - 82

8 - 83

8-80，鳴鳥，(2)類，壺，西周ⅡA，澄城城郊公社　　8-81，鳴鳥，(2)類，(1/2)，簋，西周Ⅱ　　8-82，鳴鳥，(2)類，壺，西周ⅡA　　8-83，鳴鳥，(2)類，(原寸)，卣，西周ⅡB　　8-84，鳴鳥，(1/2)，簋，西周ⅠA，Dr. Arthur M. Sackler Collection, New York

8－85

8－86

8－88

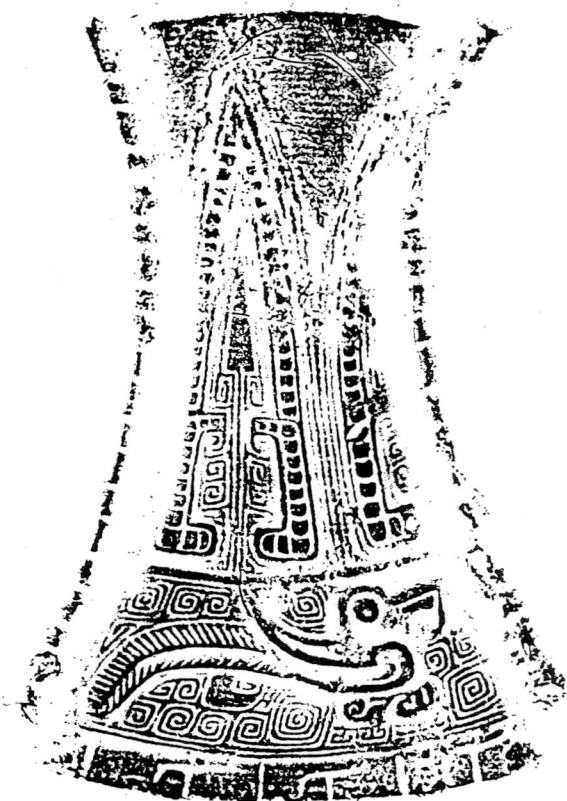

8－89

8－87

8－90

8－85，没有羽冠的鳳凰，偶方彝，殷後期Ⅱ，安陽小屯　　8－86，没有羽冠的鳳凰，方彝，殷後期Ⅱ，安陽小屯　　8－87，没有羽冠的鳳凰，(原寸)，斝，殷後期Ⅱ，根津美術館　　8－88，没有羽冠的鳳凰，鼎，殷後期Ⅱ，The Museum of Far Eastern Antiquities　　8－89，没有羽冠的鳳凰，(2/5)，盤，殷後期Ⅱ　　8－90，没有羽冠的鳳凰，(原寸)，盤，殷後期Ⅱ，Asian Art Museum of San Francisco, Avery Brundage Collection

8 - 91

8 - 92

8 - 93

8 - 94

8-91，没有羽冠的鳳凰，盤，殷後期Ⅲ　　8-92，没有羽冠的鳳凰，瓿，(1/2)，殷後期ⅢB，根津美術館　　8-93，没有羽冠的鳳凰，鼎，西周ⅡB，長安普渡村
8-94，没有羽冠的鳳凰，(2/3)，簋，西周ⅢA

8 - 97

8 - 98

8 - 95

8 - 99

8 - 96

8 - 100

8-95，寶雞鳳凰，(下1/2)，壺，西周Ⅱ，根津美術館，照片，樋口隆康先生攝　　8-96，寶雞鳳凰，(1/2)，壺，西周ⅢB，臺北，故宮博物院　　8-97，寶雞鳳凰，(1/2)，盤，西周Ⅱ，出光美術館　　8-98，寶雞鳳，(4/5)，盉，西周Ⅱ，The Metroplitan Museum of Art　　8-99，寶雞鳳凰，(2/3)，壺，西周ⅢA，扶風莊白　8-100，寶雞鳳凰，(原寸)，小型盉，西周Ⅱ，Art Institute of Chicago, Lucy Maud Buckingham Collection of Archaic Chinese Bronzes

8-101

8-102

8-103

8-104

8-105

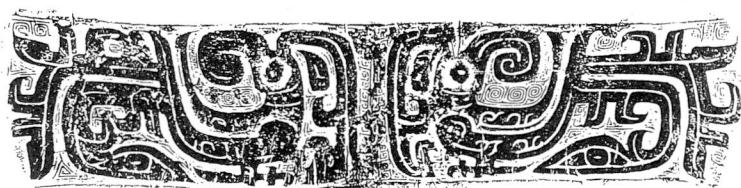

8-106

8-107

8-108

8-101，寶雞鳳凰，鼎，西周ⅡB，臺北，故宮博物院　　8-102，寶雞鳳凰，壺，西周ⅢB，臺北，故宮博物院　　8-103，寶雞鳳凰，壺，西周ⅡA，Museum of Fine Arts, Boston　　8-104，寶雞鳳凰，(1/3)，簋，西周ⅡB，臺北，故宮博物院　　8-105，寶雞鳳凰，(2/5)，壺，西周Ⅱ，根津美術館　　8-106，寶雞鳳凰，壺，西周Ⅱ，根津美術館　　8-107，寶雞鳳凰，卣，西周ⅡA，Fogg Art Museum, Harvard University，樋口隆康先生攝　　8-108，寶雞鳳凰，(1/2)，壺，西周ⅡA

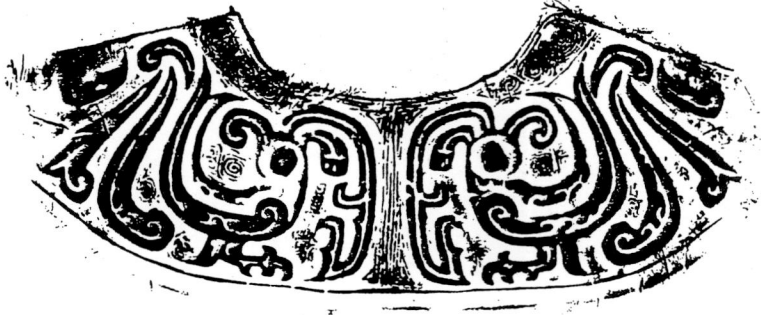

8 – 109

8 – 111

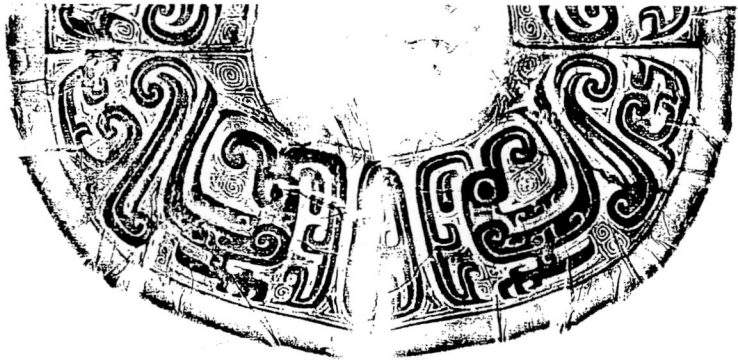

8 – 110

8 – 112

8 – 109，寶雞鳳凰，卣，西周ⅡB，臺北，故宮博物院　　8 – 110，寶雞鳳凰，（中 1/2，下 2/5），觶，西周Ⅱ，Courtesy of the Trustees of the British Museum　　8 – 111，
寶雞鳳凰，（下 2/3），觶形尊，西周Ⅱ，白鶴美術館　　8 – 112，寶雞鳳凰，簋，西周ⅡB，長安張家坡

8 - 114

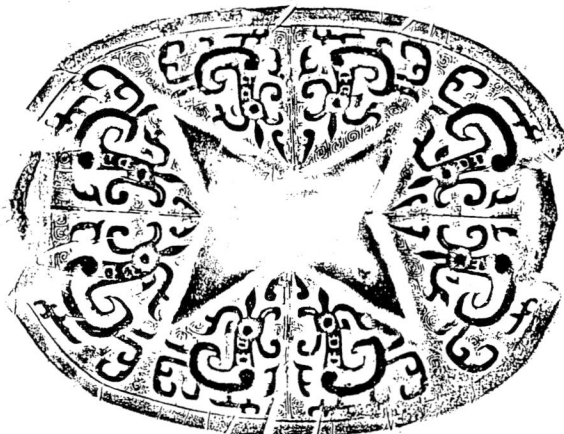

8 - 115

8 - 116

8 - 113

8-113，寶雞鳳凰，(下4/5)，觚，殷後期ⅢA　　8-114，寶雞鳳凰，玉器，大約西周Ⅱ，扶風齊家村　　8-115，寶雞鳳凰，(下1/2)，卣，西周ⅡB，白鶴美術館

8-116，寶雞鳳凰，(1/2)，盤，西周Ⅱ，扶風莊白

8 - 117

8 - 121

8 - 118

8 - 122

8 - 123

8 - 119

8 - 120

8‑117，羊角鳳凰，爵，殷後期Ⅱ，黑川古文化研究所　　8‑118，羊角鳳凰，有肩尊，殷後期Ⅲ，臺北，故宮博物院　　8‑119，羊角鳳凰，簋，西周ⅠA
8‑120，羊角鳳凰，(1/2)，扁足鼎，殷後期Ⅲ，上海博物館　　8‑121，T形羊角鳳凰，(下1/2)，小型盉，殷後期Ⅱ，MOA美術館　　8‑122，T形羊角鳳凰，(原
寸)，有肩尊，殷後期Ⅱ　　8‑123，T形羊角鳳凰，(1/2)，斝，殷後期Ⅱ～Ⅲ

8 - 127

8 - 124

8 - 125

8 - 126

8-124，T形羊角鳳凰，(下2/3)，小型盂，殷後期Ⅲ　　8-125，T形羊角鳳凰，(2/3)，瓿形尊，殷後期Ⅲ　　8-126，T形羊角鳳凰，鼎，西周ⅠA，岐山
8-127，T形羊角鳳凰，(1/2)，瓿形尊，西周ⅠB

8－128

8－129

8－131

8－130

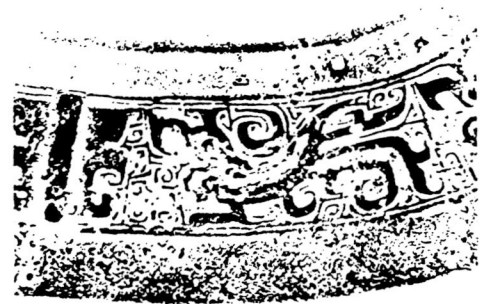

8－132

8－133

8-128，牛角鳳凰，禁，西周Ⅰ A　　8-129，牛角鳳凰，扁足鼎，西周Ⅰ A，Minneapolis Institute of Arts, Bequest, Affred F. Pillsbury　　8-130，牛角鳳凰，卣，西周Ⅰ A，白鶴美術館　　8-131，牛角鳳凰，(下1/2)，卣，西周Ⅰ B，白鶴美術館，照片，松丸道雄先生攝　　8-132，牛角鳳凰，卣，西周Ⅰ A，Metropolitan Museum of Art　　8-133，牛角鳳凰，(原寸)，卣，西周Ⅱ A

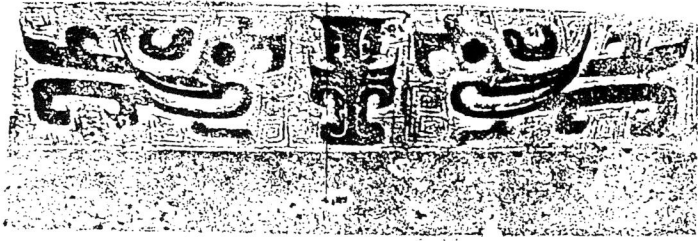

8 - 134

8 - 140

8 - 135

8 - 141

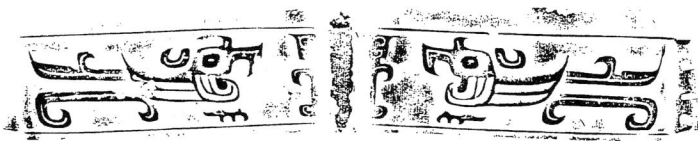

8 - 136

8 - 137

8 - 142

8 - 138

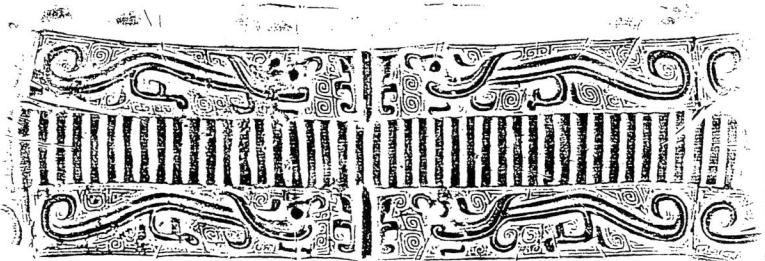

8 - 139

8-134，牛角鳳凰，禁，西周 I A，Metropolitan Museum of Art　　8-135，牛角鳳凰，(2/3)，簋，西周 I A，Dr. Arthur M. Sackler Collection, New York　　8-136，牛角鳳凰，(2/5)，卣，西周 I A　　8-137，牛角鳳凰，(4/5)，匜，西周 I A，出光美術館　　8-138，牛角鳳凰，(2/5)，簋，西周 I A，Dr, Arthur M. Sackler Collection, New York　　8-139，牛角鳳凰，(1/2)，瓿形尊，西周 I A，黑川古文化研究所　　8-140，牛角鳳凰，卣，西周 I B　　8-141，牛角鳳凰，(1/2)，觶形尊，西周 II B　　8-142，牛角鳳凰，簋，西周 II B，Ethnographical Department of the National Museum of Copenhagen

8 - 143

8 - 144

8 - 145

8 - 146

8-143，前端圓鈍 C 形羽冠的鳳凰，(1/2)，觶形尊，西周Ⅱ B　　8-144，前端圓鈍 C 形羽冠的鳳凰，觶形尊，西周Ⅰ A　　8-145，前端圓鈍 C 形羽冠的鳳凰，（原寸），卣，西周Ⅱ B，From: Eleanor von Konsten, *Chinese Bronzes from the Collection of Chester Dale and Dolly Carter*, no.51, with kind permission *of Artibus Asiae*
8-146，前端圓鈍 C 形羽冠的鳳凰，(1/2)，卣，西周Ⅱ B，上海博物館

8 - 147

8 - 148

8 - 149

8 - 150

8 - 151

8 - 152

8 - 153

8 - 147，其他鳳凰類鳥，甗，殷後期Ⅱ，安陽小屯　　8 - 148，其他鳳凰類鳥，(原寸)，爵，殷後期Ⅱ　　8 - 149，其他鳳凰類鳥，(1/2)，小型盉，殷後期Ⅱ，松岡美術館　　8 - 150，其他鳳凰類鳥，(1/2)，盉，殷後期Ⅱ，根津美術館　　8 - 151，其他鳳凰類鳥，(4/5)，有肩尊，西周Ⅰ，寧鄉　　8 - 152，其他鳳凰類鳥，鼓，特定地域型，泉屋博古館　　8 - 153，其他鳳凰類鳥，小型盉，西周Ⅲ，Dr. Arthur M. Sackler Collection, New York，樋口隆康先生攝

9 - 1

9 - 2

9 - 3

9 - 4

9 - 5

9 - 6

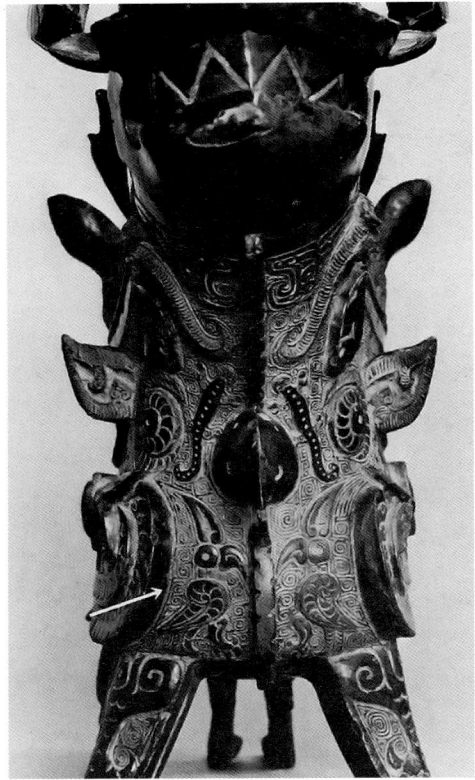

9 - 7

9-1，鴟鴞形神，觶，殷後期Ⅱ　　9-2，鴟鴞形神，(1/2)，觶，殷後期Ⅱ　　9-3，鴟鴞形神，方彝，殷後期Ⅱ，Museum für Ostasiatische Kunst　　9-4，鴟鴞形神，(2/5)，罕，殷後期Ⅲ，温縣城關公社　　9-5，鴟鴞形神，(3/5)，骨栖，殷後期Ⅱ，安陽侯家莊　　9-6，鴟鴞形神，(2/3)，骨栖，殷後期Ⅱ，安陽侯家莊
9-7，鴟鴞形神，匜，殷後期Ⅲ A，Courtesy of the Freer Gallery of Art, Smithsonian Institution, Washington D.C.，樋口隆康先生攝

9 - 8

9 - 9

9 - 10

9-8、鴟鴞形神、卣、殷後期Ⅲ、上海博物館　　9-9、鴟鴞形神、觶、殷後期Ⅲ　　9-10、鴟鴞形神、(原寸)、簋、西周ⅠA、上海博物館

9 - 11

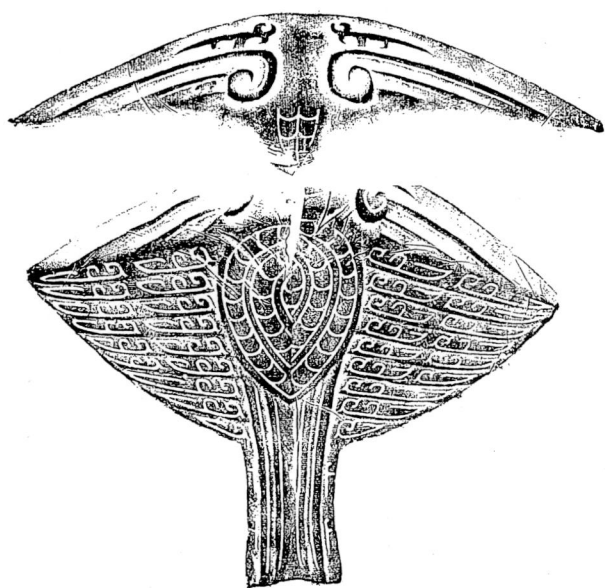

9 - 12

9-11，無羽冠不知名鳥，角，殷後期Ⅲ　　9-12，無羽冠不知名鳥，(2/5)，角，殷後期Ⅲ

9 - 13

9 - 14

9-13，四足鳥，羊形匜，殷後期Ⅲ A，藤田美術館　　9-14，四足鳥，(3/5)，卣，西周 I A，寧郷

9 - 15

9 - 16

9 - 17

9-15，其他鳳凰以外鳥形神，(3/5)，方鼎，春秋Ⅰ　　9-16，其他鳳凰以外鳥形神，鼎，特定地域型，清江橫塘　　9-17，其他鳳凰以外鳥形神，罍，西周ⅠB，
彭縣竹瓦街

9 - 18

9 - 19

9 - 20

9-18，人足鳥身神，方鼎，殷後期Ⅱ，安陽侯家莊　　9-19，人足鳥身神，匜，殷後期，Courtesy of the Freer Gallery of Art, Smithsonian Institution, Washington D.C.，樋口隆康先生攝　　9-20，人足鳥身神形的甲骨文字，(3/5)

9 - 21

9 - 22

9-21，人首鳥形神，玉器，殷，Dr. Arthur M. Sackler Collection, New York　　9-22，人首鳥形神，玉器，西周ⅠA，靈臺白草坡

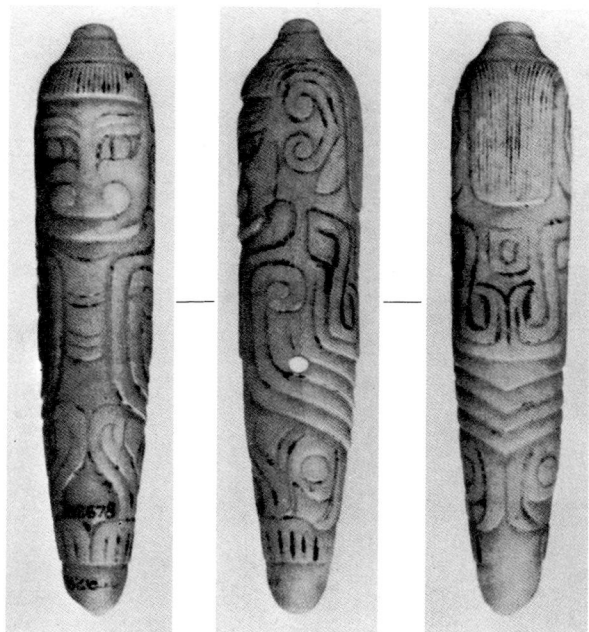

9 - 23

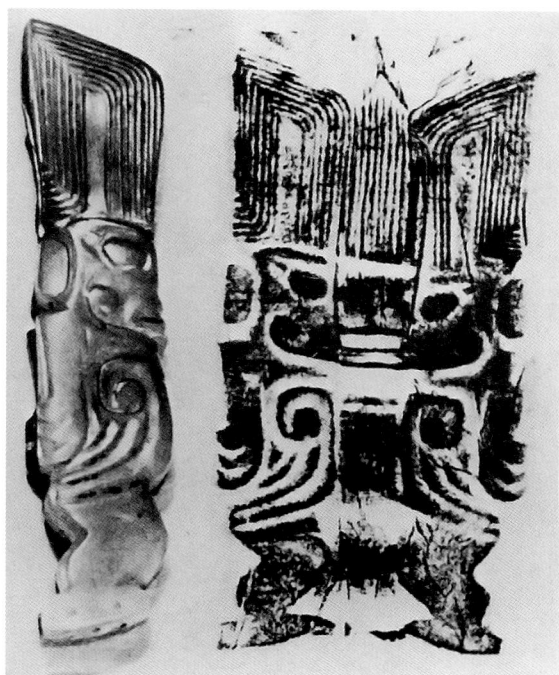

9 - 24

9-23、人首蝙蝠形神、玉器、西周 I 　　9-24、人首蝙蝠形神、玉器、西周 II

10-1

10-3

10-4

10-2

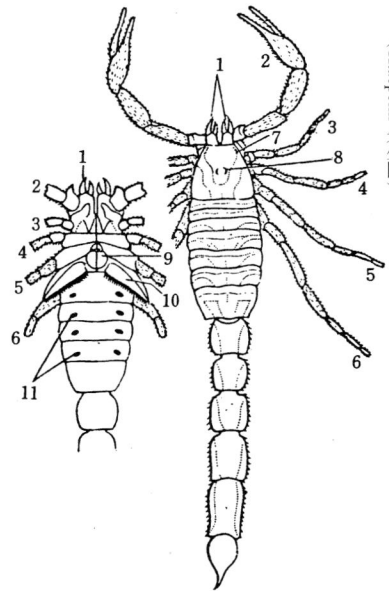

10-5

歐洲地中海沿岸地區所産蝎子的一種。Buthus occitanus Amor. 縮圖

比例爲二分之一。右圖是從背面看的，左圖是從腹面看的。

1 鋏角　2 腮鬣　3 4 5 6 步行脚四對　7 單眼　8 複眼　9 生

殖門蓋板　10 櫛狀板　11 氣門四對

（Klaepelin 先生圖）

10-1，蠆形鬼神，（左3/5），壺，殷後期Ⅰ，Museum für Ostasiatische Kunst　　10-2，蠆形鬼神，壺，殷後期Ⅰ，Musée Guimet, Paris　　10-3，"萬（蠆）"形圖像符
號，（原寸），卣，殷後期Ⅲ，翼城鳳家坡　　10-4，"萬（蠆）"形甲骨文，（原寸），殷後期　　10-5，蝎子身體各部位名稱

10 - 6

10 - 10

10 - 7

10 - 11

10 - 8

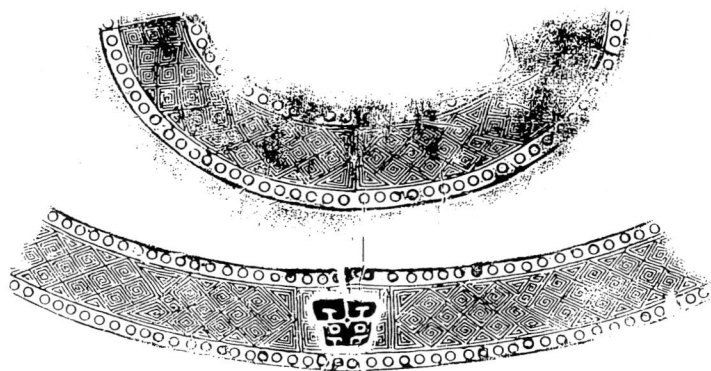

10 - 12

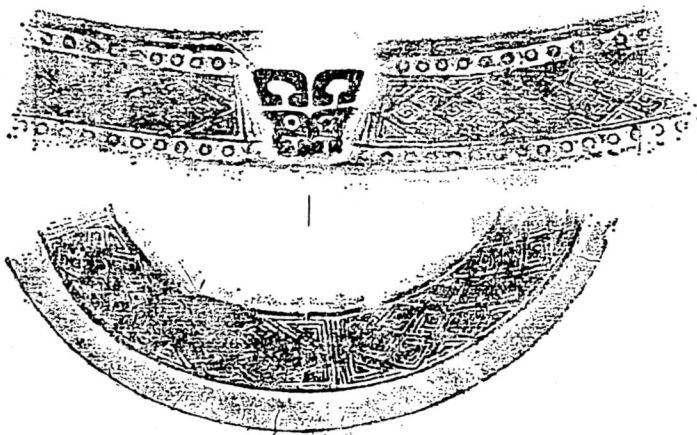

10 - 9

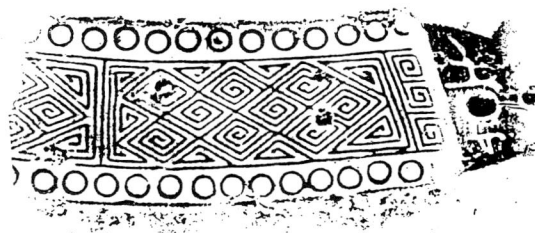

10 - 13

10-6，虁形鬼神，(原寸)，骨柶，殷後期Ⅱ，安陽侯家莊　　10-7，虁形鬼神，(3/5)，骨柶，殷後期Ⅱ，安陽侯家莊　　10-8，幾何形虁紋，料，殷後期Ⅰ，Museum für Ostasiatische Kunst　　10-9，幾何形虁紋，卣，殷後期Ⅱ，磁縣下七垣　　10-10，幾何形虁紋，小型盃，殷後期Ⅱ，藍田大寨公社　　10-11，幾何形虁紋，(下3/5)，料，殷後期Ⅱ～Ⅲ，Museum für Ostasiatische Kunst　　10-12，幾何形虁紋，(2/5)，卣，殷後期Ⅲ，Dr. Arthur M. Sackler Collection, New York　　10-13，幾何形虁紋，(4/5)，卣，殷後期Ⅲ，出光美光館

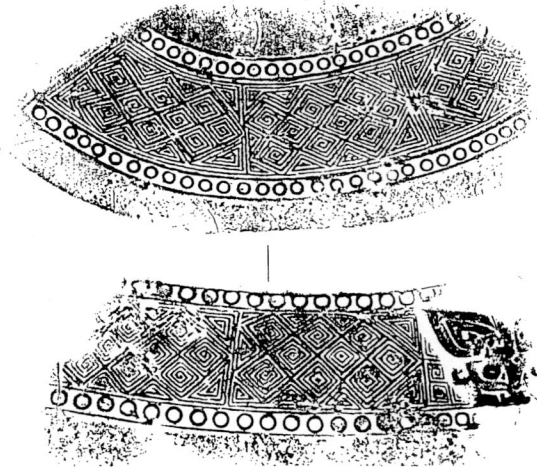

10 - 14

10 - 15

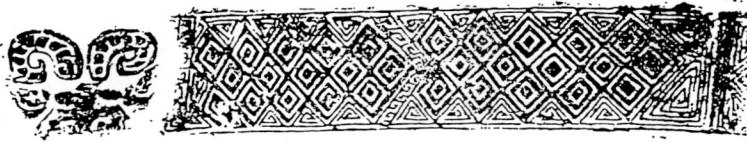

10 - 16

10 - 17

10 - 18

10-14，幾何形蟲紋，(3/5)，卣，西周Ⅰ A　　10-15，幾何形蟲紋，(1/2)，卣，殷後期Ⅲ　　10-16，幾何形蟲紋，小型盉，西周Ⅰ，岐山賀家村　　10-17，幾何形蟲紋，卣，殷後期Ⅲ，安陽殷墟西區　　10-18，幾何形蟲紋，(3/5)，有肩尊，西周Ⅰ A，Dr. Arthur M. Sackler Collection, New York

10-6

10-7

10-8

10-9

10-10

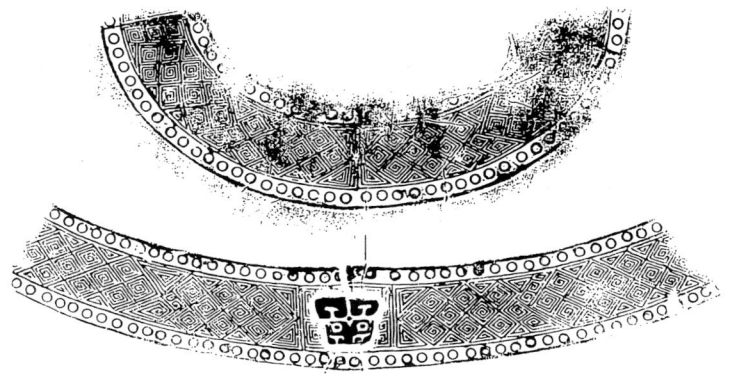

10-11

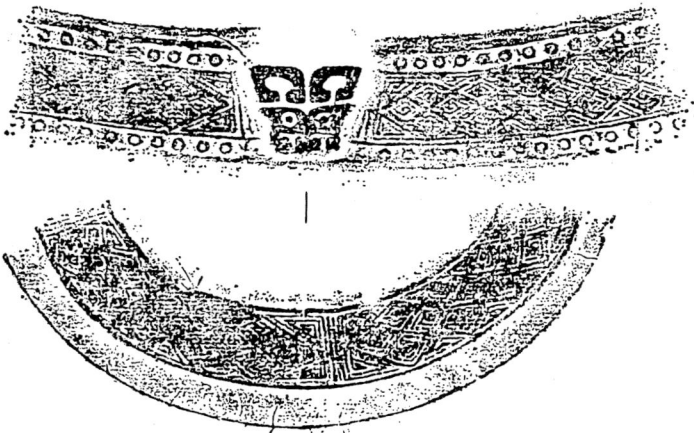

10-12

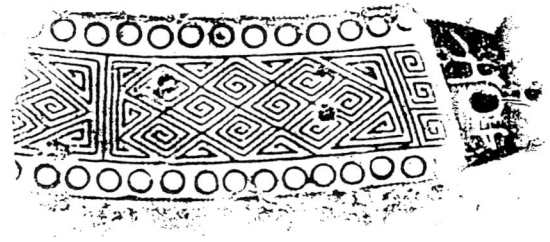

10-13

10-6，蟲形鬼神，（原寸），骨柶，殷後期Ⅱ，安陽侯家莊　　10-7，蟲形鬼神，（3/5），骨柶，殷後期Ⅱ，安陽侯家莊　　10-8，幾何形蟲紋，料，殷後期Ⅰ，Museum für Ostasiatische Kunst　　10-9，幾何形蟲紋，卣，殷後期Ⅱ，磁縣下七垣　　10-10，幾何形蟲紋，小型盃，殷後期Ⅱ，藍田大寨公社　　10-11，幾何形蟲紋，（下3/5），料，殷後期Ⅱ〜Ⅲ，Museum für Ostasiatische Kunst　　10-12，幾何形蟲紋，（2/5），卣，殷後期Ⅲ，Dr. Arthur M. Sackler Collection, New York　　10-13，幾何形蟲紋，（4/5），卣，殷後期Ⅲ，出光美光館

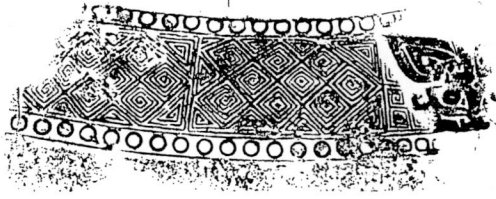

10 - 14

10 - 15

10 - 16

10 - 17

10 - 18

10-14，幾何形蟲紋，(3/5)，卣，西周ⅠA 10-15，幾何形蟲紋，(1/2)，卣，殷後期Ⅲ 10-16，幾何形蟲紋，小型盃，西周Ⅰ，岐山賀家村 10-17，幾何形蟲紋，卣，殷後期Ⅲ，安陽殷墟西區 10-18，幾何形蟲紋，(3/5)，有肩尊，西周ⅠA，Dr. Arthur M. Sackler Collection, New York

10 - 19

10 - 20

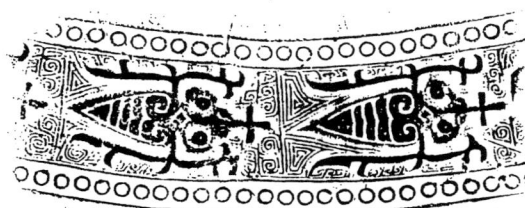

10 - 26

10 - 21

10 - 22

10 - 27

10 - 23

10 - 28

10 - 24

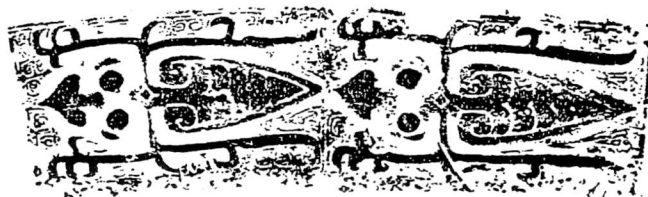

10 - 29

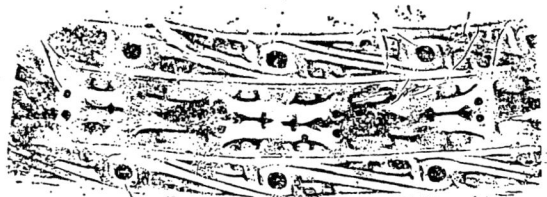

10 - 25

10 - 30

10-19，蟬形鬼神，鼎，殷後期Ⅰ，安陽小屯　　10-20，蟬形鬼神，（原寸），瓬，殷後期Ⅱ　　10-21，蟬形鬼神，（1/2），鼎，殷後期Ⅱ　　10-22　蟬形鬼神，（原寸），瓬，殷後期Ⅱ　　10-23，蟬形鬼神，（4/5），鬲鼎，殷後期Ⅲ　　10-24，蟬形鬼神，（1/2），鬲鼎，殷後期Ⅲ　　10-25，蟬形鬼神，扁足鼎，殷後期Ⅲ　　10-26，蟬形鬼神，（下3/5），盤，西周ⅠB　　10-27，蟬形鬼神，鼎，殷後期ⅢA，安陽殷墟西區　　10-28，蟬形鬼神，瓬，殷後期ⅢA，安陽西北岡　　10-29，蟬形鬼神，（原寸），盤，西周ⅠA　　10-30，蟬形鬼神，（1/2），觶形尊，西周ⅡA，天理參考館

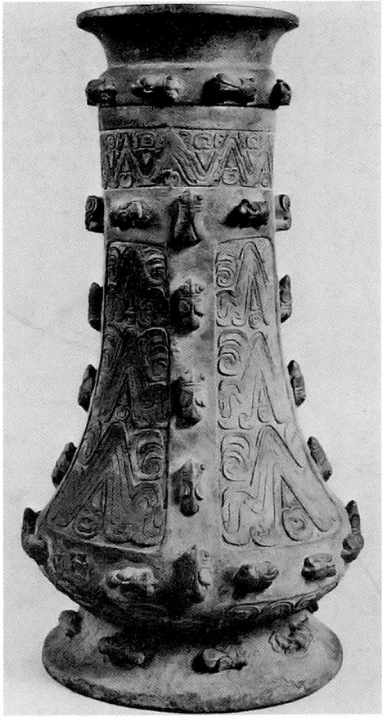

10 - 31

10 - 32

10 - 33

10 - 34

10 - 35

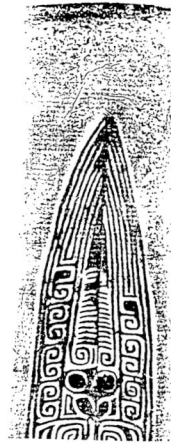

10 - 36

10 - 37

10 - 38

10-31，蟬形鬼神，壺，春秋Ⅰ，永青文庫　　10-32，蟬形鬼神，鼎，殷後期Ⅰ，Museum of Decorative Art，Copenhagen　　10-33，蟬形鬼神，（原寸），鼎，殷後期Ⅱ，Dr. Arthur M. Sackler Collection, New York　　10-34，蟬形鬼神，方壺，殷後期Ⅱ，安陽小屯　　10-35，蟬形鬼神，鼎，殷後期Ⅱ　　10-36，蟬形鬼神，觶，殷後期Ⅱ　　10-37，蟬形鬼神，（3/5），瓿，殷後期Ⅱ　　10-38，蟬形鬼神，（原寸），鼎，殷後期ⅢA

10 - 39

10 - 43

10 - 44

10 - 40

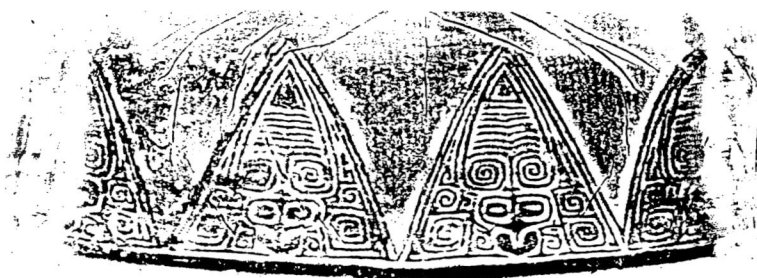

10 - 45

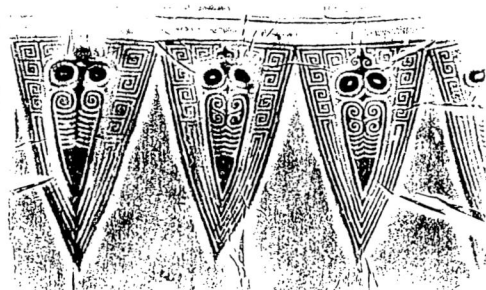

10 - 41

10 - 46

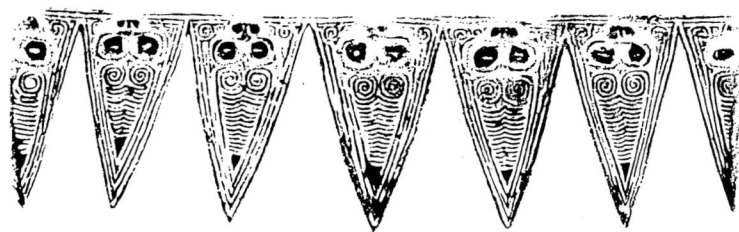

10 - 42

10‐39，蟬形鬼神，鼎，殷後期Ⅲ，Museum für Ostasiatische Kunst　　10‐40，蟬形鬼神，（3/5），鼎，殷後期Ⅲ A，Dr. Arthur M. Sackler Collection, New York　　10‐41，蟬形鬼神，（2/3），鼎，殷後期Ⅲ B，MOA 美術館　　10‐42，蟬形鬼神，（3/5），鼎，殷後期Ⅲ B　　10‐43，蟬形鬼神，（4/5），鼎，殷後期Ⅲ，臺北，故宮博物院10‐44，蟬形鬼神，（原寸），爵，殷後期Ⅲ，Honolulu Academy of Arts, Dewitt Wallace (Lily Acheson Wallace) 1942　　10‐45，蟬形鬼神，（原寸），卣，殷後期Ⅲ10‐46，蟬形鬼神，（2/5），鼎，西周Ⅰ A，岡山美術館

10 - 49

10 - 50

10 - 47

10 - 51

10 - 48

10 - 52

10 - 47，蟬形鬼神，(下 3/5)，觶，西周Ⅱ，Museum für Ostasiatische Kunst　　10 - 48，蟬形鬼神，瓿，殷後期Ⅱ，安陽小屯　　10 - 49，蟬形鬼神，(原寸)，瓿，殷後期ⅢA，出光美術館　　10 - 50，蟬形鬼神，(原寸)，卣，殷後期ⅢB，白鶴美術館　　10 - 51，蟬形鬼神，卣，西周ⅠA，Metropolitan Museum of Art　　10 - 52，蟬形鬼神，觶，殷後期Ⅲ，寶雞峪川

10 - 53

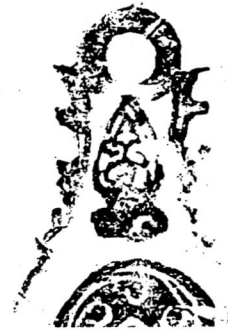

10 - 54

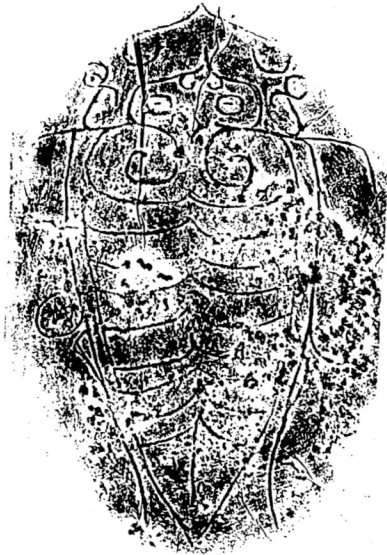

10 - 55

10 - 56

10 - 57

10 - 58

10 - 59

10-53，蟬形鬼神，(3/5)，卣，西周Ⅰ B　　10-54，蟬形鬼神，(3/5)，卣，西周Ⅰ B　　10-55，蟬形鬼神，(1/2)，弓形器，殷後期　　10-56，蟬形鬼神，(4/5)，卣蓋環，殷後期Ⅱ　　10-57，蟬形鬼神，斝，殷後期Ⅱ，安陽小屯　　10-58，蟬形鬼神，(4/5)，斝，西周Ⅰ A，白鶴美術館　　10-59，蟬形鬼神，鬲鼎，泉屋博古館

10 - 60

10 - 63

10 - 61

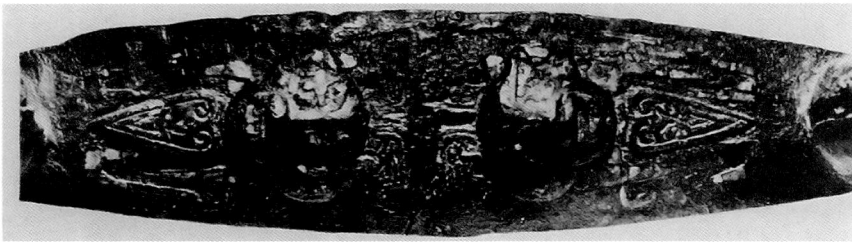

10 - 62

10-60，人頭蟬形鬼神，(4/5)，弓形器，殷後期，上海博物館　　10-61，人頭蟬形鬼神，弓形器，殷後期，銅川紅土鎮　　10-62，人頭蟬形鬼神，弓形器，大約殷後期Ⅱ，安陽小屯　　10-63，几字形羽冠人頭鬼神，方鼎，殷後期Ⅲ，寧鄉

10 - 64

10 - 67

10 - 68

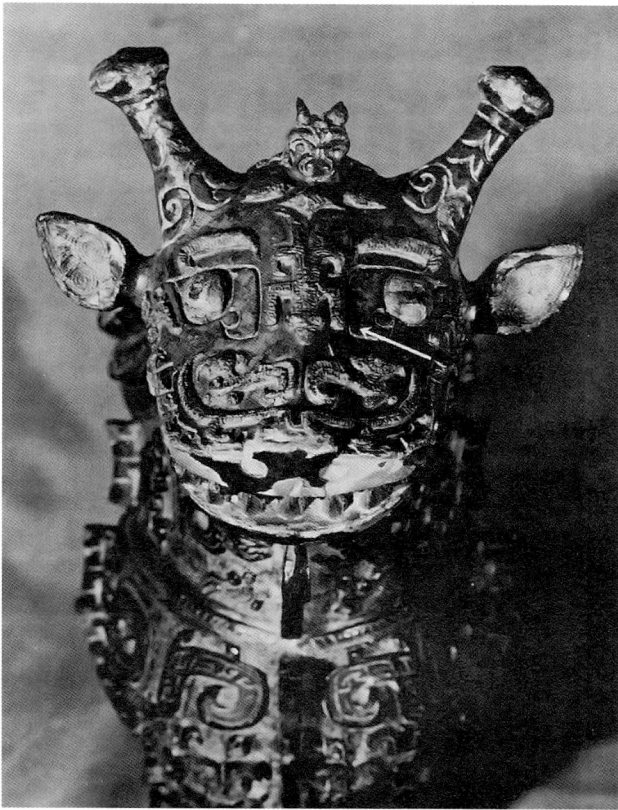

10 - 65

10 - 66

10 - 64，螻蛄形鬼神，（2/3），盉，殷後期Ⅱ，根津美術館　　10 - 65，螻蛄形鬼神，匜，殷後期Ⅲ B，泉屋博古館，樋口隆康先生攝　　10 - 66，象螻蛄形鬼神的圖像
符號　　10 - 67，螻蛄形鬼神，（原寸），卣，西周Ⅰ A，白鶴美術館　　10 - 68，象螻蛄形鬼神的圖像符號（？），（原寸）

10-69

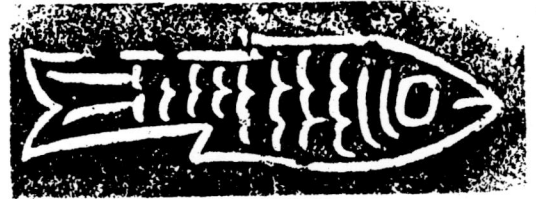

10-74

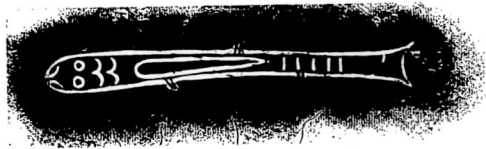

10-70

10-75

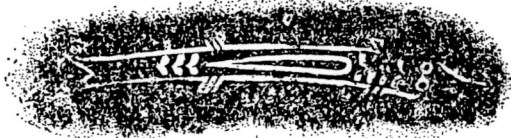

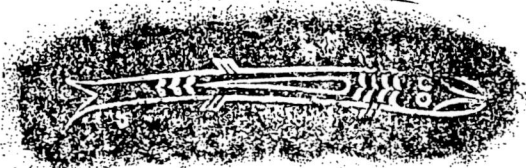

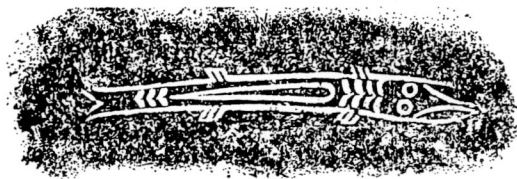

10-71

10-76

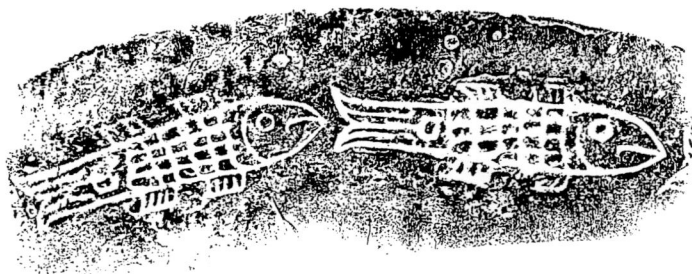

10-72

10-77

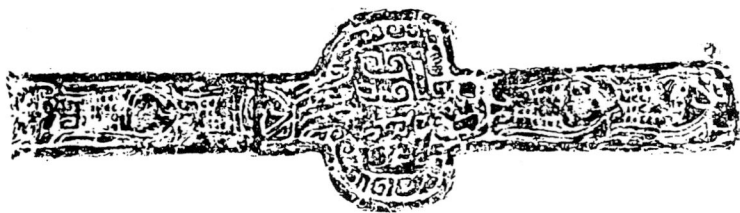

10-73

10-78

10-69，魚形鬼神，盤，殷中期，平谷南獨樂河　　10-70，魚形鬼神，盤，（2/5），殷後期Ⅰ　　10-71，魚形鬼神，盤，殷後期Ⅰ　　10-72，魚形鬼神，（1/2），盤，殷後期Ⅰ　　10-73，魚形鬼神，斝，大約殷後期Ⅰ，安陽小屯　　10-74，魚形鬼神，（原寸），盤，殷後期Ⅰ　　10-75，魚形鬼神，瓿，特定地域型，Asian Art Museum of San Francisco, Avery Brundage Collection　　10-76，魚形鬼神，（1/2），盤，殷後期Ⅱ　　10-77，魚形鬼神，（1/2），盤，殷後期Ⅲ，Asian Art Museum of San Francisco, Avery Brundage Collection　　10-78，魚形鬼神，（1/2），盤，西周Ⅲ A，臺北，故宮博物院

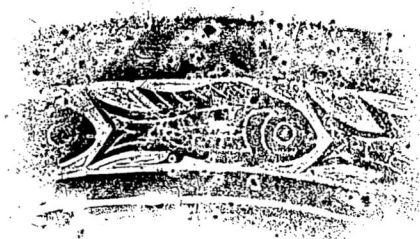

10 - 79

10 - 84

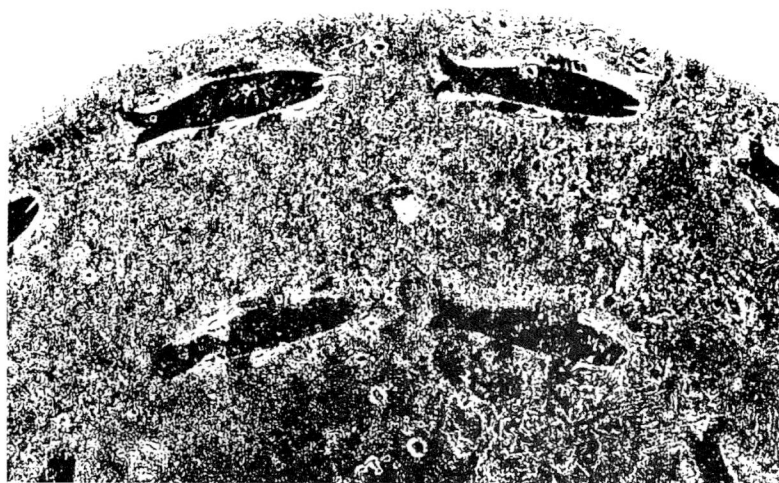

10 - 80

10 - 81

10 - 82

10 - 83

10 - 79，魚形鬼神，(1/2)，盤，西周Ⅲ A　10 - 80，魚形鬼神，(4/5)，盤，春秋Ⅰ，上海博物館　10 - 81，魚形鬼神，盤，特定地域型，繁昌環城公社　10 - 82，魚形鬼神，盤，春秋Ⅰ，上海博物館　10 - 83，魚形鬼神，盤，春秋Ⅰ，三門峡市上村嶺　10 - 84，魚形鬼神，陶器，仰韶文化，西安半坡

10 - 85

10 - 86

10 - 87

10 - 88

10 - 89

10 - 90

10-85，魚身龍頭神，(1/2)，盤，殷後期Ⅲ，天理參考館　　10-86，魚身龍頭神，玉器，安陽大司空村　　10-87，魚身龍頭神，玉器，西周，濬縣辛村　　10-88，魚身龍頭神，舟形容器，殷後期，石樓桃花莊　　10-89，魚身鳥頭神，玉器，殷後期　　10-90，魚身鳥頭神，玉器，殷後期

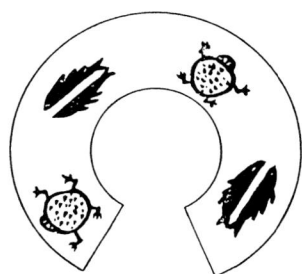

10 - 91

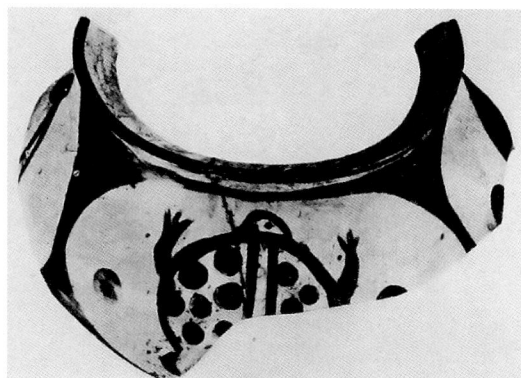

10 - 92

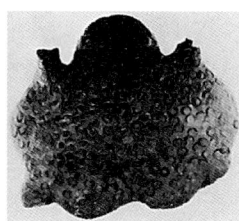

10 - 93

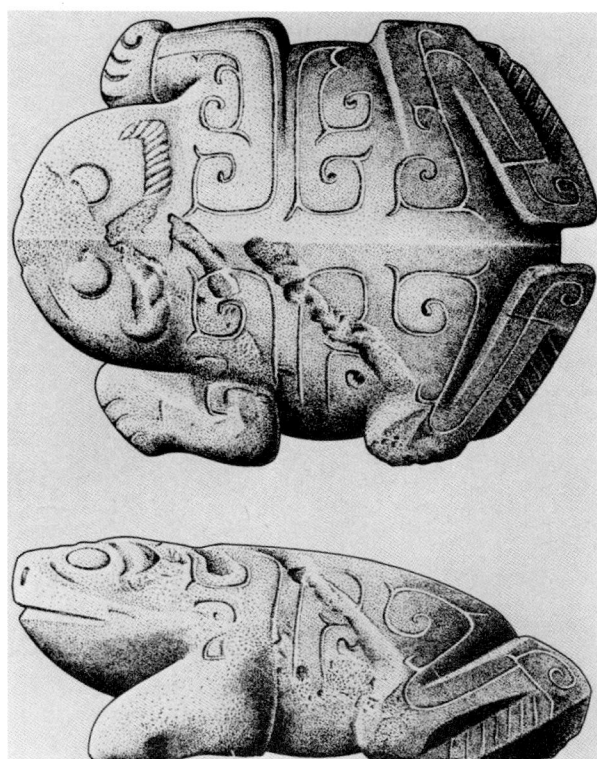

10 - 94

10-91，蟾蜍形鬼神，陶器，仰韶文化，臨潼姜寨　　10-92，蟾蜍形鬼神，陶器，仰韶文化，三門峽市廟底溝　　10-93，蟾蜍形鬼神，陶製品，二里頭文化，偃師二里頭　　10-94，蟾蜍形鬼神，大理石製品，殷後期Ⅱ，安陽侯家莊

10 - 95

10 - 96

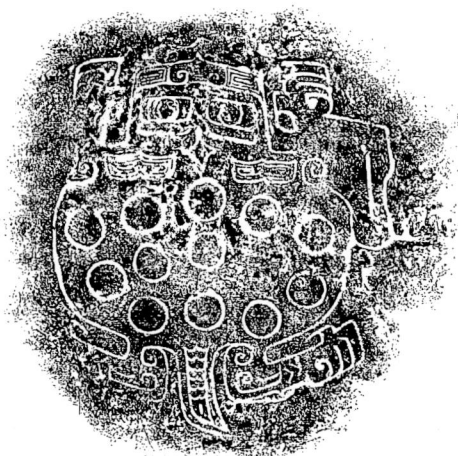

10 - 99

10 - 97

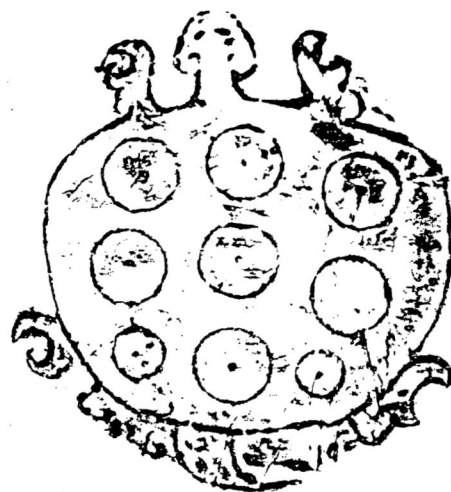

10 - 100

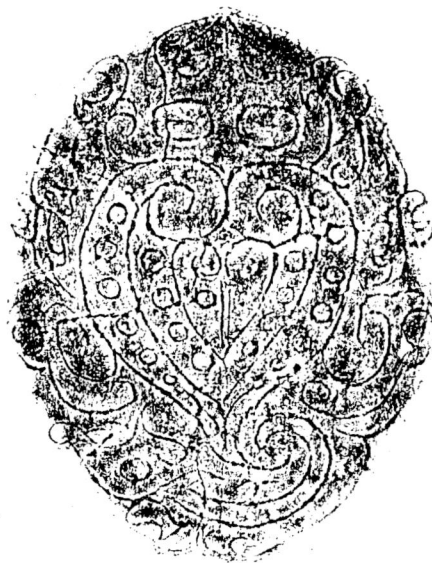

10 - 98

10 - 101

10-95，鼈形鬼神,（1）類，鼎，殷中期Ⅱ，平谷南獨樂河　　10-96，鼈形鬼神,（1）類，盤，殷後期Ⅰ　　10-97，鼈形鬼神,（1）類,（2/5），盤，殷後期Ⅰ　　10-98，鼈形鬼神,（1）類,（1/3），盤，殷後期Ⅱ，Asian Art Museum of San Francisco, Avery Brundage Collection　　10-99，鼈形鬼神,（1）類，卣，西周ⅠA　　10-100，鼈形鬼神,（4/5）,（1）類，卣，西周ⅠA　　10-101，鼈形鬼神,（1）類，卣，西周ⅡA，扶風雲塘

10 - 102

10 - 103

10 - 104

10 - 105

10 - 106

10 - 107

10 - 108

10-102，鼈形鬼神，(2)類，盤，殷中期，平谷南獨樂河　　10-103，鼈形鬼神，(2)類，盤，殷後期Ⅰ，清澗解家溝　　10-104，鼈形鬼神，(2)類，(1/2)，盤，殷後期Ⅰ，安陽小屯　　10-105，鼈形鬼神，(2)類，瓿，殷後期Ⅰ，Musée Guimet, Paris　　10-106，鼈形鬼神，(2)類，(2/3)，瓿，殷後期Ⅰ　　10-107，鼈形鬼神，(2)類，(4/5)，瓿，殷後期Ⅰ　　10-108，鼈形鬼神，(2)類，有肩尊，殷後期Ⅱ，泉屋博古館

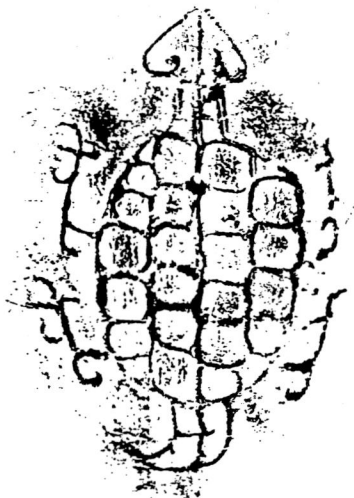

10 - 109

10 - 110

10 - 111

10-109，龜形鬼神,（原寸），卣，殷後期Ⅲ　　10-110，龜甲形器，陶器，二里頭文化，偃師二里頭　　10-111，龜形飾器蓋，陶器，二里頭文化，三門峽市七里鋪

10 - 112

10 - 118

10 - 119

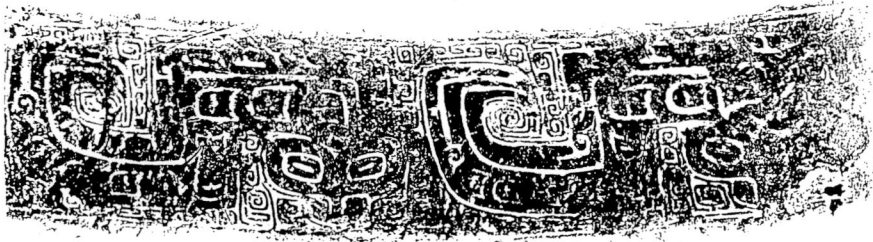

10 - 113

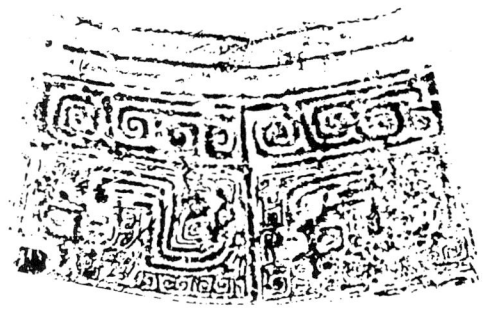

10 - 120

10 - 114

10 - 121

10 - 115

10 - 122

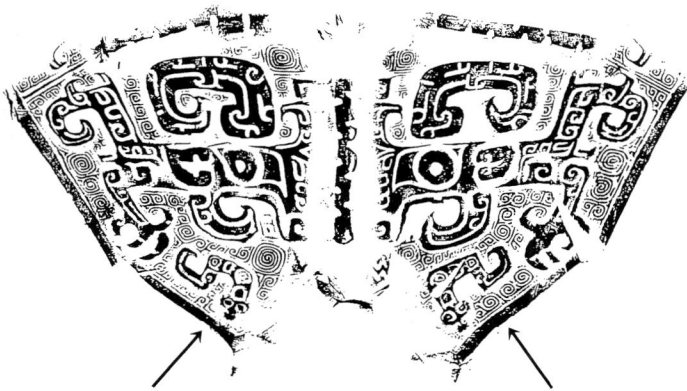

10 - 116

10 - 123

10 - 117

10 - 124

10-112，蛇形鬼神，(3/5)，鼎，殷後期Ⅰ，寧樂美術館　　10-113，蛇形鬼神，(3/5)，鼎，殷後期Ⅱ　　10-114，蛇形鬼神，方鼎，殷後期Ⅱ，安陽小屯　　10-115，蛇形鬼神，(原寸)，觚，殷後期Ⅱ，Dr. Arthur M. Sackler Collection, New York　　10-116，蛇形鬼神，(2/5)，卣，殷後期ⅢA　　10-117，蛇形鬼神，(3/5)，簋，殷後期ⅢB，Dr. Arthur M. Sackler Collection, New York　　10-118，蛇形鬼神，(原寸)，觚，殷後期ⅢA，安陽西北岡　　10-119，蛇形鬼神，(原寸)，觚，殷後期ⅢA　　10-120，蛇形鬼神，(原寸)，觚，殷後期ⅢB　　10-121，蛇形鬼神，觚，殷後期ⅢB，安陽西北岡　　10-122，蛇形鬼神，觚形尊，殷後期Ⅲ　　10-123，蛇形鬼神，(原寸)，方鼎，西周ⅠA　　10-124，蛇形鬼神，(原寸)，鼎，西周ⅠA

10 - 125

10 - 131

10 - 126

10 - 127

10 - 128

10 - 129

10 - 130

10 - 132

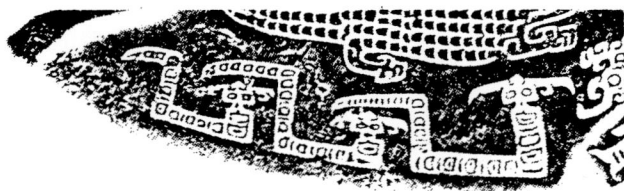

10 - 133

10 - 134

10-125, 蛇形鬼神,（3/5）, 簋, 西周ⅠA, Dr. Arthur M. Sackler Collection, New York　　10-126, 蛇形鬼神,（4/5）, 瓠形尊, 西周ⅠA, 寶雞賈村　　10-127, 蛇形鬼神,（原寸）, 簋, 西周ⅠB　　10-128, 蛇形鬼神,（原寸）, 鼎, 西周ⅠB, 黑川古文化研究所　　10-129, 蛇形鬼神, 甗, 西周ⅠB, 彭縣竹瓦街　　10-130, 蛇形鬼神, 舟形容器, 殷後期, 石樓桃花莊　　10-131, 蛇形鬼神, 小型盉, 西周Ⅱ　　10-132, 蛇形鬼神, 卣, 殷後期Ⅱ, Musée Guimet, Paris　　10-133, 蛇形鬼神, 骨栖, 殷後期　　10-134, 蛇形鬼神,（1/3）, 簋, 大約西周Ⅱ

10 - 135

10 - 136

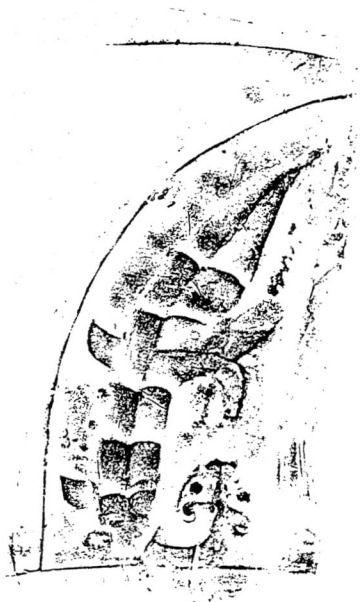

10 - 137

10 - 138

10 - 139

10-137，螣蛇，(3/5)，觚形尊，西周ⅠA，天理參考館　　10-138，螣蛇，(4/5)，戈，殷後期　　10-139，螣蛇，(4/5)，匜，西周Ⅰ，上海博物館

10 - 140

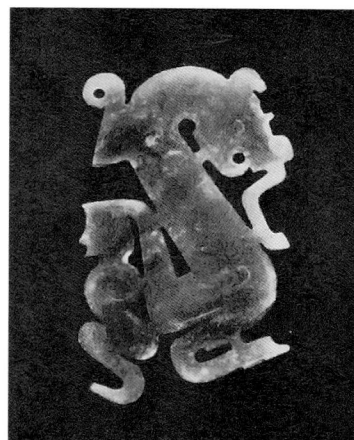

10 - 143

10 - 141

10 - 144

10 - 145

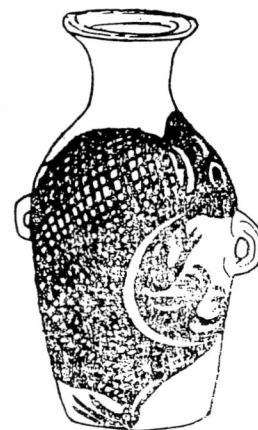

10 - 142

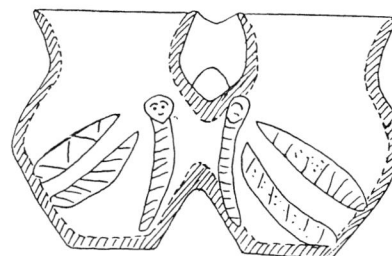

10 - 146

10-140，人首龍身神，盉，殷後期Ⅱ，Courtesy of the Freer Gallery of Art, Smithsonian Institution, Washington D.C.　　10-141，人首蛇身神，玉器，西周Ⅱ　10-142，人首蛇身神，玉器，西周Ⅱ　10-143，人首蛇身神，玉器，西周Ⅱ　10-144，人首龍身神，陶器，仰韶文化晚期，武山西坪　10-145，人首龍身神，陶器，仰韶文化晚期，武山傅家門　10-146，人首蛇身神，陶器，齊家文化，臨洮馮家坪

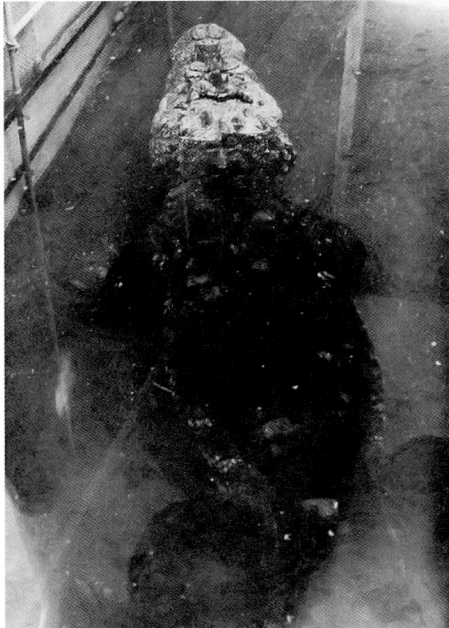

10－147

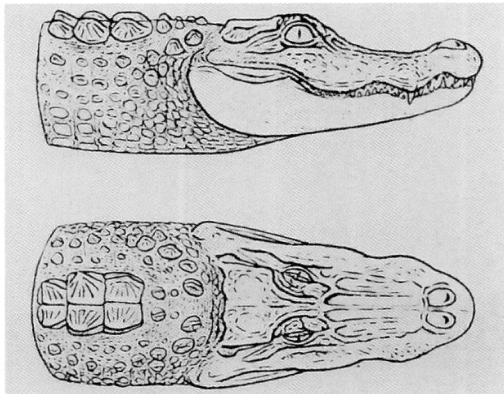

10－148

10－149

10－150

10－151

10－152

10－153

10-147，揚子鰐，上，東山動物園，下，天王寺動物園　　10-148，揚子鰐頭部　　10-149，鰐形鬼神，舟形容器，殷後期，石樓　　10-150，鰐形鬼神，石製品，殷後期Ⅱ，安陽侯家莊　　10-151，鰐形鬼神，骨製品，殷後期Ⅱ，安陽侯家莊　　10-152，鰐形象牙容器，殷後期，The Museum of Far Eastern Antiquities　10-153，鰐形鬼神，（2/3），鐘，特定地域型，Art Institute of Chicago, Lucy Maud Buckingham Collection of Archaic Chinese Bronzes

10 - 154

10 - 156

10 - 155

10 - 157

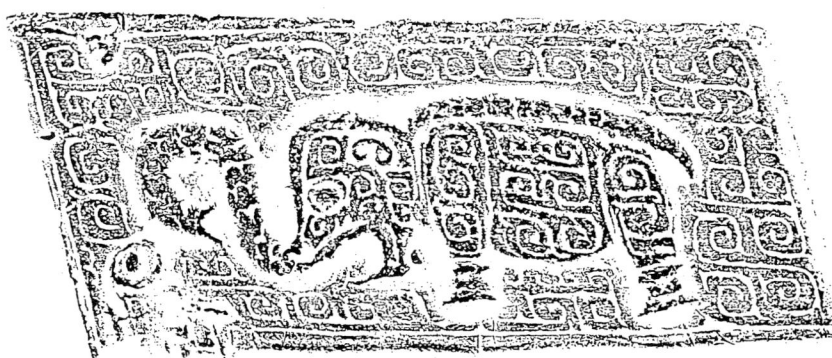

10 - 158

10-154，象形鬼神，（下 3/5），特殊形容器，殷後期 II ～ III，Museum für Ostasiatische Kunst　　10-155，象形鬼神，瓿，殷後期 III B，The Museum of Far Eastern Autiquities　　10-156，象形鬼神，匜，殷後期 III A，Courtesy of the Freer Gallery of Art, Smithsonian Institution, Washington D.C.，樋口隆康先生撮　　10-157，象形鬼神，匜，殷後期 III B，泉屋博古館，樋口隆康先生撮　　10-158，象形鬼神，（1/2），鐘，特定地域型，寧郷

10 - 159

10 - 162

10 - 160

10 - 163

10 - 164

10 - 165

10 - 161

10 - 166

10-159，鹿形鬼神，卣，殷後期，泉屋博古館，樋口隆康先生攝　　10-160，鹿形鬼神，卣，殷後期，by Courtesy of Cernusci Museum-City of Paris　　10-161，鹿形鬼神，卣，西周 I B，Minneapolis Institute of Arts, Bequest, Alfred F. Pillsbury　　10-162，鹿，玉器，西周，寶雞茹家莊　　10-163，兔形鬼神，觶，西周 I B，洛陽北窯　　10-164，兔，玉器，大約殷後期 II，安陽小屯　　10-165，兔，玉器，西周 I，濬縣辛村　　10-166，熊，杆頭裝飾，殷後期，Musée Guimet, Paris

10 - 167

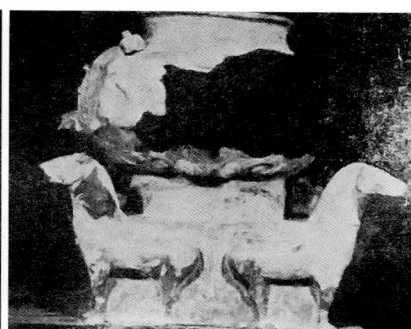

10 - 170

10 - 168

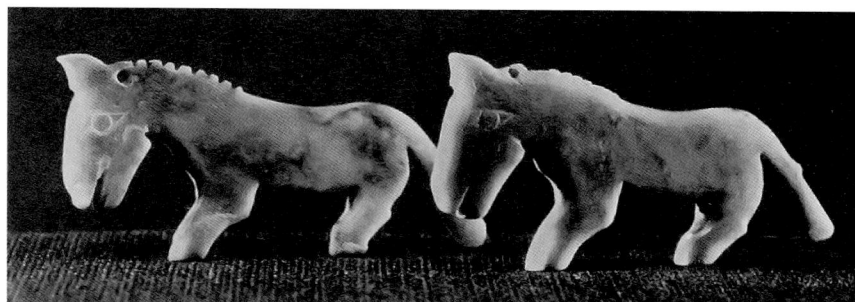

10 - 171

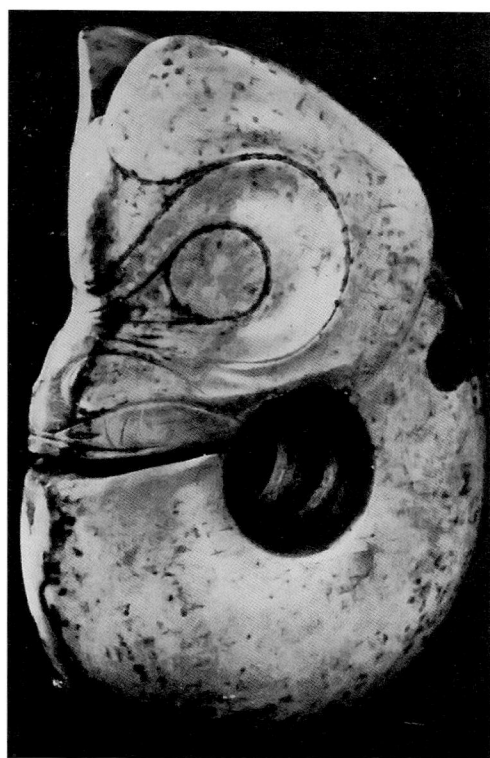

10 - 169

10 - 167，熊猫，玉器，殷後期～西周 I，The Museum of Far Eastern Antiquities, Bequest, Late King Gustaf Ⅵ Adolf of Sweden　　10 - 168，猪，車轄，西周前半期，Courtesy of the Trustees of the British Museum　　10 - 169，猪（？），玉器，紅山文化，建平　　10 - 170，馬，篦，西周 I，桃江　　10 - 171，馬，玉器，殷後期 Ⅱ，安陽小屯

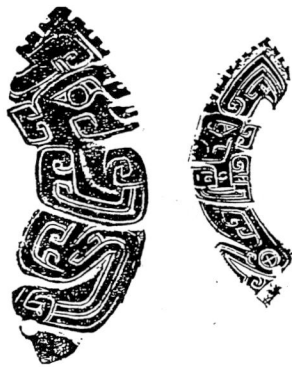

11 - 4

11 - 1

11 - 2

11 - 3

11-1，夒，鼓，特定地域型，泉屋博古館　　11-2，金文 "夒" 字，(原寸)，犀尊，殷後期Ⅲ，Asian Art Museum of San Francisco, Avery Brundage Collection　　11-3，甲骨文 "夒" 字，(原寸)　　11-4，夒，玉器，大約殷後期Ⅱ，安陽小屯

11 - 5

11 - 8

11 - 6

11 - 7

11-5，象几字形羽冠、人形鬼神的圖像符號，（原寸）　　11-6，几字形羽冠、人形鬼神，車飾，殷後期，益都蘇埠屯　　11-7，几字形羽冠、人形鬼神，扁足鼎，
西周ⅠA，Minneapolis Institute of Art, Bequest, Alfred F. Pillsbury　　11-8，几字形羽冠、人形鬼神，玉器，西周Ⅲ

11 - 9

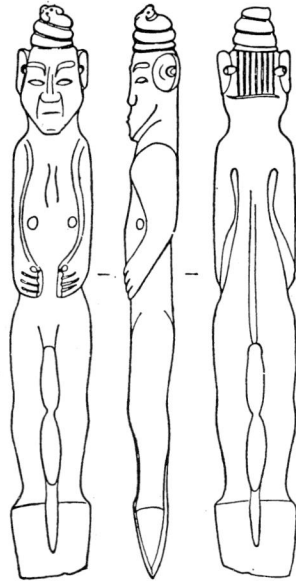

11 - 13

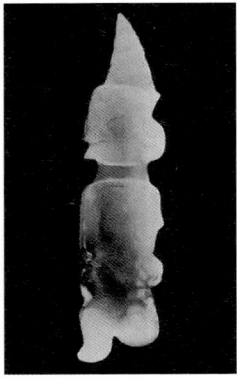

11 - 10

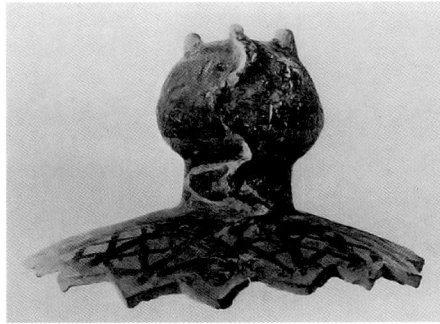

11 - 14

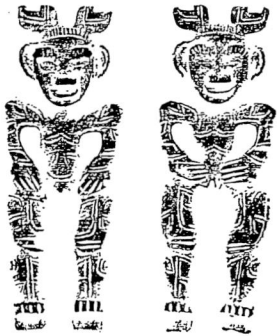

11 - 11

11 - 15

11 - 12

11-9，頭上戴螺旋狀物的人形鬼神，玉器，兼周Ⅱ，Art Institute of Chicago, Edward and Louise B. Sonnenschein Collection of Archaic Chinese Jades　　11-10，頭上戴螺旋狀物的人形鬼神，西周Ⅱ　　11-11，兼具陰陽兩性的人形鬼神，安陽小屯，大約殷後期Ⅱ　　11-12，兼具陰陽兩性的人形鬼神，春秋Ⅰ，寧城南山根　　11-13，頭上戴蛇的人形鬼神，玉器，大約西周Ⅰ，靈臺白草坡　　11-14，頭上戴蛇的人形鬼神，陶器器蓋，半山式　　11-15，頭上戴鳥的人形鬼神，杆頭裝飾，大約西周前半期，Fitzwilliam Museum

11-16

11-19

11-20

11-17

11-18

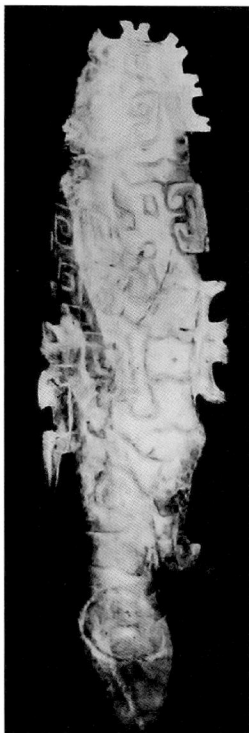

11-21

11-22

11-16，披髮鬼神，長刀，西周Ⅰ~Ⅱ，Courtesy of the Freer Gallery of Art, Smithsonian Institution, Washington D.C. 11-17，披髮鬼神，兵器柄頭裝飾，西周Ⅰ~Ⅱ
11-18，披髮鬼神，長刀，西周Ⅰ，靈臺白草坡 11-19，披髮鬼神，鉞，西周Ⅱ，Courtesy of the Trustees of the Victoria and Albert Museum 11-20，披髮鬼神，
玉器，殷後期 11-21，披髮鬼神，玉器，殷後期 11-22，蹲居吐舌的神，有肩尊，特定地域型，阜南

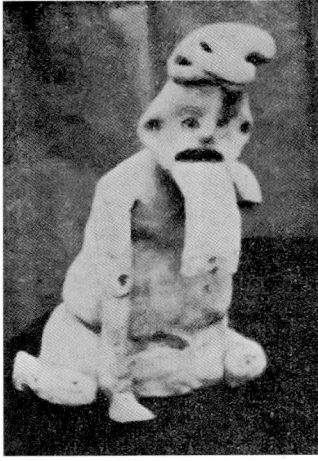

11 - 23

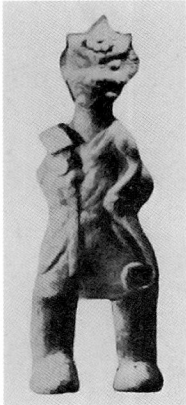

11 - 24

11 - 25

11 - 26

11 - 23、吐舌的神，陶俑，後漢，廣州市東郊   11 - 24、握蛇并吐舌的神，陶俑，後漢，重慶市化龍橋附近   11 - 25、握蛇的神，(原寸)，圖像印，大約戰國
11 - 26、吐舌的神，陶瓿，前漢，義烏

11 - 27

11 - 29

11 - 30

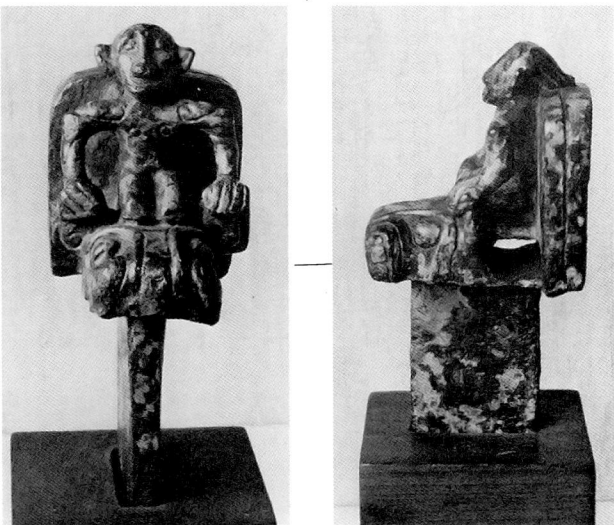

11 - 28

11-27，裸身騎虎的神，車轄，西周Ⅱ　　11-28，裸身騎虎的披髮鬼神，車轄，西周Ⅱ，出光美術館　　11-29，裸身騎虎的神，車轄，西周Ⅱ　　11-30，裸身在虎後蹲居的神，杆頭裝飾，西周Ⅱ，寶雞茹家莊

11 - 31

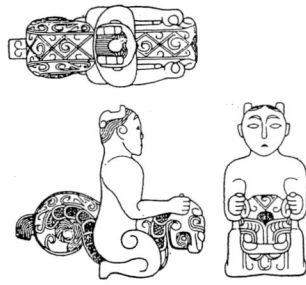

11 - 32

11 - 33 11 - 34

11 - 31，裸身與虎頭合體的神，西周 II，Courtesy of the Freer Gallery of Art, Smithsonian Institution, Washington D.C. 11 - 32，裸身騎虎的神，玉器，戰國，洛陽小屯村 11 - 33，虎所抱的披髮神，虎形卣，殷後期，泉屋博古館，樋口隆康先生攝 11 - 34，虎所抱的披髮神，虎形卣，by Courtesy of Cernusci Museum-City of Paris

11 - 38

11 - 35

11 - 36

11 - 37

11-35，單獨人頭，書，春秋Ⅰ，三門峽市上村嶺　　11-36，單獨人頭，簋，殷後期Ⅲ　　11-37，單獨人頭，戚，西周Ⅰ，寶雞竹園溝　　11-38，蛇纏繞在身上的人形鬼神，匜，殷後期，Courtesy of the Freer Gallery of Art, Smithsonian Institution, Washington D.C.，樋口隆康先生攝

12 - 1

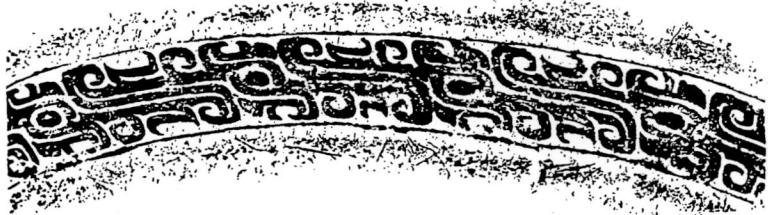

12 - 2

12 - 3

12 - 4

12 - 5

12 - 6

12 - 7

12 - 8

12 - 9

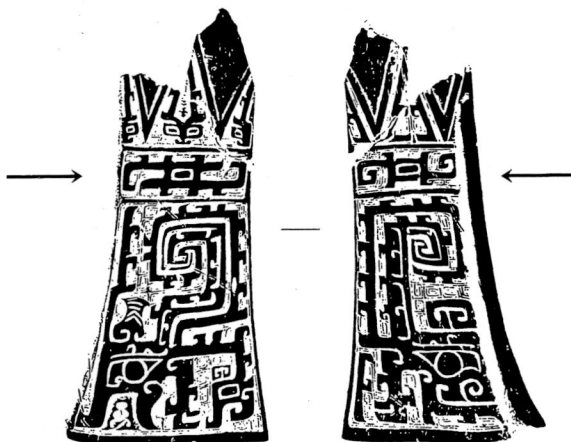

12 - 10

12-1，罔兩紋，(1)類，罍，殷中期，黃陂盤龍城　　12-2，罔兩紋，(1)類，盤，殷中期，鄭州白家莊　　12-3，罔兩紋，(1)類，陶簋，殷中期，鄭州德化街
12-4，罔兩紋，(1)類，(1/2)，斝，殷中期Ⅱ　　12-5，罔兩紋，(1)類，觚，殷中期Ⅱ　　12-6，罔兩紋，(1)類，斝，殷中期Ⅱ，上海博物館，樋口隆康先生攝
12-7，罔兩紋，(1)類，截頭尊，殷後期Ⅰ，Museum für Ostasiatische Kunst　　12-8，罔兩紋，(1)類，(1/2)，鬲鼎，殷後期ⅠA　　12-9，罔兩紋，(1)類，(3/5)，瓿，殷後期Ⅰ，臺北，故宮博物院　　12-10，罔兩紋，(1)類，骨柶，大約殷後期Ⅱ，安陽侯家莊

12 - 11

12 - 12

12 - 13

12 - 14

12 - 15

12 - 17

12 - 16

12 - 18

12-11、罔兩紋、(1)類、簋、殷後期Ⅲ　　12-12、罔兩紋、(1)類、(1/2)、卣、西周ⅠA、Dr. Arthur M. Sackler Collection. New York　　12-13、罔兩紋、(1)類、卣、西周ⅠA、扶風召李村　　12-14、罔兩紋、(1)類、(4/5)、簋、西周ⅠB、臺北、故宮博物院　　12-15、罔兩紋、(1)類、(原寸)、簋、西周ⅡA、出光美術館
12-16、罔兩紋、(1)類、方彝、西周ⅡB、上海博物館　　12-17、罔兩紋、(1)類、(下3/10)、壺、西周Ⅱ　　12-18、罔兩紋、(1)類、(原寸)、鼎、西周ⅡB

12-19

12-20

12-24

12-21

12-22

12-25

12-23

12-26

12-27

12-19，罔兩紋，(1)類，盤，西周Ⅱ，長安普渡村　　12-20，罔兩紋，(1)類，(2/3)，簋，西周Ⅲ A　　12-21，罔兩紋，(1)類，壺，西周Ⅲ A，扶風莊白 12-22，罔兩紋，(1)類，(1/2)，簋，西周Ⅲ A，岡山美術館　　12-23，罔兩紋，(1)類，(1/2)，盨，西周Ⅲ A，Asian Art Museum of San Francisco, Avery Brundage Collection　　12-24，罔兩紋，(1)類，壺，西周Ⅲ A，岐山董家村　　12-25，罔兩紋，(1)類，(3/5)，簋，西周Ⅲ A，MOA 美術館　　12-26，罔兩紋，(1)類，(1/2)，簋，西周Ⅲ B，Nelson-Atkins Museum of Art, Kansas City, Missouri　　12-27，罔兩紋，(1/2)，(1)類，簋，西周Ⅲ B

12 - 32

12 - 28

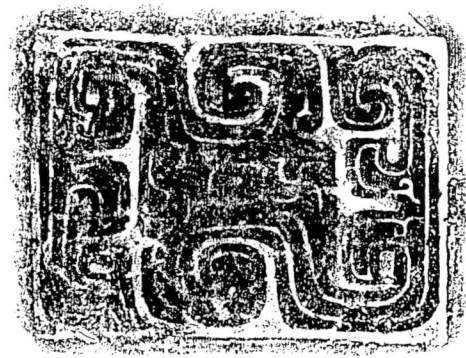

12 - 33

12 - 29

12 - 34

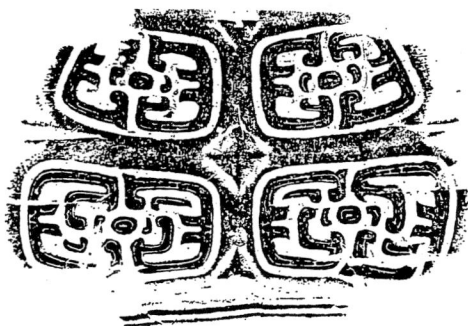

12 - 30

12 - 35

12 - 31

12 - 36

12-28，囧兩紋，(1)類，(下1/2)，盨，西周Ⅲ B　　12-29，囧兩紋，(1)類，(原寸)，壺，西周Ⅲ B，臺北，故宮博物院　　12-30，囧兩紋，(1)類，壺，西周Ⅲ B，臨潼零口公社　　12-31，囧兩紋，(1)類，壺，西周Ⅲ　　12-32，囧兩紋，(1)類，(3/5)，簠，西周Ⅲ，黑川古文化研究所　　12-33，囧兩紋，(1)類，(1/2)，簠，西周Ⅲ　　12-34，囧兩紋，(1)類，(1/2)，簋，春秋Ⅰ　　12-35，囧兩紋，(1)類，簋，春秋Ⅰ，臺北，故宮博物院　　12-36，囧兩紋，(1)類，鼎，春秋Ⅰ

12 - 37

12 - 38

12 - 43

12 - 39

12 - 44

12 - 40

12 - 45

12 - 41

12 - 42

12 - 46

12-37，罔兩紋，（2）類，瓿，殷中期，安陽小屯　　12-38，罔兩紋，（2）類，瓿，殷中期Ⅱ，靈寶文底公社　　12-39，罔兩紋，（2）類，（下 3/5），小型盉，殷後期Ⅰ，The Museum of Far Eastern Antiquities　　12-40，罔兩紋，（2）類，簋，殷後期Ⅰ，安陽小屯　　12-41，罔兩紋，（2）類，觶，殷後期Ⅱ，上海博物館　　12-42，罔兩紋，（2）類，（4/5），罍，殷後期Ⅱ　　12-43，罔兩紋，（2）類，鼎，殷後期Ⅱ　　12-44，罔兩紋，（2）類，（2/3），壺，殷後期Ⅲ，藤井有鄰館　　12-45，罔兩紋，（2）類，（原寸），方鼎，殷後期Ⅲ，臺北，故宮博物院　　12-46，罔兩紋，（2）類，卣，殷後期Ⅲ，Minneapolis Institute of Art, Bequest, Alfred F. Pillsbury

12 - 53

12 - 47

12 - 54

12 - 48

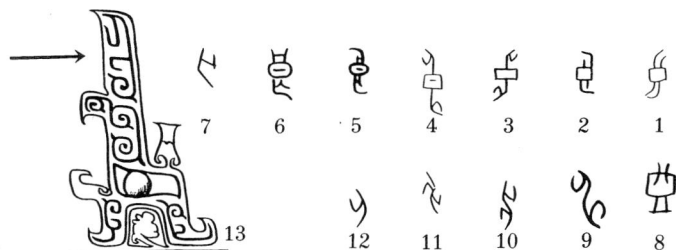

12 - 55

12 - 49

12 - 50

12 - 51

12 - 52

12-47，罔兩紋，（2）類，（4/5），卣，西周ⅠA　　12-48，罔兩紋，（2）類，（2/3），卣，西周ⅠB，出光美術館　　12-49，罔兩紋，（2）類，卣，西周ⅠB，濬縣辛村　　12-50，罔兩紋，（2）類，（原寸），簋，西周ⅡA，黑川古文化研究所　　12-51，罔兩紋，（3）類，（4/5），壺，殷後期Ⅰ，Dr. Arthur M. Sackler Collection, New York　　12-52，罔兩紋，（3）類，白陶器蓋，殷後期　　12-53，"申"字形紋，甂，大約殷後期Ⅰ，安陽小屯　　12-54，"申"字形紋，盤，殷後期Ⅰ　　12-55，"良""申"相關文字、圖像

12 - 56

12 - 57

12 - 58

12 - 64

12 - 59

12 - 65

12 - 60

12 - 61

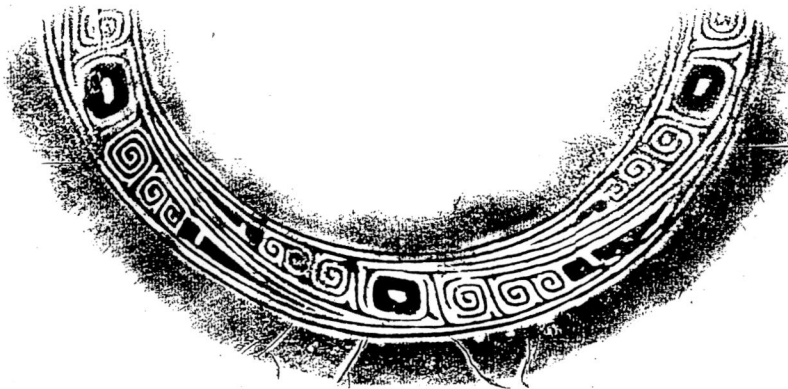

12 - 66

12 - 62

12 - 67

12 - 63

12 - 68

12-56，目羽紋，(1)類，鬲，殷中期，黄陂盤龍城　　12-57，目羽紋，(1)類，(1/2)，截頭尊，殷中期，安陽小屯　　12-58，目羽紋，(1)類，瓤，殷中期，鄭州白家莊　　12-59，目羽紋，(1)類，(2/5)，鼎，殷後期Ⅰ　　12-60，目羽紋，(1)類，(1/2)，鬲鼎，殷後期Ⅱ，藤井有鄰館　　12-61，目羽紋，(1)類，(2/5)，小型盉，殷後期Ⅱ，Dr. Arthur M. Sackler Collection, New York　　12-62，目羽紋，(1)類，(2/3)，鬲，西周ⅠA, From: Eleanor von Konsten, *Chinese Bronzes from the Collection of Chester Dale and Dolly Carter*, no.14, with kind permission of *Artibus Asiae*　　12-63，目羽紋，(1)類，(原寸)，觶，殷後期Ⅲ　　12-64，目羽紋，(1)類，(下1/2)，卣，西周ⅠA　　12-65，目羽紋，(1)類，(2/3)，壺，西周ⅠA　　12-66，目羽紋，(1)類，(3/5)，卣，西周ⅠA　　12-67，目羽紋，(1)類，(2/3)，鬲，西周ⅠB，臺北，故宮博物院　　12-68，目羽紋，(1)類，盤，西周Ⅱ，長安普渡村

12-69

12-74

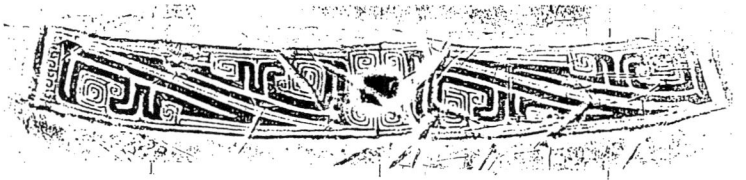

12-75

12-76

12-70

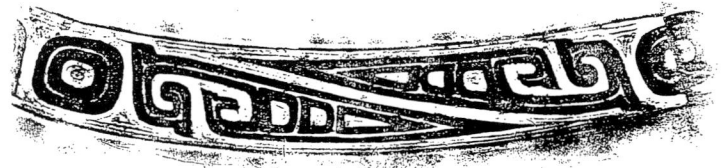

12-77

12-71

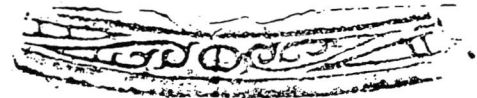

12-78

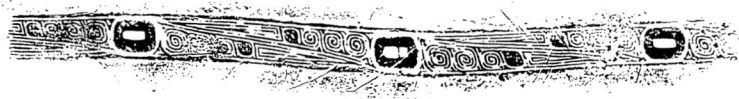

12-72

12-79

12-73

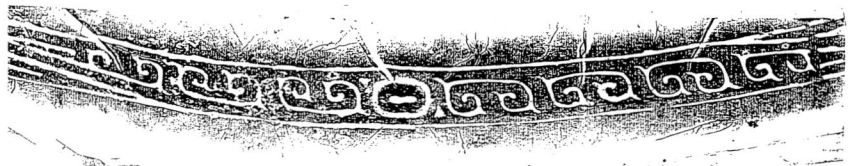

12-80

12-81

12-69，目羽紋，（1）類，（4/5），卣，西周ⅡB，From: Eleanor von Konsten, *Chinese Bronzes from the Collection of Chester Dale and Dolly Carter*, no.51, with kind permission of *Artibus Asiae*　12-70，目羽紋，（1）類，（下1/2），盤，西周Ⅱ，出光美術館　12-71，目羽紋，（2）類，卣，西周ⅠB，濬縣辛村　12-72，目羽紋，（2）類，（3/5），鬲，西周ⅠB　12-73，目羽紋，（2）類，（2/5），簋，西周ⅡA　12-74，目羽紋，（2）類，（1/3），簋，西周ⅡB　12-75，目羽紋，（2）類，（3/5），壺，西周ⅡB　12-76，目羽紋，（2）類，（1/2），簋，西周ⅢA，出光美術館　12-77，目羽紋，（2）類，（2/5），壺，西周ⅢB　12-78，目羽紋，（2）類，簋，西周ⅢB　12-79，目羽紋，（2）類，甒，殷中期　12-80，目羽紋，（2）類，（2/5），盤，西周ⅠB　12-81，目羽紋，（2）類，（1/2），盤，西周Ⅱ，Fitzwilliam Museum

12 - 82

12 - 83

12-82，目羽紋，簋，西周ⅡB，岐山董家村　　12-83，目羽紋，盉，西周ⅡB，臨潼南羅

12-84

12-85

12-86

12-87

12-88

12-89

12-90

12-91

12-92

12-93

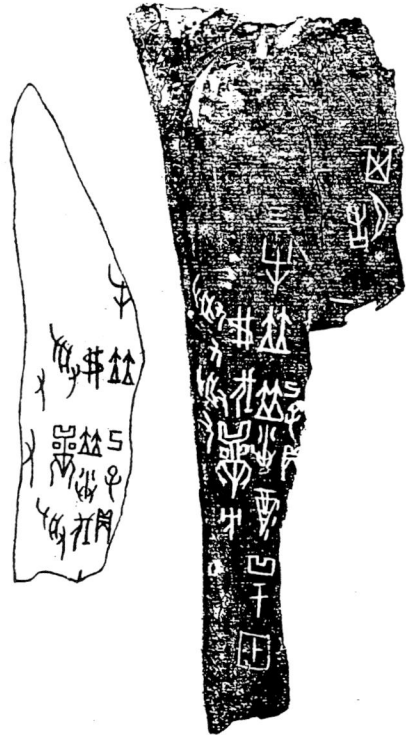

12-94

12-95

12-84，羽首紋，(2/3)，卣，殷後期Ⅲ，白鶴美術館　　12-85，羽首紋，(2/3)，卣，西周ⅠB　　12-86，羽首紋，(2/5)，卣，西周ⅠB　　12-87，羽首紋，(2/3)，卣，西周Ⅰ～Ⅱ　　12-88，羽首紋，(原寸)，卣，西周ⅡA　　12-89，羽首紋，(1/2)，卣，西周ⅡB　　12-90，羽首紋，(3/5)，卣，西周ⅡB，臺北，故宮博物院　　12-91，象羽首紋的圖像符號，(原寸)　　12-92，所象類似於羽首紋的圖像符號，(原寸)　　12-93，所象類似於羽首紋的圖像符號，(2/3)　　12-94，象羽首紋的甲骨文字，(2/3)　　12-95，所從偏旁與羽首紋頭部相同的甲骨文字，(原寸)

12 - 98

12 - 96

12 - 99

12 - 97

12 - 100

12-96，龍首渦紋，(下 2/5)，簋，西周 I B　　12-97，龍首渦紋，簋，西周 I B，彭縣竹瓦街　　12-98，龍首渦紋，(2/3)，簋，西周 I B　　12-99，龍首渦紋，(4/5)，簋，西周 I B　　12-100，龍首渦紋，簋，西周 I B，靈臺白草坡

12 - 101

12 - 102

12 - 103

12 - 104

12 - 105

12 - 106

12 - 107

12 - 108

12-101，井紋，陶器，殷中期，鄭州二里崗　　12-102，井紋，大型盂，特定地域型，Metropolitan Museum of Art　　12-103，井紋，（原寸），骨柶，大約殷後期Ⅱ，安陽侯家莊　　12-104，井紋，斝，殷後期Ⅱ　　12-105，井紋，（原寸），觚，殷後期Ⅱ　　12-106，井紋，觚，殷後期Ⅱ，安陽小屯　　12-107，井紋，觚，殷後期Ⅱ，Ashmolean Museum, Oxford　　12-108，井紋，爵，殷後期Ⅱ，Museum für Ostasiatische Kunst

12 - 109

12 - 113

12 - 110

12 - 114

12 - 111

12 - 115

12 - 116

12 - 112

12 - 117

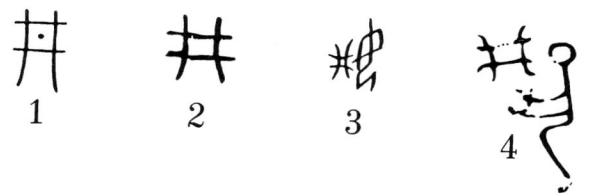

12 - 118

12－109，井紋，（原寸），壺，殷後期Ⅲ　　12－110，井紋，鬲鼎，殷後期Ⅲ，Asian Art Museum of San Francisco, Avery Brundage Collection　　12－111，井紋，瓠形尊，殷後期Ⅲ，安陽殷墟西區　　12－112，井紋，瓠形尊，泉屋博古館，照片，樋口隆康先生攝　　12－113，井紋，（原寸），瓿，西周ⅠB，臺北，故宮博物院　　12－114，井紋，（3/5），瓠形尊，西周ⅠB　　12－115，井紋，（2/5），瓠形尊，西周ⅠB，Dr. Arthur M. Sackler Collection, New York　　12－116，頭部呈井紋形的鬼神，帶鉤，戰國　　12－117，井紋的一種，（1/2），鐘，西周Ⅲ　　12－118，井紋相關文字、圖像符號

12 - 119

12 - 124

12 - 120

12 - 125

12 - 121

12 - 122

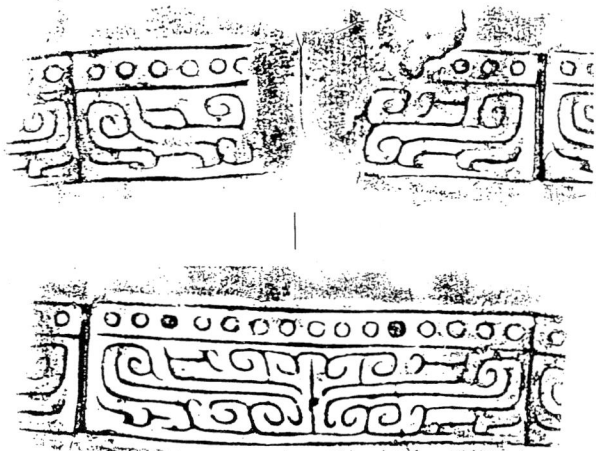

12 - 123

12-119，無眼饕餮紋，爵，殷中期，輝縣琉璃閣　　12-120，無眼饕餮紋，(原寸)，斝，殷中期　　12-121，無眼饕餮紋，爵，殷中期，鄭州白家莊　12-122，無眼饕餮紋，(原寸)，斝，殷中期　　12-123，無眼饕餮紋，(4/5)，爵，殷中期　　12-124，無眼饕餮紋，(4/5)，鬲鼎，殷中期，鄭州白家莊　　12-125，無眼饕餮紋，(2/3)，爵，殷中期Ⅱ，安陽小屯

12 - 126

12 - 130

12 - 127

12 - 128

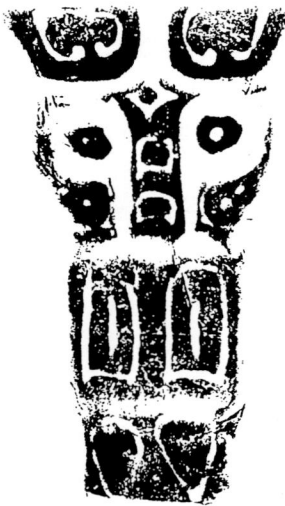

12 - 129

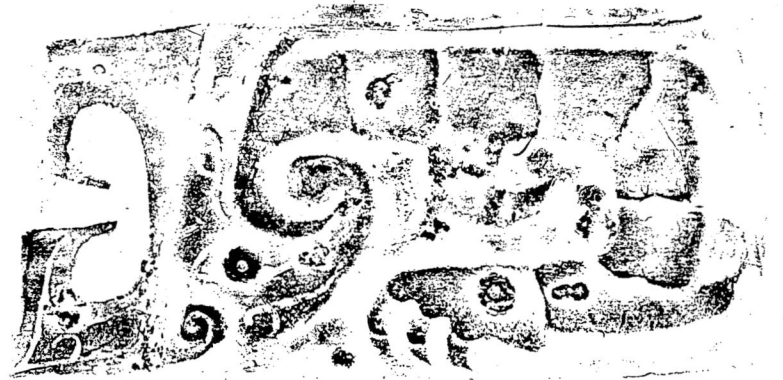

12 - 131

12－126，頭足紋，（3/5），車器，大約西周Ⅰ，Asian Art Museum of San Francisco, Avery Brundage Collection　　12－127，頭足紋，（4/5），簋，西周ⅠA　　12－128，頭足紋，（原寸），簋，西周ⅢA，臺北，故宮博物院　　12－129，頭足紋，（原寸），簋，西周ⅢB　　12－130，頭足紋，匜，春秋Ⅰ　　12－131，頭足紋，（2/3），觚形尊，西周ⅠA，天理參考館

12 - 135

12 - 132

12 - 136

12 - 133

12 - 137

12 - 138

12 - 134

12‐132，目足羽紋，（3/5），盤，西周Ⅲ A　　12‐133，目足羽紋，簋，西周Ⅲ A，The Museum of Far Eastern Autiquities　　12‐134，目足羽紋，（下 1/2），盨，西周Ⅲ B　　12‐135，目足羽紋，鼎，西周Ⅲ B　　12‐136，目足羽紋，盤，西周Ⅲ B，三門峽市上村嶺　　12‐137，目足羽紋，（原寸），鼎，春秋Ⅰ　　12‐138，目足羽紋，鼎，春秋Ⅰ，滕縣後荊溝

12 - 139

12 - 144

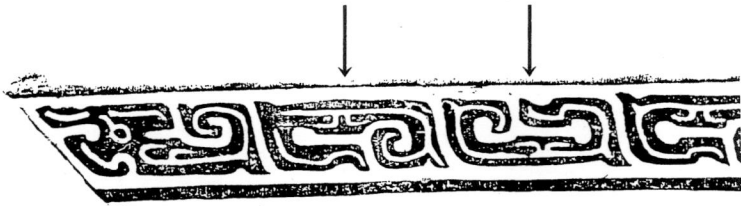

12 - 140

12 - 145

12 - 141

12 - 146

12 - 142

12 - 147

12 - 143

12 - 148

12 - 139，足羽紋，(4/5)，盤，西周Ⅲ A　　12 - 140，足羽紋，(1/2)，簋，西周Ⅲ　　12 - 141，足羽紋，鼎，春秋Ⅰ，隨縣河店公社　　12 - 142，足羽紋，簋，西周
Ⅱ B，岐山董家村　　12 - 143，足羽紋，(2/3)，鼎，春秋Ⅰ，臺北，故宮博物院　　12 - 144，雙目足羽紋，(原寸)，壺，西周Ⅲ B，臺北，故宮博物院　　12 - 145，
雙目足羽紋，大型盉，西周Ⅲ，扶風劉家村　　12 - 146，雙目足羽紋，(1/2)，盆，春秋Ⅰ　　12 - 147，雙足羽紋，(2/3)，簋，西周Ⅲ A，MOA 美術館　　12 - 148，
雙足羽紋，鼎，西周Ⅲ A，扶風北橋

12 - 149

12 - 150

12 - 151

12 - 152

12－149，羽手紋，骨柶，殷後期Ⅱ，安陽侯家莊　　12－150，象羽手紋的圖像符號，（原寸）　12－151，象羽手紋的圖像符號，斝，Nelson-Atkins Museum of Art, Kansas City, Missouri　　12－152，與羽手紋相似的巴蜀文化符號

13 - 1

13 - 2

13 - 3

13 - 4

13 - 5

13 - 6

13 - 7

13 - 8

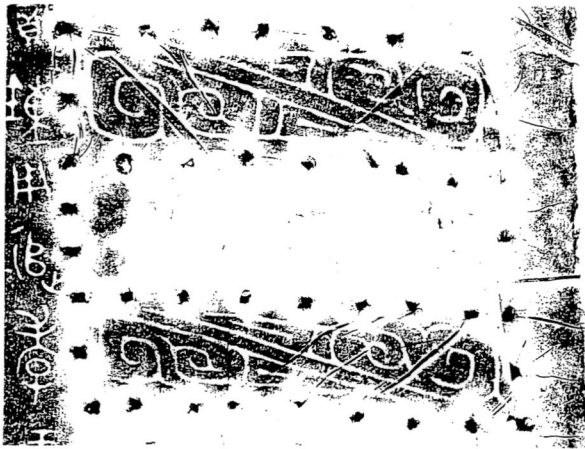

13 - 9

13 - 10

13-1，對向雙羽紋，盤，殷後期Ⅰ　　13-2，對向雙羽紋，簋，西周ⅡA，喀左山灣子　　13-3，對向雙羽紋，(1/2)，簋，西周ⅡB　　13-4，對向雙羽紋，(3/5)，盤，西周Ⅱ，Dr, Arthur M. Sackler Collection, New York　　13-5，對向雙羽紋，(3/5)，鐘，西周Ⅱ，泉屋博古館　　13-6，對向雙羽紋，壺，西周ⅢA，岐山董家村　13-7，對向雙羽紋，(1/2)，壺，西周ⅢB　　13-8，對向雙羽紋，(原寸)，盃，西周Ⅲ，東京國立博物館　　13-9，對向雙羽紋，(2/5)，盤，春秋Ⅰ　　13-10，對向雙羽紋，豆，春秋Ⅰ，三門峽市上村嶺

13 - 11

13 - 12

13 - 13

13 - 14

13 - 15

13-11，S形雙羽紋，(4/5)，鬲，春秋Ⅰ　　13-12，S形雙羽紋，鬲，春秋Ⅰ，三門峽市上村嶺　　13-13，S形雙羽紋，鼎，春秋Ⅰ，合肥　　13-14，S形雙羽紋，匜，西周Ⅲ，滕縣後荆溝　　13-15，S形雙羽紋，鼎，春秋Ⅰ

13 - 16

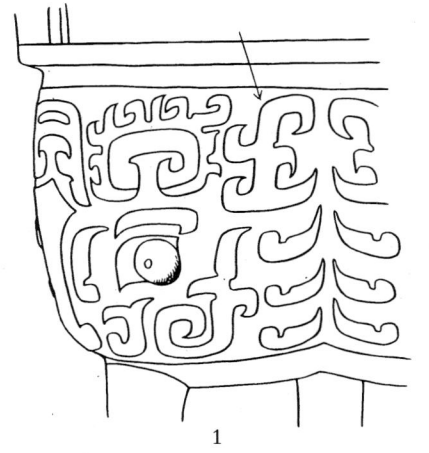

13 - 17

13 - 18

13 - 19

13 - 20

13-16，目于紋，截頭尊，殷中期，泉屋博古館，樋口隆康先生攝　　13-17，目于紋，(2/3)，瓿，殷後期Ⅰ，臺北，故宮博物院　　13-18，目于紋，(3/5)，鼎，西周ⅠB　　13-19，目于紋，(原寸)，簋，西周ⅡA，出光美術館　　13-20，目于紋相關圖像、文字

13 - 21

13 - 22

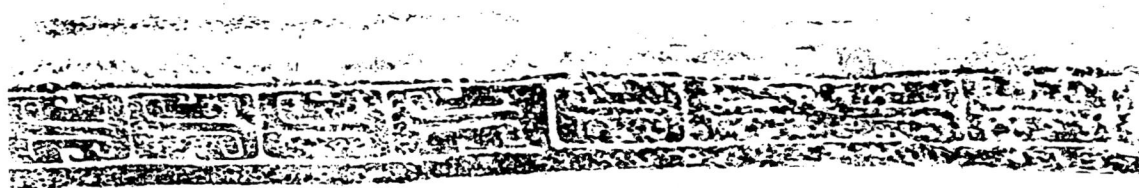

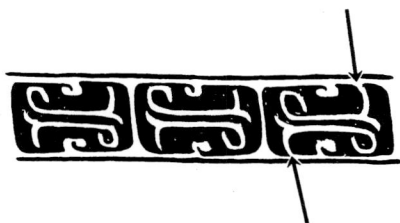

13 - 23

13 - 24

13 - 25

13-21，連于紋,（原寸），簋，殷後期Ⅰ　　13-22，連于紋,（原寸），壺，殷後期Ⅰ，出光美術館　　13-23，連于紋,（上原寸），鬲鼎，殷後期Ⅰ，Asian Art Museum of San Francisco, Avery Brundage Collection　　13-24，連于紋,（原寸），瓿，殷後期Ⅰ，臺北，故宮博物院　　13-25，連于紋,（4/5），鬲鼎，殷後期Ⅱ

13 - 26

13 - 27

13 - 28

13 - 26，目紋，(原寸)，爵，殷中期　　13 - 27，目紋，鼎，殷後期Ⅲ，扶風法門鎭　　13 - 28，目紋，簋，西周Ⅱ A，Museo Nazionale d'Arte Orientale

13 - 29

13 - 36

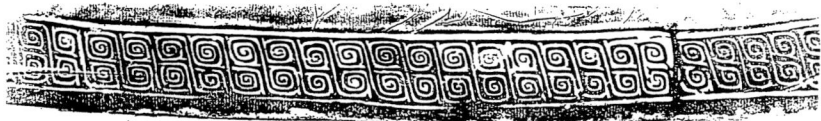

13 - 30

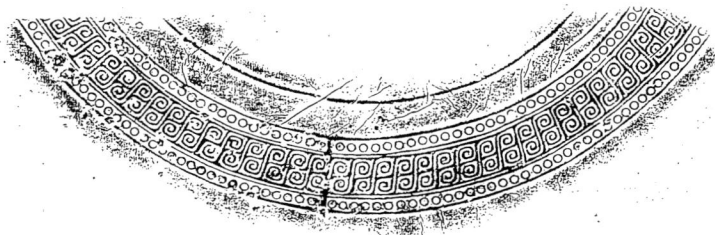

13 - 37

13 - 31

13 - 38

13 - 32

13 - 39

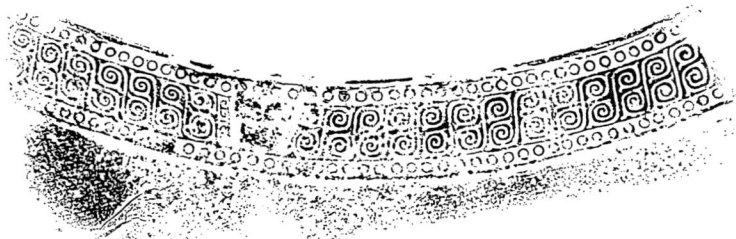

13 - 33

13 - 40

13 - 34

13 - 41

13 - 35

13‐29，叠并S形羽渦紋，(1/2)，壺，殷後期Ⅰ，Dr. Arthur M. Sackler Collection, New York　13‐30，叠并S形羽渦紋，(1/3)，瓿，殷後期Ⅰ　13‐31，叠并S形羽渦紋，(1/2)，禺鼎，殷後期Ⅰ，出光美術館　13‐32，叠并S形羽渦紋，(原寸)，罍，殷後期Ⅱ，黑川古文化研究所　13‐33，叠并S形羽渦紋，(1/2)，卣，殷後期，根津美術館　13‐34，叠并S形羽渦紋，(5/6)，觶，殷後期Ⅱ，上海博物館　13‐35，叠并S形羽渦紋，(4/5)，簋，殷後期ⅢB　13‐36，叠并S形羽渦紋，(原寸)，觶，殷後期Ⅲ，安陽殷墟西區　13‐37，叠并S形羽渦紋，(2/5)，罍，殷後期Ⅲ　13‐38，叠并S形羽渦紋，(1/2)，簋，西周ⅠA，臺北，故宮博物院　13‐39，叠并S形羽渦紋，卣，西周ⅠA，扶風召李村　13‐40，叠并S形羽渦紋，(2/5)，卣，西周ⅠA，天理参考館　13‐41，叠并S形羽渦紋，(2/5)，卣，西周ⅠA

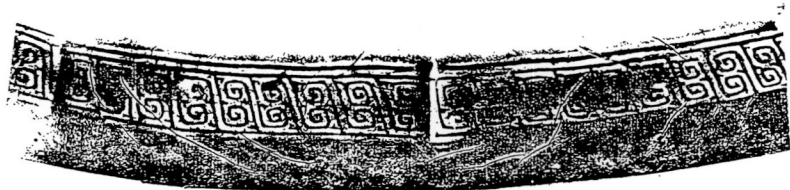

13 - 42

13 - 43

13-42，叠并S形羽渦紋，簋，西周ⅠB，濬縣辛村　　13-43，叠并S形羽渦紋，(原寸)，觶，西周ⅠB

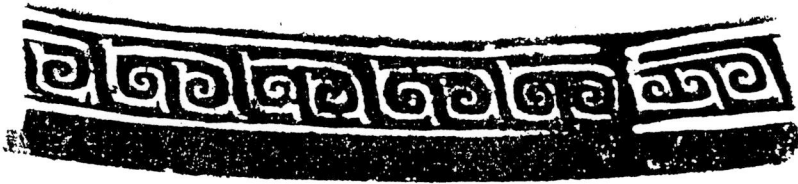

13-44

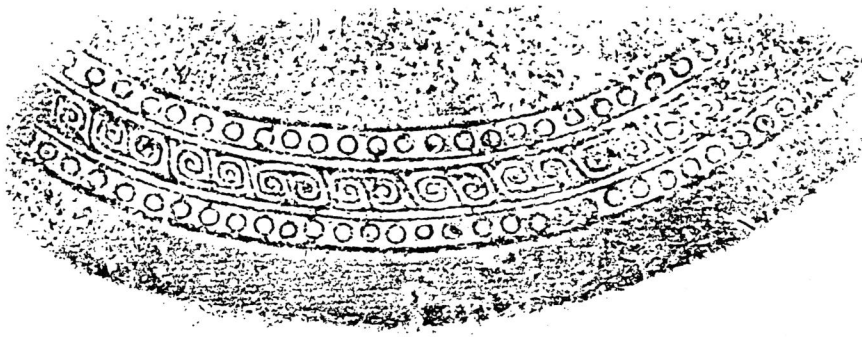

13-45

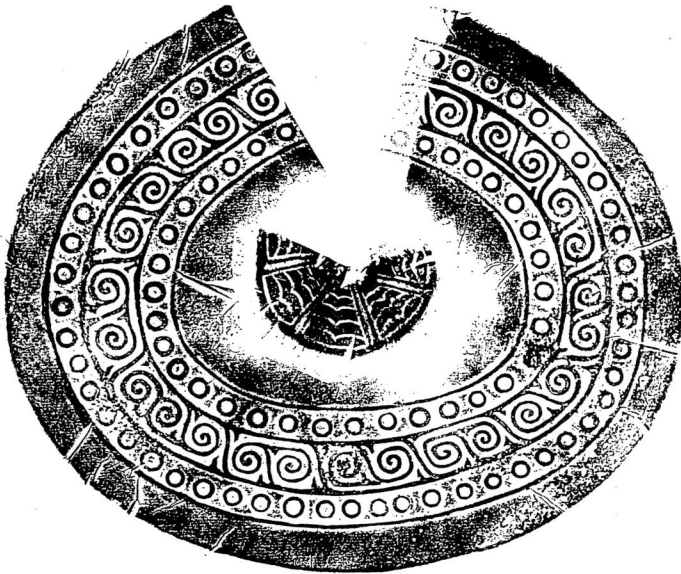

13-46

13-44，并列ワ形羽渦紋（細綫），（原寸），瓿，殷後期Ⅰ　　13-45，并列ワ形羽渦紋（細綫），（原寸），卣，殷後期Ⅱ，根津美術館　　13-46，并列ワ形羽渦紋（細綫），（1/2），卣，西周Ⅰ A，天理参考館

13 - 47

13 - 48

13 - 49

13 - 50

13 - 51

13 - 52

13 - 53

13 - 54

13 - 55

13 - 56

13-47，勾連ワ形羽渦紋（細綫），(2/3)，簋，殷後期Ⅰ　　13-48，勾連ワ形羽渦紋（細綫），(4/5)，觶，殷後期Ⅱ　　13-49，勾連ワ形羽渦紋（細綫），(4/5)，卣，殷後期Ⅱ　　13-50，勾連ワ形羽渦紋（細綫），卣，殷後期Ⅱ，羅山蟒張　　13-51，勾連ワ形羽渦紋（細綫），(1/2)，盉，殷後期Ⅱ，根津美術館　　13-52，勾連ワ形羽渦紋（細綫），(原寸)，觶，殷後期Ⅲ　　13-53，勾連ワ形羽渦紋（細綫），(原寸)，觶，西周ⅠB　　13-54，勾連ワ形羽渦紋（細綫），(3/5)，鬲鼎，西周ⅠB，出光美術館　　13-55，勾連ワ形羽渦紋（細綫），鼎，西周ⅡB，扶風強家村　　13-56，勾連ワ形羽渦紋（細綫），簋，西周ⅡA，寶雞茹家莊

13-57

13-62

13-58

13-63

13-64

13-59

13-65

13-60

13-66

13-61

13-57，尖葉形内、雙羽紋，爵，殷中期Ⅱ，安陽小屯　　13-58，尖葉形内、雙羽紋，（原寸），爵，殷後期Ⅰ，黑川古文化研究所　　13-59，尖葉形内、雙羽紋，鼎，殷後期Ⅰ，安陽小屯　　13-60，尖葉形内、雙羽紋，（2/3），爵，殷後期Ⅰ　　13-61，尖葉形内、雙羽紋，（4/5），壺，殷後期Ⅱ　　13-62，尖葉形内、雙羽紋，（2/3），卣，殷後期Ⅱ，根津美術館　　13-63，尖葉形内、雙羽紋，（原寸），觶，殷後期Ⅱ　　13-64，尖葉形内、雙羽紋，斝，殷後期Ⅱ　　13-65，尖葉形内、雙羽紋，（2/3），鼎，殷後期Ⅱ　　13-66，尖葉形内、雙羽紋，（2/3），斝，殷後期Ⅱ，St. Louis Art Museum

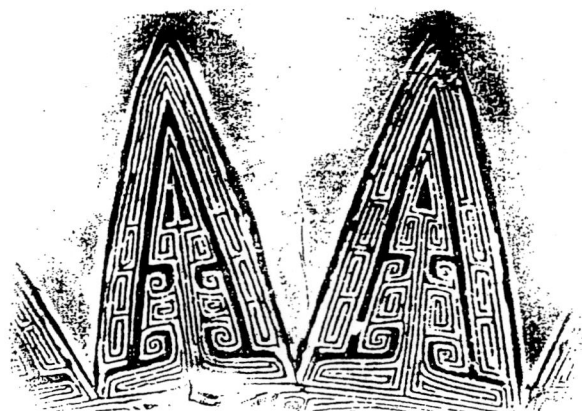

13-67

13-70

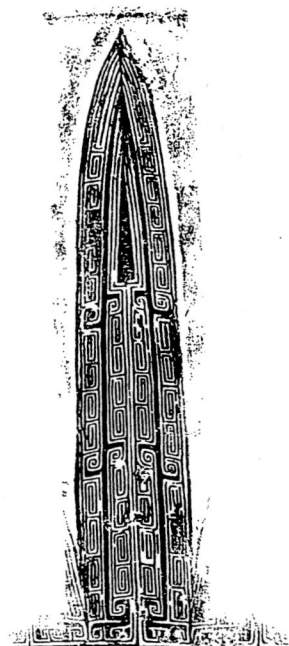

13-71

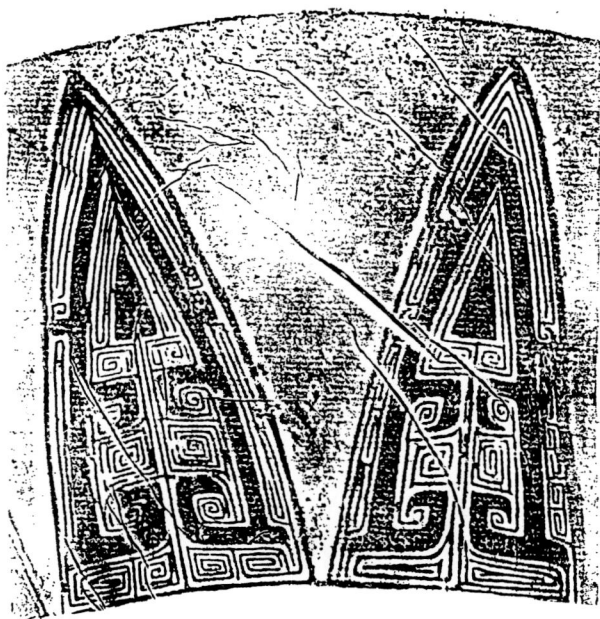

13-68

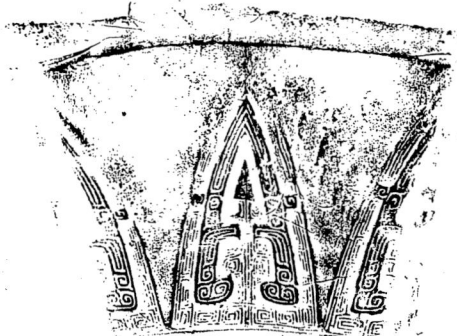

13-72

13-69

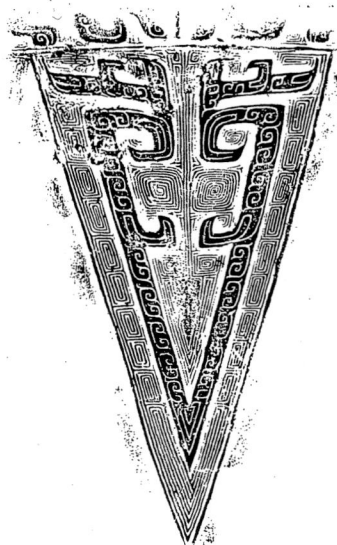

13-73

13-67，尖葉形内、雙羽紋，(4/5)，戈，殷後期Ⅱ　　13-68，尖葉形内、雙羽紋，(4/5)，有肩尊，殷後期Ⅱ，根津美術館　　13-69，尖葉形内、雙羽紋，(4/5)，戈，殷後期Ⅱ，藤井有鄰館　　13-70，尖葉形内、雙羽紋，(3/5)，瓿，殷後期Ⅱ，Dr. Arthur M. Sackler Collection, New York　　13-71，尖葉形内、雙羽紋，(3/5)，瓿，殷後期Ⅱ　　13-72，尖葉形内、雙羽紋，(2/5)，戈，殷後期Ⅱ　　13-73，尖葉形内、雙羽紋，(1/3)，罍，殷後期Ⅱ，根津美術館

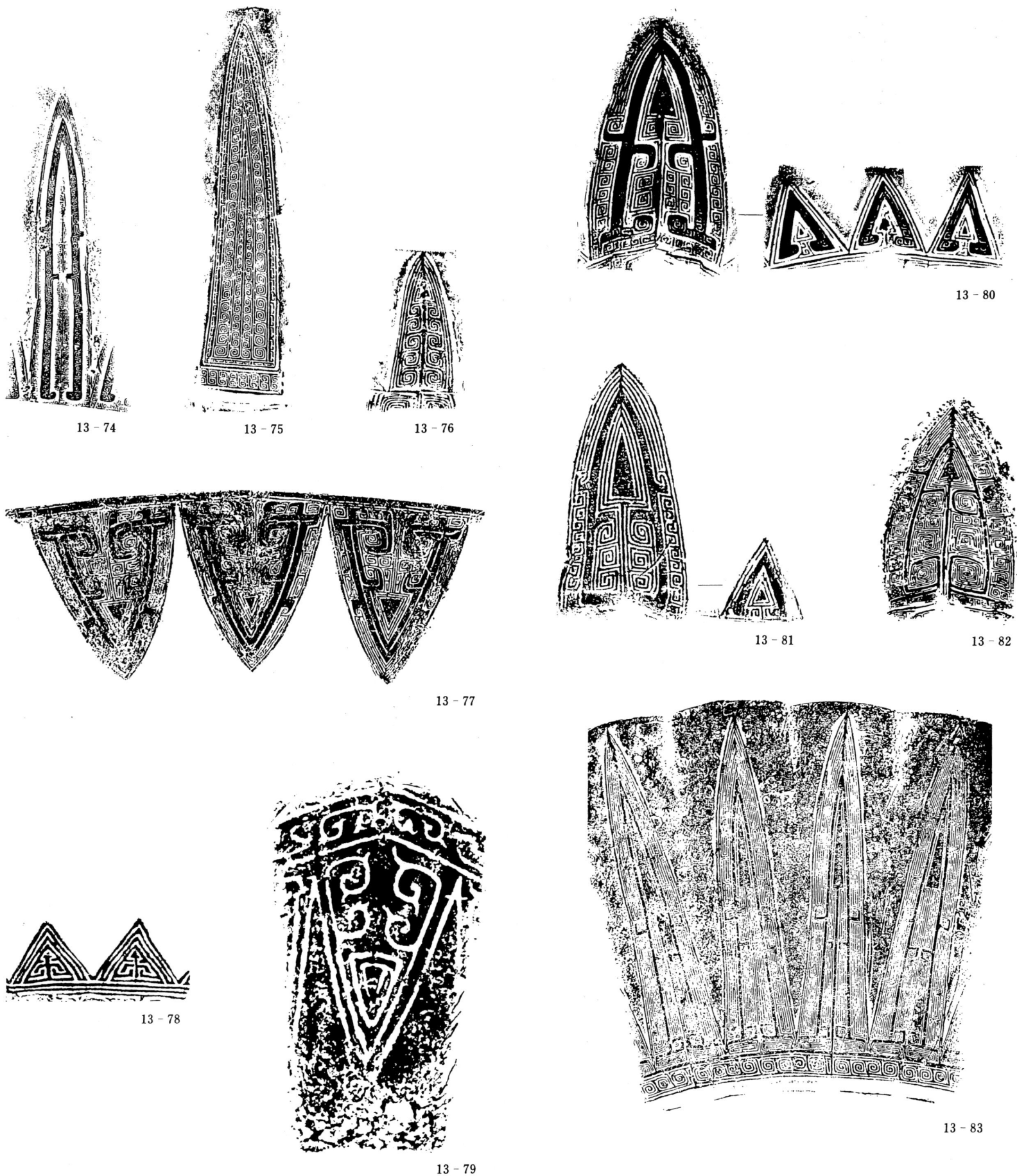

13 - 74

13 - 75

13 - 76

13 - 77

13 - 78

13 - 79

13 - 80

13 - 81

13 - 82

13 - 83

13-74，尖葉形内、雙羽紋，（1/2），觚，殷後期Ⅱ　　13-75，尖葉形内、雙羽紋，（1/2），觚，殷後期Ⅱ　　13-76，尖葉形内、雙羽紋，（1/2），爵，殷後期Ⅱ，Dr. Arthur M. Sackler Collection, New York　　13-77，尖葉形内、雙羽紋，汽柱甑形器，殷後期Ⅱ，安陽小屯　　13-78，尖葉形内、雙羽紋，（原寸），簋，殷後期Ⅲ，From: Eleanor von Konsten, *Chinese Bronzes from the Collection of Chester Dale and Dolly Carter*, no.75, with kind permission of *Artibus Asiae*　　13-79，尖葉形内、雙羽紋，（原寸），鼎，殷後期Ⅲ B　　13-80，尖葉形内、雙羽紋，（4/5），爵，殷後期Ⅲ　　13-81，尖葉形内、雙羽紋，（4/5），爵，殷後期Ⅲ，From: Eleanor von Konsten, *Chinese Bronzes from the Collection of Chester Dale and Dolly Carter*, no.6, with kind permission of *Artibus Asiae*　　13-82，尖葉形内、雙羽紋，爵，殷後期Ⅲ，安陽殷墟西區　　13-83，尖葉形内、雙羽紋，觚，殷後期Ⅲ，安陽侯家莊

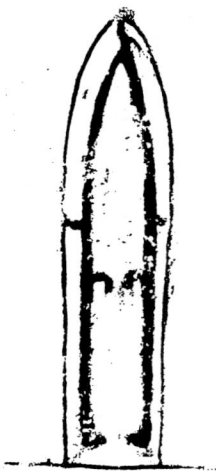

13 - 84

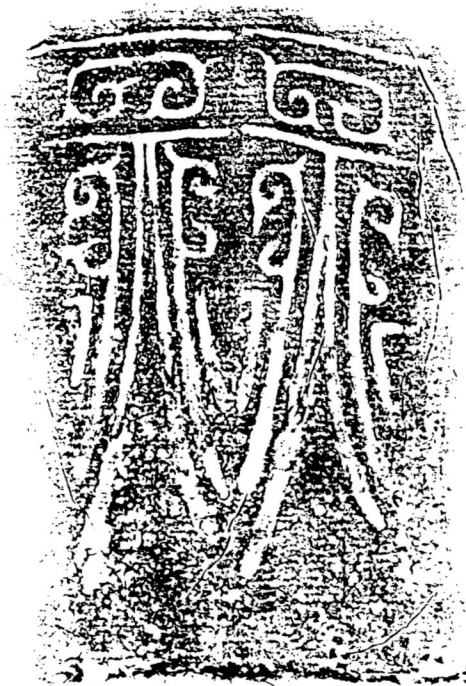

13 - 87

13 - 85

13 - 88

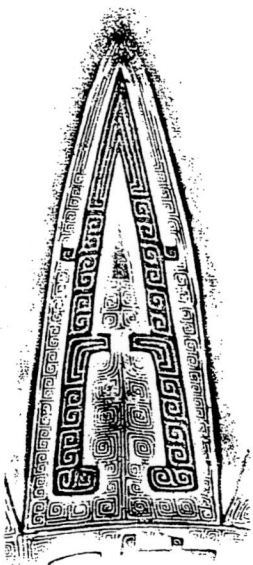

13 - 86

13 - 89

13-84，尖葉形内、雙羽紋，(3/5)，觚，殷後期ⅢA　　13-85，尖葉形内、雙羽紋，(3/5)，爵，殷後期Ⅲ　　13-86，尖葉形内、雙羽紋，(3/5)，有肩尊，殷後期Ⅲ
13-87，尖葉形内、雙羽紋，(原寸)，方鼎，西周ⅠA　　13-88，尖葉形内、雙羽紋，(3/5)，鼎，西周ⅠA，岡山美術館　　13-89，尖葉形内、雙羽紋，(3/5)，方鼎，西周ⅠB，臺北，故宮博物院

13 - 90

13 - 94

13 - 91

13 - 95

13 - 92

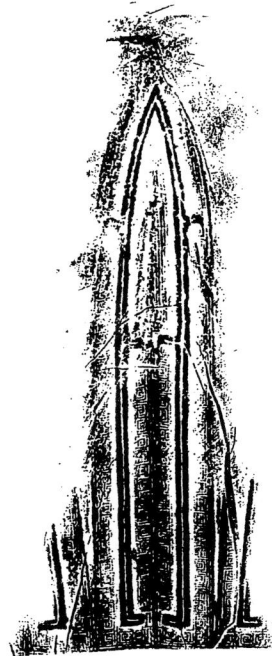

13 - 96

13 - 93

13 - 97

13-90，尖葉形内、雙羽紋，（原寸），爵，西周ⅠA　　13-91，尖葉形内、雙羽紋，（原寸），爵，西周ⅠA　　13-92，尖葉形内、雙羽紋，（3/5），觚，西周ⅠA
13-93，尖葉形内、雙羽紋，鼎，西周ⅠA，喀左北洞村　　13-94，尖葉形内、雙羽紋，卣，西周ⅠA，岐山賀家村　　13-95，尖葉形内、雙羽紋，（原寸），鼎，
西周ⅠA，Dr. Arthur M. Sackler Collection, New York　　13-96，尖葉形内、雙羽紋，（1/2），觚，西周ⅠA　　13-97，尖葉形内、雙羽紋，（1/2），盉，西周Ⅱ

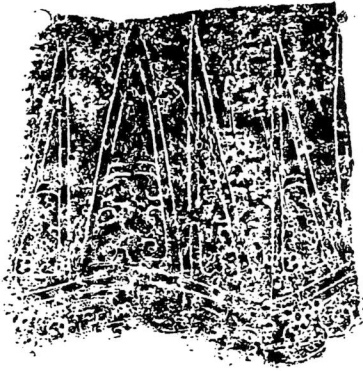

13-98

13-99

13-100

13-101

13-102

13-103

13-104

13-105

13-106

13-107

13-98，尖葉形内、雙羽紋，盂，西周Ⅱ，長安普渡村　　13-99，尖葉形内、雙羽紋，角，西周Ⅱ　　13-100，尖葉形内、雙羽紋，(3/5)，觶，西周Ⅱ，上海博物館　　13-101，尖葉形内、雙羽紋，(1/2)，壺，西周Ⅱ，根津美術館　　13-102，尖葉形内、雙羽紋，罍，西周Ⅱ，長安普渡村　　13-103，尖葉形内、雙羽紋，大型盂，西周Ⅱ，北京，故宮博物院　　13-104，尖葉形内、雙羽紋，觶形尊，西周ⅡB，白鶴美術館　　13-105，尖葉形内、雙羽紋，壺，西周ⅢA，寶雞西高泉村　　13-106，尖葉形内、雙羽紋，壺，西周ⅢB　　13-107，尖葉形内、雙羽紋，觶，西周ⅢA，扶風莊白

13－108

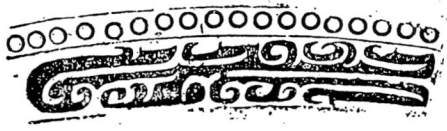

13－109

13－110

13－111

13－108，不定形羽紋，斝，殷中期，鄭州白家莊　　13－109，不定形羽紋，斝，殷中期，輝縣琉璃閣　　13－110，不定形羽紋，罍，殷中期，黃陂盤龍城　　13－111，不定形羽紋，斝，殷中期，黃陂盤龍城

13 - 112

13 - 113

13 - 114

13 - 112，并列ワ形羽渦紋（寬體），（原寸），簋，西周Ⅱ〜Ⅲ　　13 - 113，并列ワ形羽渦紋（寬體），（原寸），壺，西周Ⅱ，臺北，故宮博物院　　13 - 114，并列ワ形羽渦紋（寬體），（原寸），罍，西周Ⅲ，上海博物館

13 - 115

13 - 121

13 - 116

13 - 117

13 - 122

13 - 118

13 - 119

13 - 123

13 - 120

13－115，勾連ワ形羽渦紋（寛體），（3/5），盤，西周Ⅲ A　　13－116，勾連ワ形羽渦紋（寛體），（2/3），鼎，西周Ⅲ B　　13－117，勾連ワ形羽渦紋（寛體），簋，西周Ⅲ B，滕縣後荆溝　　13－118，勾連ワ形羽渦紋（寛體），（3/5），盉，西周Ⅲ，東京國立博物館　　13－119，勾連ワ形羽渦紋（寛體），（1/2），盉，西周Ⅲ，東京國立博物館　　13－120，勾連ワ形羽渦紋（寛體），（2/3），簋，春秋Ⅰ　　13－121，勾連ワ形羽渦紋（寛體），簋，春秋Ⅰ，Museum of Asiatic Art, State Museum, Amsterdam　　13－122，勾連ワ形羽渦紋（寛體），（1/2），盆，春秋Ⅰ　　13－123，勾連ワ形羽渦紋（寛體），簋，春秋Ⅰ，隨縣河店公社

13 - 124

13 - 125

13 - 126

13 - 124，勾連ワ形羽渦紋（寬體），(1/2)，簋，西周ⅡB　　13 - 125，勾連ワ形羽渦紋（寬體），(1/2)，簋，西周ⅡB　　13 - 126，勾連ワ形羽渦紋（寬體），(1/2)，鼎，春秋Ⅰ

13 - 127

13 - 128

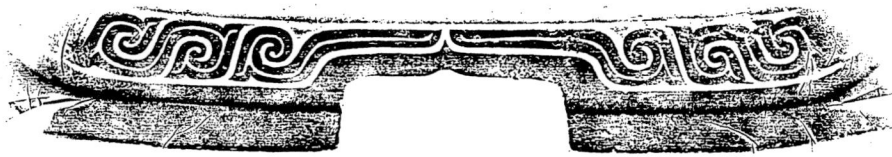

13 - 129

13 - 130

13 - 131

13 - 132

13 - 127，并列 S 形羽渦紋，簋，西周 Ⅲ A，武功蘇坊公社　　13 - 128，并列 S 形羽渦紋，(2/3)，鐘，西周 Ⅲ B，藤井有鄰館　　13 - 129，并列 S 形羽渦紋，(1/2)，盨，西周 Ⅲ B　　13 - 130，并列 S 形羽渦紋，(1/2)，盉，春秋 Ⅰ　　13 - 131，并列 S 形羽渦紋，鼎，西周 Ⅱ B　　13 - 132，并列 S 形羽渦紋，簋，西周 Ⅲ

13 - 133

13 - 134

13 - 133，勾連 S 形羽渦紋，（原寸），盤，西周 II，Dr. Arthur M. Sackler Collection, New York　13 - 134，勾連 S 形羽渦紋，匜，春秋 I，鄒縣七家峪

13－135

13－136

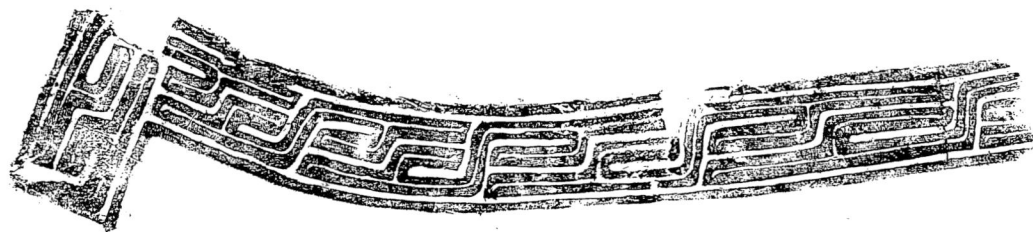

13－137

13－138

13－135，雙 Y 形羽渦紋，(1/2)，簠，西周Ⅲ　　13－136，雙 Y 形羽渦紋，簠，西周Ⅲ，滕縣後荊溝　　13－137，雙 Y 形羽渦紋，(2/5)，匜，春秋Ⅰ　　13－138，雙 Y 形羽渦紋，(原寸)，簠，春秋Ⅰ

13 - 139

13 - 143

13 - 140

13 - 144

13 - 141

13 - 145

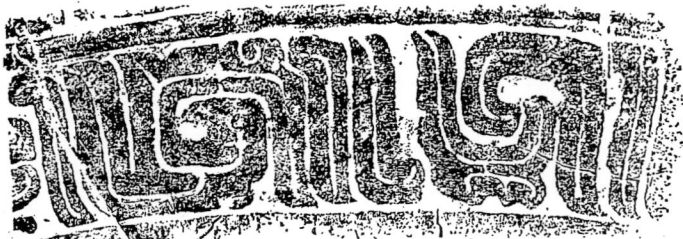

13 - 142

13 - 146

13 - 139，其他羽渦紋，簋，西周Ⅲ A，扶風法門公社　　13 - 140，其他羽渦紋，(3/5)，盤，西周Ⅲ B　　13 - 141，其他羽渦紋，(4/5)，方匜，西周Ⅲ，藤井有鄰館
13 - 142，其他羽渦紋，鼎，春秋Ⅰ，三門峽市上村嶺　　13 - 143，其他羽渦紋，(4/5)，盉，特定地域型，繁昌環城公社　　13 - 144，其他羽渦紋，鬲，春秋Ⅰ
13 - 145，其他羽渦紋，(4/5)，鬲，春秋Ⅰ　　13 - 146，其他羽渦紋，瓠形尊，春秋Ⅰ，The Museum of Far Eastern Antiquities

13 - 147

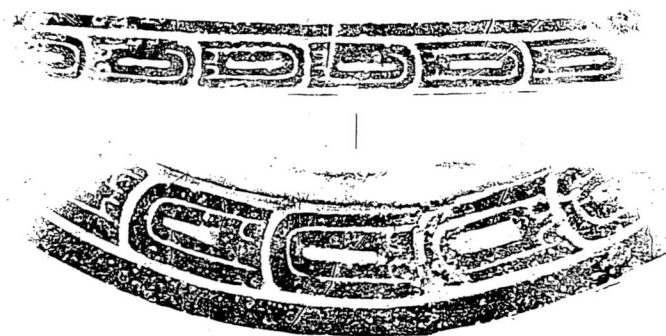

13 - 154

13 - 148

13 - 155

13 - 149

13 - 156

13 - 150

13 - 157

13 - 151

13 - 152

13 - 152

13 - 153

13 - 158

13-147，單純并列鱗紋，（原寸），壺，西周Ⅱ，臺北，故宮博物院　　13-148，單純并列鱗紋，（2/5），盨，西周ⅢA　　13-149，單純并列鱗紋，鼎，西周ⅢA，扶風黃堆公社　　13-150，單純并列鱗紋，（2/5），匜，西周ⅢA　　13-151，單純并列鱗紋，（1/2），簋，西周ⅢA，Nelson-Atkins Museum of Art, Kansas City, Missouri
13-152，單純并列鱗紋，簋，西周ⅢA　　13-153，單純并列鱗紋，（原寸），簋，西周ⅢB，臺北，故宮博物院　　13-154，單純并列鱗紋，（1/2），壺，春秋Ⅰ
13-155，單純并列鱗紋，（1/2），盤，西周ⅢA　　13-156，單純并列鱗紋，（3/5），簋，西周ⅢA　　13-157，單純并列鱗紋，（3/5），簋，西周ⅢB　　13-158，單純并列鱗紋，（3/5），壺，西周Ⅲ

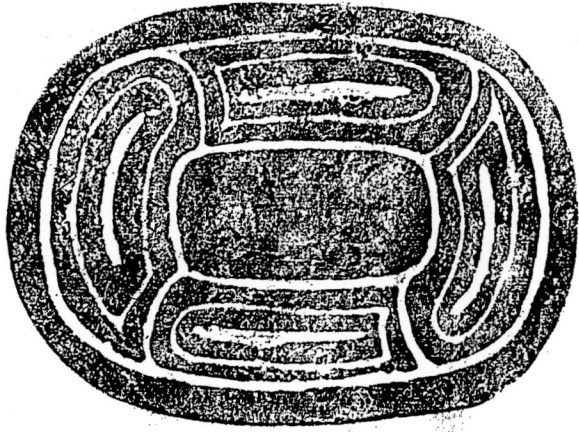

13 - 159

13 - 165

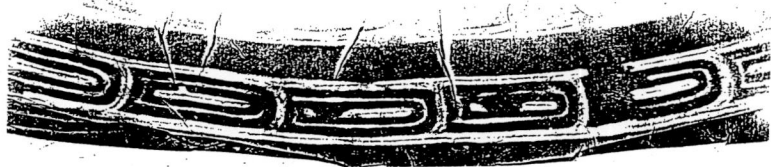

13 - 160

13 - 166

13 - 161

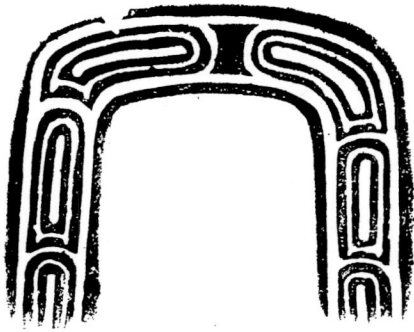

13 - 162

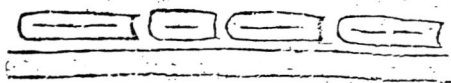

13 - 163

13 - 164

13 - 159，單純并列鱗紋，(2/3)，盂，春秋Ⅰ   13 - 160，單純并列鱗紋，(3/5)，罍，特定地域型   13 - 161，單純并列鱗紋，鼎，西周Ⅲ A，武功南仁公社

13 - 162，單純并列鱗紋，(3/5)，盤，西周Ⅲ B   13 - 163，單純并列鱗紋，鼎，西周Ⅲ B，扶風法門公社   13 - 164，單純并列鱗紋，簋，西周Ⅲ A，岐山董家村

13 - 165，單純并列鱗紋，(2/5)，簋，西周Ⅲ A   13 - 166，單純并列鱗紋，(2/5)，罍，西周Ⅲ，上海博物館

13 - 167

13 - 168

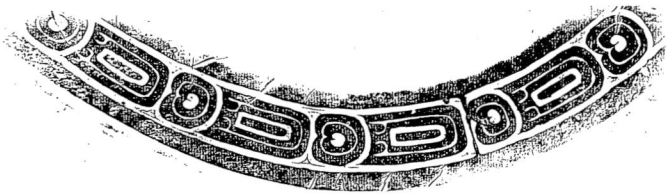

13 - 169

13 - 170

13 - 171

13 - 172

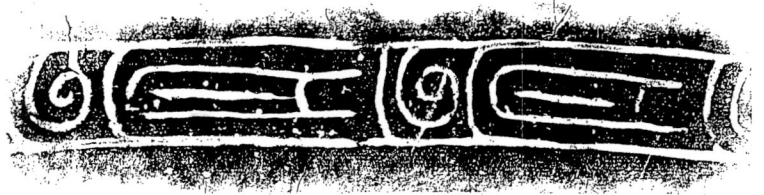

13 - 173

13 - 174

13 - 175

13 - 176

13 - 177

13 - 178

13 - 179

13-167，長短互列鱗紋，(3/5)，盤，西周Ⅲ A，長安張家坡　　13-168，長短互列鱗紋，(1/3)，簋，西周Ⅲ B　　13-169，長短互列鱗紋，匜，春秋Ⅰ，隨縣安居公社　　13-170，長短互列鱗紋，(2/3)，鼎，春秋Ⅰ，臺北，故宮博物院　　13-171，長短互列鱗紋，盂，西周Ⅱ B，岐山董家村　　13-172，長短互列鱗紋，盨，西周Ⅲ B，扶風雲塘　　13-173，長短互列鱗紋，(2/5)，鼎，西周Ⅲ B，黑川古文化研究所　　13-174，長短互列鱗紋，壺，春秋Ⅰ，三門峽市上村嶺　　13-175，長短互列鱗紋，(2/5)，鼎，春秋Ⅰ　　13-176，長短互列鱗紋，(2/5)，鼎，春秋Ⅰ　　13-177，長短互列鱗紋，(3/5)，盤，西周Ⅲ A，臺北，故宮博物院　　13-178，長短互列鱗紋，(原寸)，豆，大約西周Ⅲ，岐山董家村　　13-179，長短互列鱗紋，鼎，西周Ⅲ B，臺北，故宮博物院

13-180

13-184

13-181

13-185

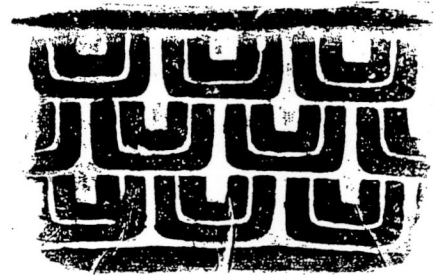

13-186

13-182

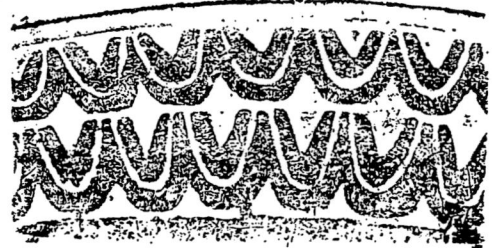

13-187

13-183

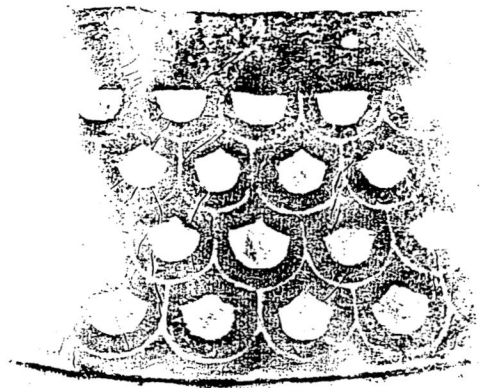

13-188

13-180，重叠鱗紋，罍，西周Ⅲ　　13-181，重叠鱗紋，(1/2)，方匜，西周Ⅲ，藤井有鄰館　　13-182，重叠鱗紋，方鼎，大約西周Ⅲ，扶風法門公社　　13-183，重叠鱗紋，鼎，春秋Ⅰ，隨縣安居公社　　13-184，重叠鱗紋，簋，春秋Ⅰ，臺北，故宮博物院　　13-185，重叠鱗紋，鼎，春秋Ⅰ，黃縣南埠村　　13-186，重叠鱗紋，(3/5)，鼎，春秋Ⅰ　　13-187，重叠鱗紋，鼎，春秋Ⅰ，三門峽市上村嶺　　13-188，重叠鱗紋，(2/3)，壺，西周ⅡA，Asian Art Museum of San Francisco, Avery Brundage Collection

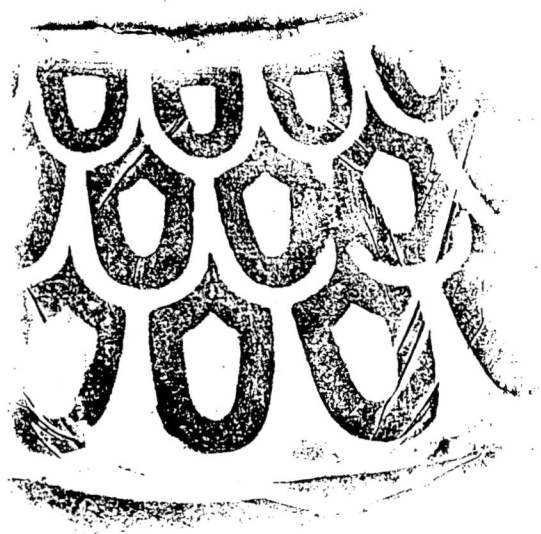

13 - 189

13 - 190

13-189，重叠鳞纹，(原寸)，豆，大約西周Ⅲ　　13-190，重叠鳞纹，壶，西周Ⅱ B，扶風莊白

13 - 191

13 - 197

13 - 192

13 - 198

13 - 193

13 - 199

13 - 194

13 - 200

13 - 201

13 - 195

13 - 196

13-191，垂鱗紋，豆，西周Ⅲ，扶風召陳　　13-192，垂鱗紋，(3/5)，盤，西周Ⅲ A　　13-193，垂鱗紋，(4/5)，壺，西周Ⅲ B，臺北，故宮博物院　　13-194，垂鱗紋，(4/5)，壺，西周Ⅲ B　　13-195，垂鱗紋，簠，西周Ⅲ　　13-196，垂鱗紋，(原寸)，簋，西周Ⅲ B　　13-197，垂鱗紋，簋，春秋Ⅰ，臺北，故宮博物院　　13-198，垂鱗紋，盤，春秋Ⅰ，桐柏月河公社　　13-199，垂鱗紋，簋，春秋Ⅰ，隨縣河店公社　　13-200，垂鱗紋，鼎，春秋Ⅰ，三門峽市上村嶺　　13-201，垂鱗紋，盤，春秋Ⅰ，上海博物館

13 - 202

13 - 203

13 - 204

13 - 205

13-202，附帶三角形鱗紋，(1/2)，鳥形尊，西周Ⅱ，寶雞茹家莊　　13-203，附帶三角形鱗紋，瓚，西周Ⅲ B，扶風雲塘　　13-204，附帶三角形鱗紋，簋，西周Ⅲ，武功蘇坊公社　　13-205，附帶三角形鱗紋，橢，春秋Ⅰ，郟縣七家峪

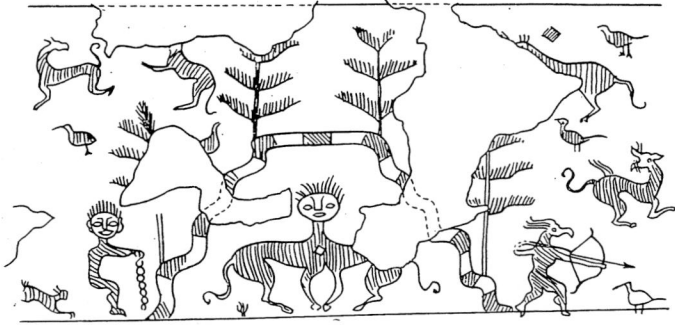

13-206

13-211

13-207

13-212

13-208

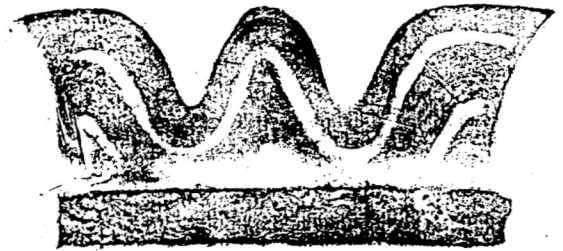

13-213

13-209

13-214

13-210

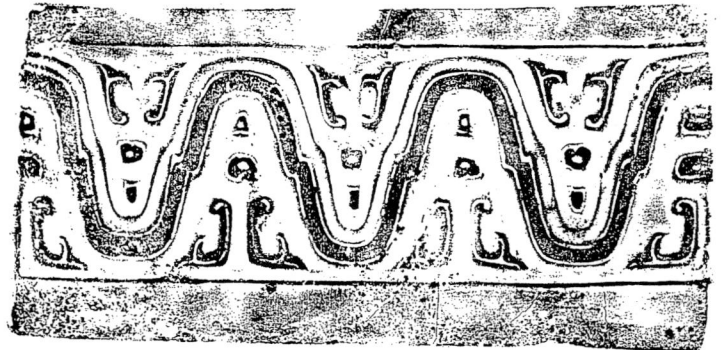

13-215

13-206, 山紋, 銅盒, 戰國, 輝縣琉璃閣　　13-207, 山紋, 塼, 前漢　　13-208, 山紋, 卣, 西周Ⅱ B, 黃縣歸城小劉莊　　13-209, 山紋,(1/3), 壺, 西周Ⅱ　　13-210, 山紋,(1/2), 壺, 西周Ⅱ, Dr. Arthur M. Sackler Collection, New York　　13-211, 山紋,(2/5), 壺, 西周Ⅱ, 臺北, 故宮博物院　　13-212, 山紋, 簋, 西周Ⅱ B, 藤井有鄰館　　13-213, 山紋,(原寸), 壺, 西周Ⅲ　　13-214, 山紋,(4/5), 瑥, 西周Ⅲ A　　13-215, 山紋,(2/5), 簋, 西周Ⅲ A, MOA 美術館

13 - 216

13 - 217

13 - 218

13 - 219

13 - 220

13 - 221

13 - 222

13 - 223

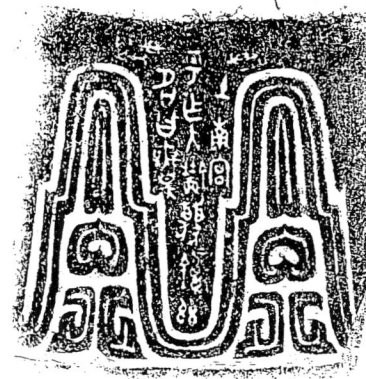

13 - 224

13-216，山紋，(1/2)，壺，西周Ⅲ B，臺北，故宮博物院　　13-217，山紋，(2/5)，鬲，西周Ⅲ　　13-218，山紋，(2/5)，簋，西周Ⅲ　　13-219，山紋，(1/3)，鼎，西周Ⅲ B，藤井有鄰館　　13-220，山紋，(2/5)，鼎，西周Ⅲ B，上海博物館　　13-221，山紋，(2/5)，鬲，西周Ⅲ　　13-222，山紋，壺，西周Ⅲ　　13-223，山紋，壺，西周Ⅲ B，Asian Art Museum of San Francisco, Avery Brundage Collection，樋口隆康先生攝　　13-224，山紋，(2/5)，鐘，西周Ⅲ，扶風豹子溝

13 - 226

13 - 227

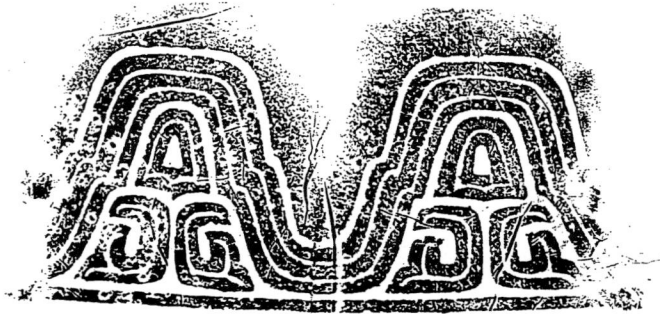

13 - 228

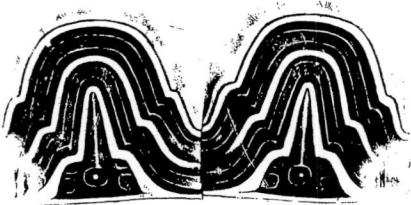

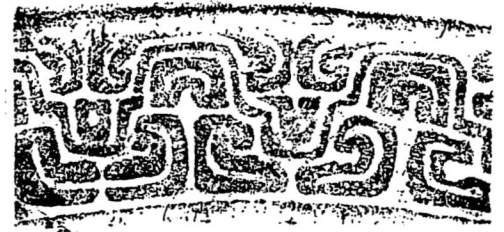

13 - 229

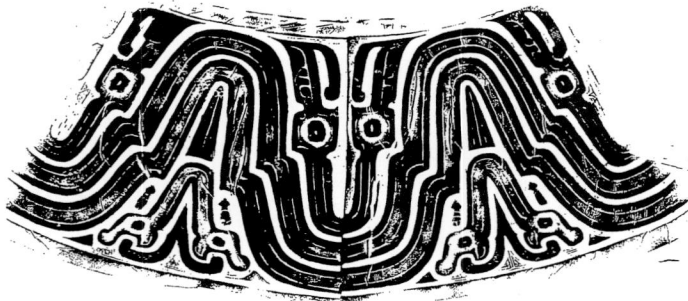

13 - 225

13-225，山紋，(拓本1/4)，壺，西周ⅢB　　13-226，山紋，(1/2)，鼎，大約西周Ⅲ　　13-227，山紋，罍，春秋Ⅰ，桐柏月河公社　　13-228，山紋，(1/2)，壺，春秋Ⅰ　　13-229，山紋，鼎，春秋Ⅰ，三門峽市上村嶺

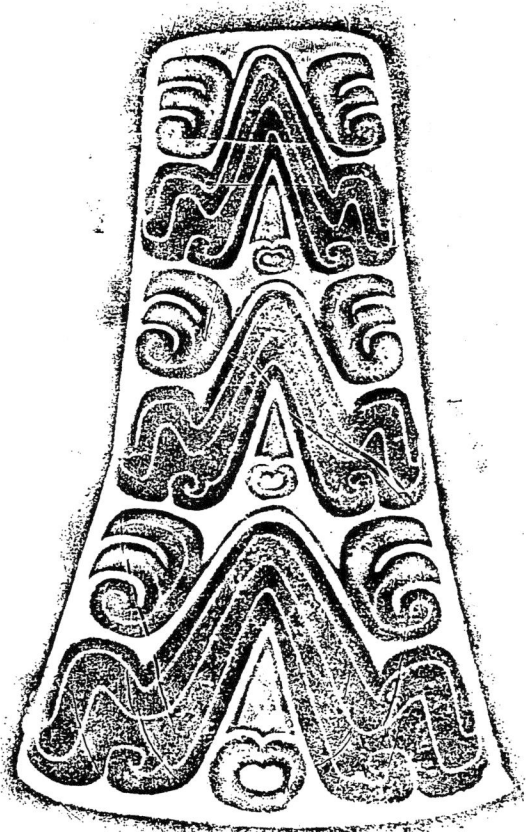

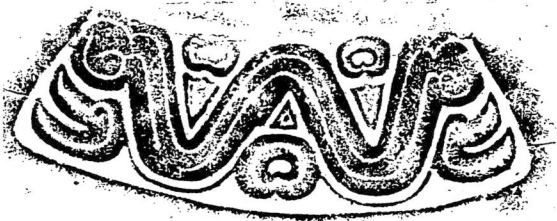

13 - 230

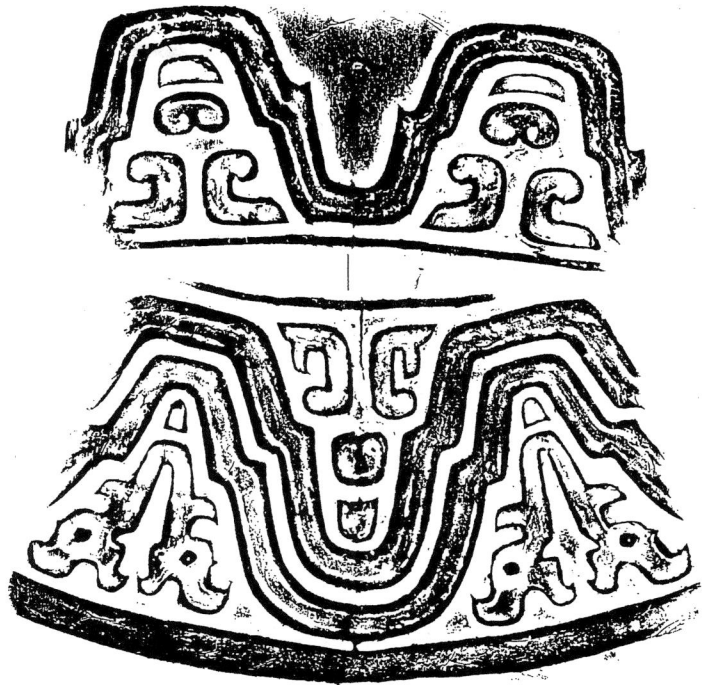

13 - 231

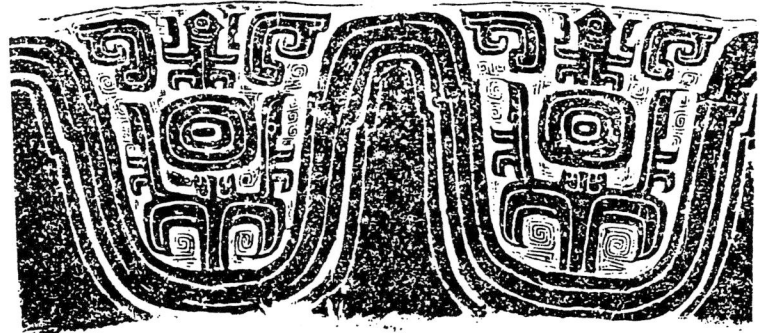

13 - 232

13 - 233

13-230，山紋，(3/5)，壺，春秋Ⅰ，永青文庫　　13-231，山紋，(3/5)，壺，西周ⅢB，臺北，故宮博物院　　13-232，山紋，大型盉，西周Ⅲ，扶風黄甫公社劉家村　　13-233，山紋，(1/2)，壺，西周ⅢB，Art Institute of Chicago, Lucy Maud Buckingham Collection of Archaic Chinese Bronzes

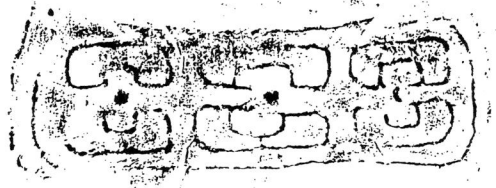

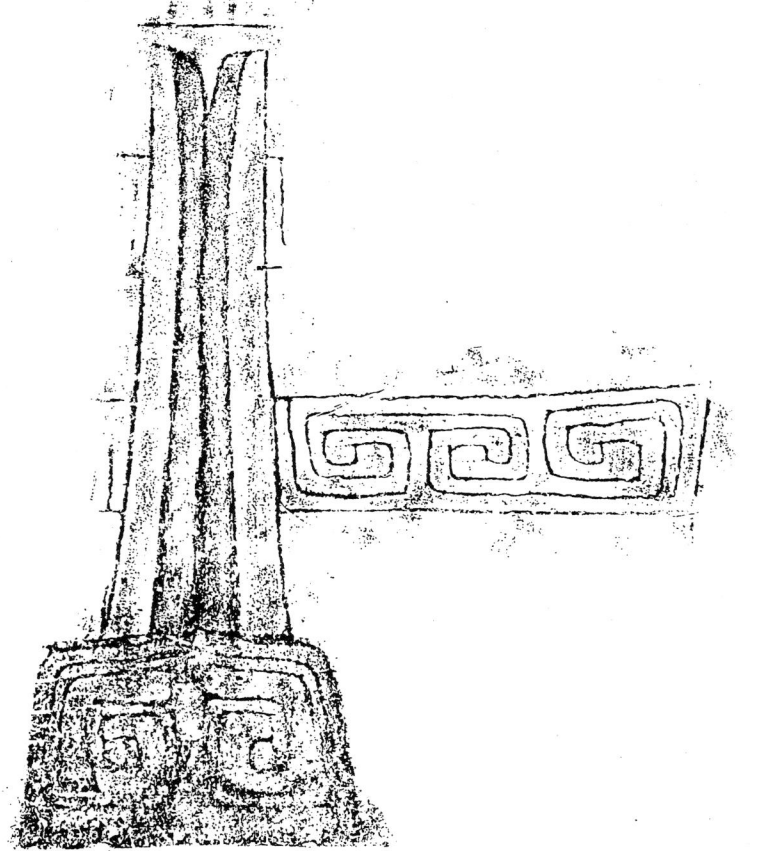

13－234

13－236

13－235

13－237

13－234，鐘的羽渦紋，鐘，特定地域型　　13－235，鐘的羽渦紋，鐘，特定地域型　　13－236，鐘的羽渦紋，（3/5），鐘，特定地域型　　13－237，鐘的羽渦紋，
（2/3），鐘，西周Ⅱ，Dr. Arthur M. Sackler Collection, New York

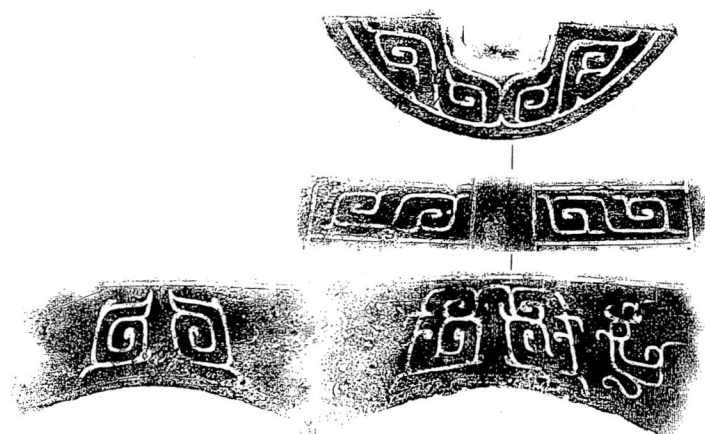

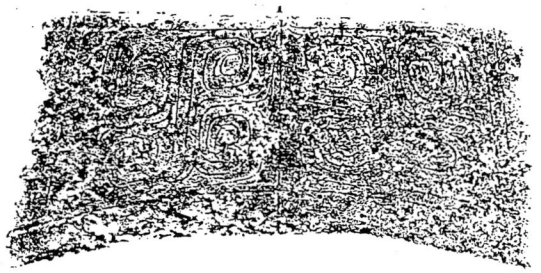

13－238

13－239

13－240

13－241

13－242

13－238，鐘的羽渦紋，鐘，西周Ⅱ，長安普渡村　　13－239，鐘的羽渦紋，鐘，西周Ⅱ，扶風北橋　　13－240，鐘的羽渦紋，(1/3)，鐘，西周Ⅱ　　13－241，鐘的羽渦紋，鐘，西周Ⅲ，扶風强家村　　13－242，鐘的羽渦紋，鐘，西周Ⅲ，臺北，故宮博物院

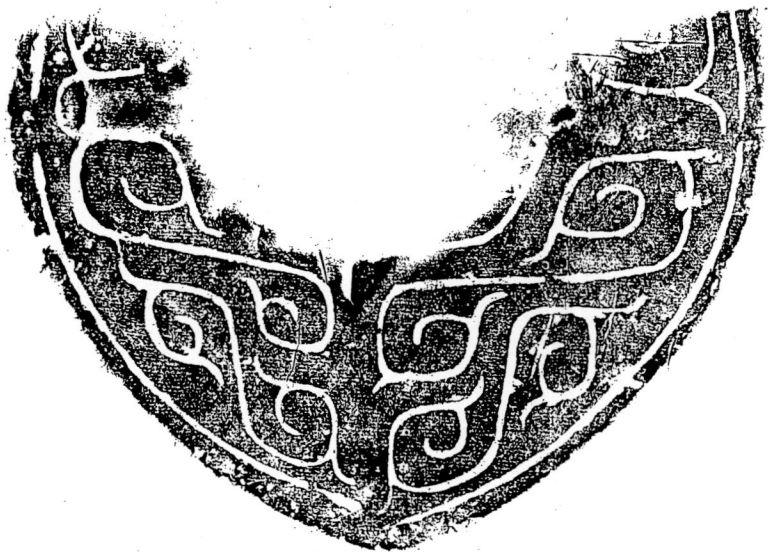

13 - 243

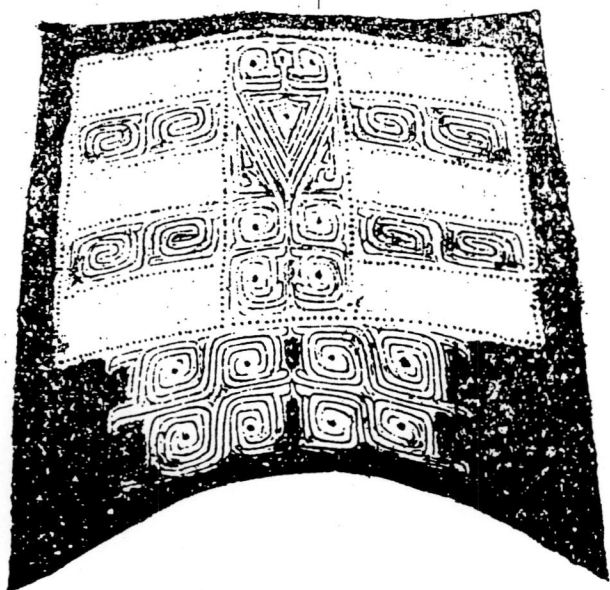

13 - 244

13 - 243，鐘的羽渦紋，（3/5），鐘，西周Ⅲ，泉屋博古館　　13 - 244，鐘的羽渦紋，鐘，春秋Ⅰ，扶風任家村

14 - 1

14 - 2

14 - 3

14 - 4

14 - 5

14 - 6

14 - 7

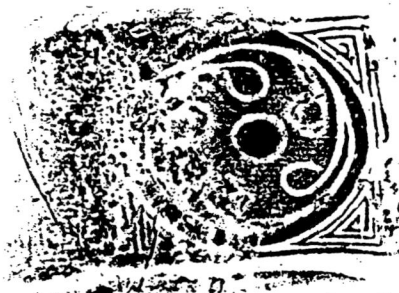

14 - 8

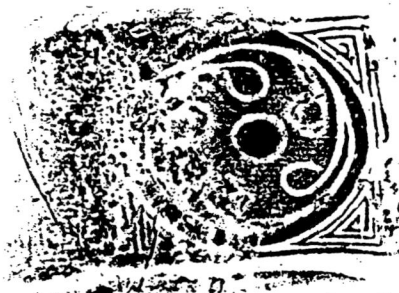

14 - 9

14 - 10

14 - 11

14-1，囧紋，陶器，殷中期，鄭州二里岡　　14-2，囧紋，截頭尊，殷中期，鄭州白家莊　　14-3，囧紋，陶器，殷後期，安陽小屯　　14-4，囧紋，戈，殷後期
14-5，金文“明”字,（原寸）　　14-6，囧紋形玉器，旅大市，營城子四平山，小珠山中層文化　　14-7，囧紋，斝，殷中期，黃陂盤龍城　　14-8，囧紋，斝，殷
中期　　14-9，囧紋,（原寸），爵，殷後期Ⅰ，黑川古文化研究所　　14-10，囧紋,（原寸），鼎，殷後期Ⅰ　　14-11，囧紋，觶，殷後期Ⅱ，上海博物館

14 - 12

14 - 13

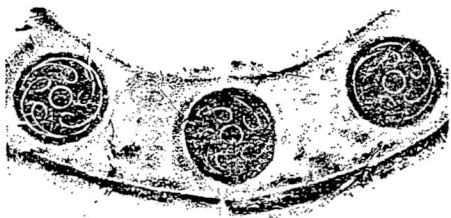

14 - 14

14 - 15

14 - 16

14 - 17

14 - 18

14 - 19

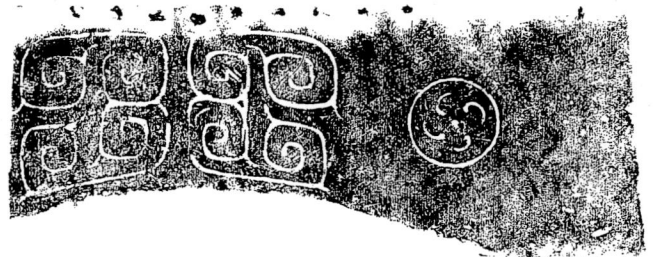

14 - 20

14 - 21

14 - 22

14-12，囧紋，小型盉，殷後期Ⅲ　　14-13，囧紋，鼎，西周ⅠA，濬縣辛村　　14-14，囧紋，罍，西周ⅠB，喀左山灣子　　14-15，囧紋，卣，西周ⅡB，扶風召李村　　14-16，囧紋，罍，西周Ⅱ，扶風莊白　　14-17，囧紋，盤，殷中期，平谷南獨樂河　　14-18，囧紋，駒尊，西周Ⅱ，郿縣李村　　14-19，囧紋，方彝，西周Ⅱ，郿縣李村　　14-20，囧紋，(2/5)，鐘，西周Ⅱ，泉屋博古館　　14-21，囧紋，盉，春秋Ⅰ，臨潼零口公社　　14-22，囧紋，(1/2)，簋，西周Ⅲ，武功楊陵公社

14 - 23

14 - 30

14 - 24

14 - 31

14 - 25

14 - 26

14 - 32

14 - 27

14 - 28

14 - 33

14 - 29

14 - 34

14 - 23，囧紋，(4/5)，壺，殷後期Ⅲ　　14 - 24，囧紋，(1/2)，簋，西周Ⅰ A，Dr. Arthur M. Sackler Collection, New York　　14 - 25，囧紋，簋，西周Ⅰ B，喀左山灣子　　14 - 26，囧紋，簋，西周Ⅰ B，喀左山灣子　　14 - 27，囧紋，(1/2)，簋，西周Ⅰ B，臺北，故宮博物院　　14 - 28，囧紋，(3/5)，鼎，西周Ⅱ A　　14 - 29，囧紋，(2/5)，簋，西周Ⅲ A，岡山美術館　　14 - 30，囧紋，(原寸)，鼎，殷後期Ⅱ，Dr. Arthur M. Sackler Collection, New York　　14 - 31，囧紋，罍，西周Ⅱ，長安普渡村　　14 - 32，囧紋，(3/5)，豆，大約西周Ⅱ　　14 - 33，囧紋，(4/5)，斝，殷中期Ⅱ，黑川古文化研究所　　14 - 34，囧紋，(4/5)，斝，殷中期Ⅱ，安陽小屯

14 - 35

14 - 38

14 - 39

14 - 36

14 - 40

14 - 37

14 - 41

14-35, 囧紋,(4/5), 卣, 殷後期Ⅰ, 安陽小屯   14-36, 囧紋,(4/5), 卣, 殷後期Ⅱ   14-37, 囧紋,(4/5), 卣, 殷後期Ⅱ   14-38, 囧紋, 爵, 西周ⅠA, 濬縣辛村   14-39, 囧紋, 鼎, 殷後期Ⅱ, 安陽小屯   14-40, 囧紋,(原寸), 骨柶, 殷後期Ⅱ, 安陽侯家莊   14-41, 囧紋,(4/5), 扁足鼎, 殷後期Ⅰ, 藤井有鄰館

14 - 42

14 - 43

14 - 44

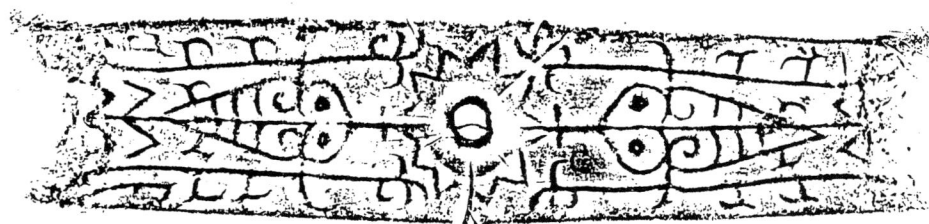

14 - 45

14 - 46

14 - 47

14-42，窠紋，車飾，殷後期　　14-43，窠紋，車飾，殷後期　　14-44，窠紋，(4/5)，弓形器，殷後期，天理參考館　　14-45，窠紋，(4/5)，弓形器，殷後期
14-46，窠紋，骨柶，殷後期Ⅱ　　14-47，窠紋，方鼎，殷後期Ⅱ，安陽侯家莊

14 - 48

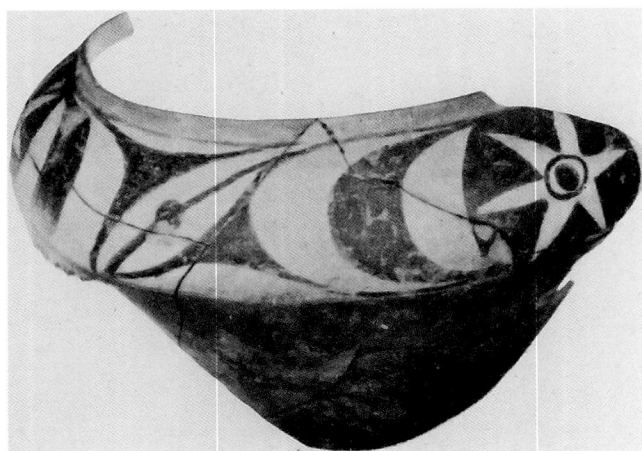

14 - 49

14 - 50

14-48，象枭紋的金文，(原寸)　　14-49，枭紋，陶器，仰韶文化，偃師高崖　　14-50，枭紋，陶器，仰韶文化，鄭州大河村

14 - 51

14 - 54

14 - 52

14 - 55

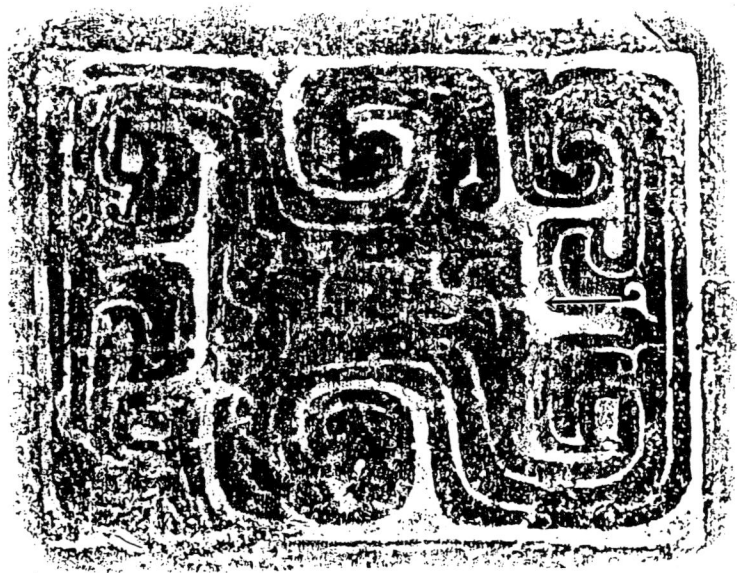

14 - 53

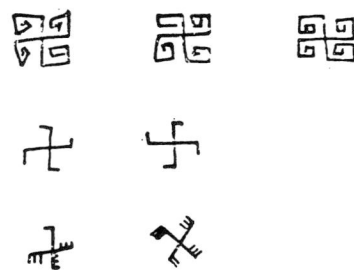

14 - 56

14-51，卍形紋，蚌飾，大約西周Ⅲ，濬縣辛村　　14-52，卍形紋，鐘，西周Ⅱ　　14-53，卍形紋，(4/5)，簋，西周Ⅲ　　14-54，卍形的甲骨文，(原寸)

14-55，卍形紋，陶器，馬廠文化，民和户臺加仁莊　　14-56，卍形符號，陶器，小河沿文化，翁牛特旗石棚山

14 - 57

14 - 58

14 - 61

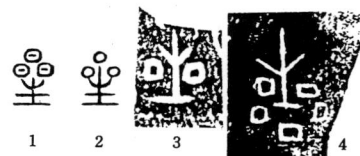

14 - 62

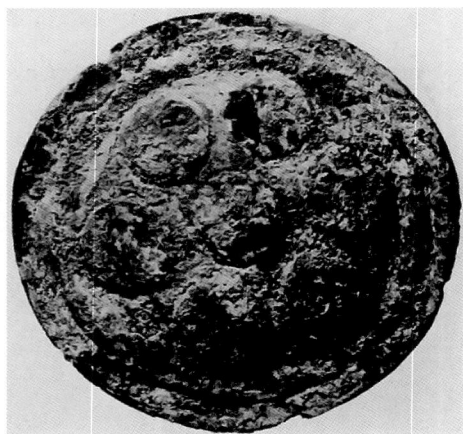

14 - 59

14 - 60

14 - 57，星紋，兕觥，大約殷後期Ⅰ，安陽西北岡　　14 - 58，星紋，(3/5)，瓿，特定地域型，根津美術館　　14 - 59，星紋，金屬裝飾零件，大約殷後期Ⅱ，安陽侯家莊　　14 - 60，星紋，塼，前漢，洛陽燒溝　　14 - 61，星紋，塼，前漢，根津美術館　　14 - 62，篆文、古文、甲骨文星字等，(右二例原寸)

14 - 63

14 - 64

14 - 65

14 - 66

14-63，回字形渦紋，鼎，殷後期Ⅲ　　14-64，回字形渦紋，觶，西周ⅠB　　14-65，回字形渦紋，馬器裝飾，西周　　14-66，甲骨文、古文、篆文回字，(右二例原寸）

14－67

14－68

14－69

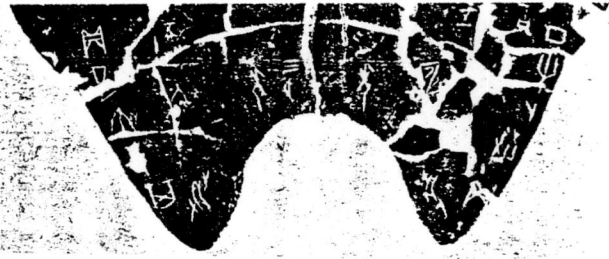

14－70

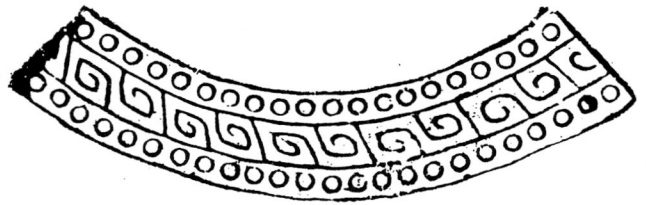

14－71

14－72

14－73

14－74

14－75

14－76

14－77

14－78

14－79

14－67，S形渦紋，陶器，殷中期，鄭州二里岡　　14－68，象S形渦紋的甲骨文，(3/4)　　14－69，象S形渦紋的甲骨文，(原寸)　　14－70，勾連S形渦紋，鬲，殷中期，扶風美陽　　14－71，勾連S形渦紋，鬲，殷中期，岐山京當公社　　14－72，勾連S形渦紋，(4/5)，截頭尊，殷中期，安陽小屯　　14－73，并列S形渦紋，瓿，殷中期，鄭州銘功路西側　　14－74，并列S形渦紋，瓿，殷中期，黃陂盤龍城　　14－75，其他渦紋，瓿，殷中期　　14－76，其他渦紋，方鼎，殷中期Ⅱ，平谷南獨樂河　　14－77，其他渦紋，方鼎，殷中期Ⅱ，平谷南獨樂河　　14－78，其他渦紋，(2/3)，瓿，殷後期Ⅰ，安陽小屯　　14－79，其他渦紋，(3/5)，簋，殷後期Ⅰ

14 - 80

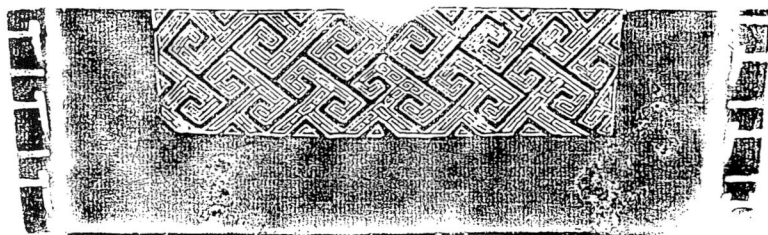

14 - 83

14 - 81

14 - 84

14 - 82

14 - 85

14 - 86

14-80，繭紋，(2/3)，瓿，殷後期Ⅰ，臺北，故宮博物院　14-81，繭紋，(4/5)，瓿，殷後期Ⅰ，臺北，故宮博物院　14-82，繭紋，(2/3)，卣，殷後期Ⅲ B
14-83，繭紋，(1/2)，方鼎，殷後期Ⅲ，東京國立博物館　14-84，繭紋，(原寸)，簋，殷後期Ⅲ A　14-85，繭紋，(2/7)，鼎，西周Ⅰ B，長安西曜村　14-
86，繭紋，(3/5)，鼎，西周Ⅱ A，白鶴美術館

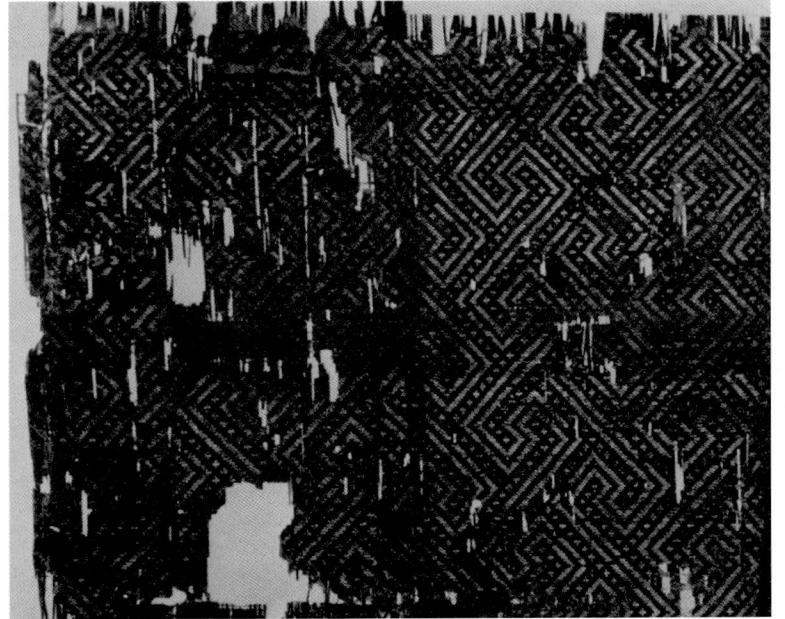

14 - 90

14 - 87

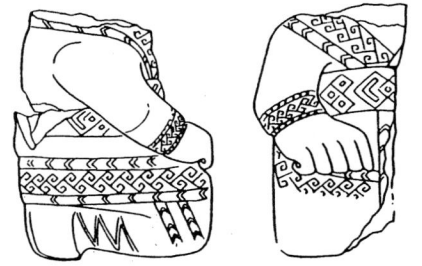

14 - 92

14 - 91

14 - 88

14 - 93

14 - 89

14 - 94

14-87，繭紋，(下原寸)，角，西周Ⅱ，白鶴美術館　14-88，繭紋，鏡，戰國後期　14-89，繭紋，鏡，戰國後期　14-90，繭紋，竹席，戰國中期，江陵望山　14-91，繭紋，塼，前漢　14-92，繭紋，石人，殷後期，安陽侯家莊　14-93，T形渦紋，陶器，殷中期，鄭州二里岡　14-94，从亘的金文，(原寸)

14 - 95

14 - 96

14 - 97

14-95、并列菱形紋、(2/3)、罍、殷後期Ⅲ　　14-96、并列菱形紋、(原寸)、觶、殷後期Ⅲ　　14-97、并列菱形紋、(原寸)、觶形尊、西周ⅡB

14 - 98

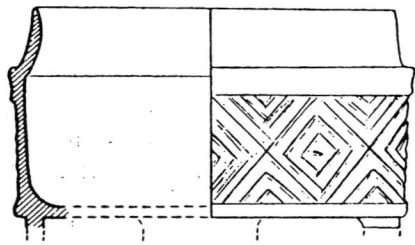

14 - 99

14 - 100

14 - 101

14 - 102

14 - 103

14 - 104

14 - 105

14 - 106

14 - 107

14 - 108

14-98，斜方格紋，陶器，仰韶文化，三門峽市廟底溝　14-99，斜方格紋，陶器，龍山文化，曲埠東魏莊　14-100，斜方格乳紋，陶器，殷中期，鄭州二里崗
14-101，斜方格乳紋，陶器，殷中期，鄭州二里崗　14-102，甲骨文"齊"字　14-103，從雙重菱形的甲骨文字，(原寸)　14-104，菱形加兩隻手的紋飾因素
14-105，菱形的圖像符號，(4/5)　14-106，菱形的圖像符號，(4/5)　14-107，斜方格乳紋，瓿，殷後期Ⅰ　14-108，斜方格乳紋，瓿，殷後期Ⅰ

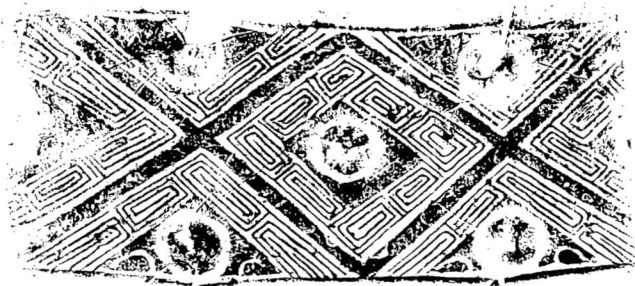

14 - 109

14 - 112

14 - 110

14 - 113

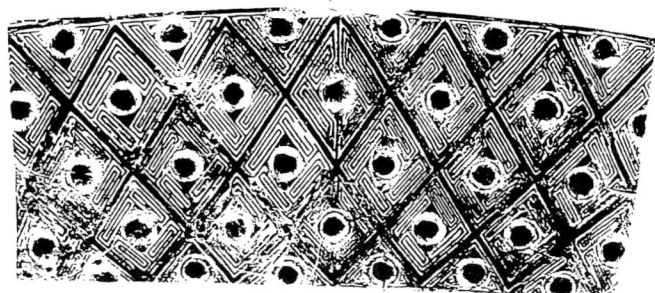

14 - 111

14 - 114

14-109，斜方格乳紋，(3/5)，瓿，殷後期Ⅰ 14-110，斜方格乳紋，(下3/5)，簋，殷後期Ⅰ 14-111，斜方格乳紋，(下1/2)，小型盉，殷後期Ⅱ 14-112，斜方格乳紋，(下1/2)，鼎，殷後期Ⅱ 14-113，斜方格乳紋，鼎，殷後期Ⅱ 14-114，斜方格乳紋，簋，殷後期Ⅱ，The Museum of Far Eastern Antiquities

14-115

14-117

14-116

14-118

14-115，斜方格乳紋，鼎，殷後期Ⅲ A，安陽殷墟西區　14-116，斜方格乳紋，(下 1/2)，小型盉，殷後期Ⅲ　14-117，斜方格乳紋，(下 1/2)，小型盉，殷後期Ⅲ　14-118，斜方格乳紋，小型盉，殷後期Ⅲ

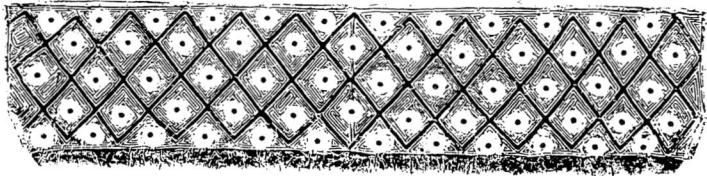

14 - 119

14 - 121

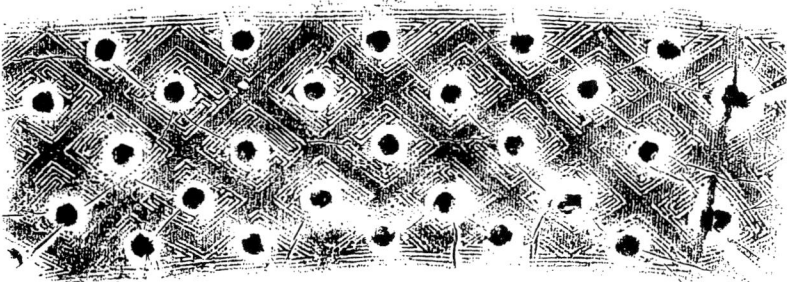

14 - 120

14 - 122

14-119，斜方格乳紋，簋，西周Ⅰ A，上海博物館　　14-120，斜方格乳紋，(1/2)，鼎，西周Ⅰ A　　14-121，斜方格乳紋，(下原寸)，簋，西周Ⅱ A，Musée Royaux d'Arts et d'Histoire. Bruxelles　　14-122，斜方格乳紋，(1/2)，簋，西周Ⅱ A

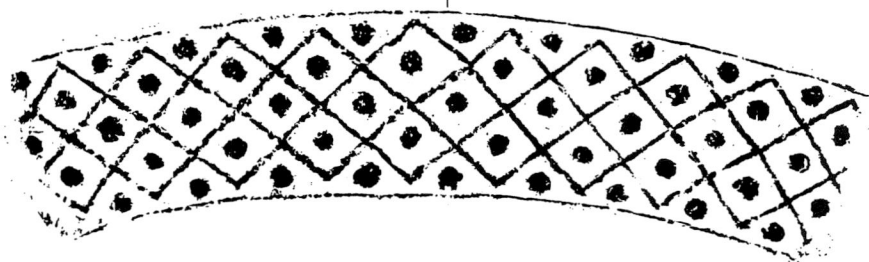

14 - 123

14 - 123，斜方格乳紋，小型盉，西周Ⅱ、長安普渡村

14 - 124

14 - 128

14 - 125

14 - 129

14 - 126

14 - 127

14-124，百乳紋，方鼎，殷中期，鄭州張寨南街　　14-125，百乳紋，方鼎，殷後期Ⅱ，安陽小屯　　14-126，百乳紋，方鼎，殷後期Ⅲ，喀左北洞　14-127，百乳紋，方鼎，西周ⅠA　　14-128，百乳紋，方鼎，西周ⅠB，Courtesy of the Freer Gallery of Art, Smithsonian Institution, Washington D.C.　　14-129，百棘紋，簋，西周ⅠA，Courtesy of the Freer Gallery of Art, Smithsonian Institution, Washington D.C.

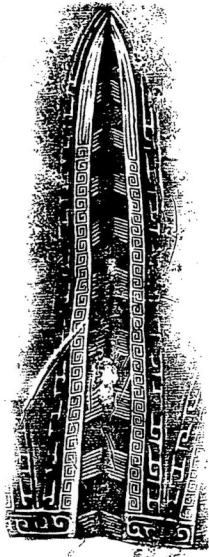

14 - 130

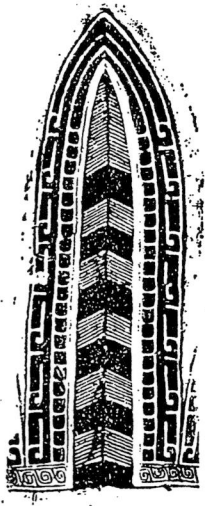

14 - 131

14 - 135

14 - 132

14 - 133

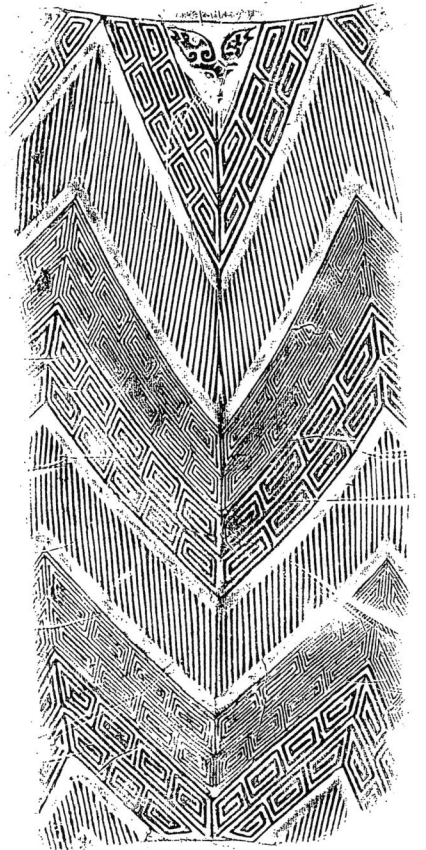

14 - 136

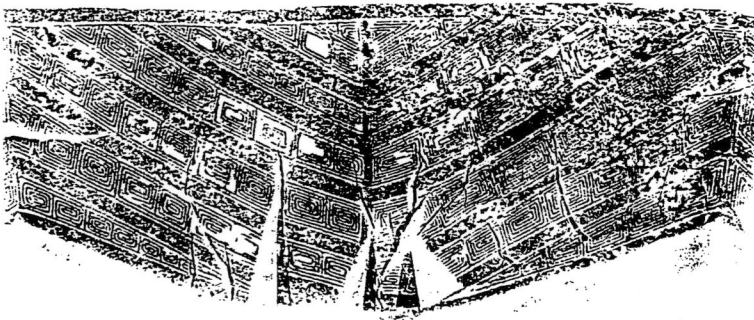

14 - 134

14-130，藻紋，(1/2)，觚，殷後期Ⅱ　　14-131，藻紋，觚，殷後期Ⅲ A，安陽殷墟西區　　14-132，藻紋，白陶，殷後期，安陽侯家莊　　14-133，藻紋，匜，春秋Ⅰ　　14-134，藻紋，(2/3)，鬲鼎，殷後期Ⅰ，Asian Art Museum of San Francisco, Avery Brundage Collection　　14-135，藻紋，壺，西周Ⅱ A，白鶴美術館　14-136，藻紋，(2/5)，壺，西周Ⅱ B

14 - 137

14 - 138

14 - 139

14 - 140

14-137、垂直條紋、簋、西周Ⅰ A，武功柴家嘴　　14-138、垂直條紋、鬲、西周Ⅱ，泉屋博古館，樋口隆康先生攝　　14-139、斜條紋、鬲、西周Ⅱ，黑川古文化研究所，樋口隆康先生攝　　14-140、水平條紋、簋、西周Ⅲ A，扶風齊家村

14 - 141

14 - 141. 橫槽紋, 簋, 西周Ⅲ A, 扶風齊家村

14 - 142

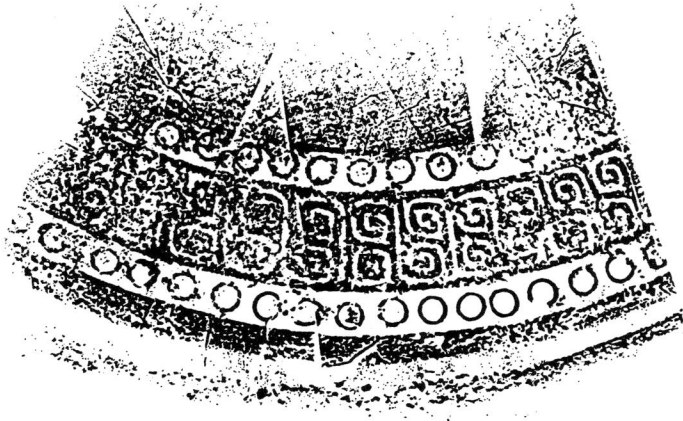

14 - 143

14 - 146

14 - 144

14 - 147

14 - 145

14 - 148

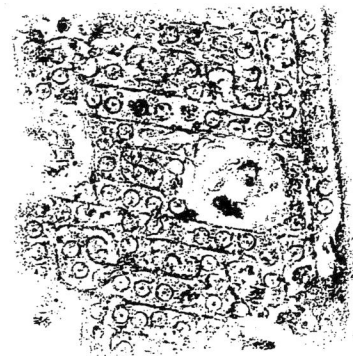

14 - 149

14-142，連珠紋，陶器，殷中期，鄭州二里岡　　14-143，連珠紋，（原寸），斝，殷早期　　14-144，連珠紋，（原寸），盉，殷後期Ⅰ，藤井有鄰館　　14-145，連珠紋，鐘，殷後期Ⅱ　　14-146，連珠紋，鐘，西周Ⅱ　　14-147，連珠紋，（原寸），觶，西周ⅠA　　14-148，連珠紋，鐘，特定地域型　　14-149，連珠紋，（2/5），鉦，特定地域型，The Museum of Far Eastern Antiquities

圖版出處目録

【中文版説明】（本説明與第一卷圖版册相同）

本册所收圖版的來源可以分爲兩種：一種是過去出版的著録書，另一種是林先生通過特殊渠道獲得的照片和拓本。由於兩者的資料性質不同，其書寫格式和本書録入時的處理方法有所不同。在此簡單説明一下具體情況。

一、過去出版的著録書

（1）著録書的信息，我們基本按照正文册的凡例録入，具體格式請參看《殷周青銅器綜覽》中譯本凡例。但爲了盡量明確每個數字的含義，做了一些特殊處理，例如頁碼後加"頁"，圖版編號前加"圖版"或"圖"等。因此有些地方與正文册的凡例不同。

（2）我們在録入著録書信息的過程中發現了日文原版的一些錯誤，例如書的簡稱與"簡稱表"不一致（如"泉新"，日文原版經常寫作"泉續"），誤寫書名（如鼎160"考"，日文原版寫作"文"）、漏寫信息（如盉25"文 1964—4"，日文原版寫作"文，1964"）、錯寫頁碼等。這些錯誤我們徑改，不出校注。

二、林先生通過特殊渠道獲得的照片

（1）這類照片的信息我們無法核對，也往往難以確知其含義。因此，即使有些地方可以看出可能有問題，我們也不加修改，只按原樣録入日文原版的信息。

（2）這種通過特殊渠道獲得的照片和拓本，如果只看名稱，有時難以分辨是書的簡稱還是收藏單位的名稱。因此，爲了讀者使用方便，在此説明林先生使用相關材料的主要來源及其書寫格式。

（a）"京大人文研考古資料"。這當是京都大學人文科學研究所的歷代學者搜集的照片或拓本。在其後面經常交代該器物的收藏單位和登記號，有時候交代該器物的照片見於什麼書。

（b）日本的收藏單位。這種信息只在説明"京大人文研考古資料"的資料來源時出現。收藏單位名稱的後面都有器物的登記號，如鼎32"寧樂美術館，no. 35"等。這些編號的稱呼每家博物館都不同，例如寧樂美術館使用"no."，黑川古文化研究所使用"整理番號"，根津美術館使用"臺帳番號"等。雖然"番號"等詞是日語，但我們保留這種原有的稱呼，没有改成漢語表達。

（c）臺北故宮博物院。這似是林先生於1974年和樋口隆康、松丸道雄兩位先生一起去調查臺北故宮所藏青銅器時獲得的資料（參看本書松丸先生序）。"臺北故宮博物院"後加"BC. ～"、"BK. ～"等登記號，如鼎21"臺北故宮博物院（BC.17）照片"。

（d）歐美的收藏單位。這似是林先生於1977年去調查歐洲所藏商周青銅器時獲得的資料（參看本書後記），没有用斜體表示，而且收藏單位後加登記號的是這一類，如鼎123"Fitzwilliam Museum（Reg. no. 01—1941）照片"。

no. B65B61）

2-22，*Carter*, no. 65

2-23，文 1982—9：83 頁，圖二

2-24，文 1981—8：47 頁，圖四：6

2-25，文 1981—8：47 頁，圖四：1

2-26，考 1965—10：502 頁，圖三，1

2-27，文 1976—2：32 頁，圖三一：3

2-28，考 1979—1：21 頁，圖三，3

2-29，京大人文研考古資料

2-30，歐精：2，142

2-31，文 1976—2：32 頁，圖三一：9

2-32，文 1981—8：47 頁，圖四：5

2-33，文 1982—9：52 頁，圖一五

2-34，文 1976—2：31 頁，圖三〇：1

2-35，文 1976—2：31 頁，圖三〇：3

2-36，文 1976—2：31 頁，圖三〇：7

2-37，丙區：上，插圖五十八：2

2-38，文 1977—12：87 頁，圖一：3

2-39，丙區：上，插圖五十九：1、3

2-40，文 1977—11：7 頁，圖二六、圖二七

2-41，文 1982—9：49 頁，圖二：4、5

2-42，京大人文研考古資料

2-43，文 1982—9：41 頁，圖三一

2-44，武英：21 葉

2-45，日精：2，130

2-46，京大人文研考古資料

2-47，京大人文研考古資料

2-48，京大人文研考古資料

2-49，考 1963—8：416 頁，圖一，3

2-50，報 1981—4：499 頁，圖六，3

2-51，雙吉：上，7 葉

2-52，文 1965—7：28 頁，圖三

2-53，日精：2，105

2-54，十二家：貯，12 葉

2-55，京大人文研考古資料

2-56，殷西區，圖六一，2

2-57，殷西區，圖六一，4

2-58，京大人文研考古資料

2-59，歐精：2，152

2-60，文 1957—11：68 頁，圖九

2-61，京大人文研考古資料

2-62，京大人文研考古資料

2-63，京大人文研考古資料

2-64，京大人文研考古資料

2-65，Sackler Collection 拓本

2-66，Sackler Collection 拓本

2-67，京大人文研考古資料

2-68，京大人文研考古資料

2-69，十二家：尊，17 葉

2-70，十二家：式，4 葉

2-71，Sackler Collection 拓本

2-72，歐精：2，98

2-73，文 1977—9：58 頁，圖一：1

2-74，京大人文研考古資料

2-75，京大人文研考古資料

2-76，文 1979—12：91 頁，圖一〇

2-77，十二家：尊，15 葉

2-78，頌續，圖 1

2-79，十二家：鏡，3 葉

2-80，京大人文研考古資料

2-81，十二家：式，5 葉

2-82，文 1982—9：42 頁，圖三六

2-83，尊古：1，25 葉

2-84，京大人文研考古資料

2-85，文叢 3：29 頁，圖二，3

2-86，京大人文研考古資料

2-87，十二家：居，21 葉

2-88，陝西文管 1957，圖七，1

2-89，京大人文研考古資料

2-90，京大人文研考古資料

2-91，文 1977—9：58 頁，圖一：2

2-92，京大人文研考古資料

2-93，京大人文研考古資料

2-94，頌，19（考釋 12 葉）

2-95，*Carter*, no. 10

2-96，頌續，圖 31

2-97，京大人文研考古資料

2-98，頌續，圖 4

2-99，文 1980—4：43 頁，圖八：3

2-100，文 1978—10：92 頁，圖九

2-101，鄴中初：上，13 葉

2-102，頌，6（考釋 4 葉）

2-103，頌續，圖 5

2-104，文 1976—4：56 頁，圖五九

2-105，文 1979—11：13 頁，圖三：6

2-106，婦好，圖一六，5

2-107，婦好，圖一六，6

2-108，京大人文研考古資料

2-109，京大人文研考古資料

2-110，*Lochow* I，X

2-111，京大人文研考古資料

2-112，武英：22 葉

2-113，殷西區，圖五九，5

2-114，京大人文研考古資料

2-115，京大人文研考古資料

2-116，武英：56 葉

2-213，頌續，圖 68
2-214，文 1955—10：37 頁，圖版十二
2-215，文 1976—2：32 頁，圖三一：12
2-216，丙區：上，插圖五十六：2
2-217，京大人文研考古資料
2-218，京大人文研考古資料
2-219，十二家：貯，6 葉
2-220，Sackler Collection 拓本
2-221，京大人文研考古資料
2-222，殷西區，圖五九，8
2-223，京大人文研考古資料
2-224，Sackler Collection 拓本
2-225，京大人文研考古資料
2-226，京大人文研考古資料
2-227，柉禁，圖版二四，（2）
2-228，京大人文研考古資料
2-229，京大人文研考古資料
2-230，京大人文研考古資料
2-231，紋飾，圖 54
2-232，京大人文研考古資料
2-233，京大人文研考古資料
2-234，京大人文研考古資料
2-235，武英：13 葉
2-236，京大人文研考古資料
2-237，京大人文研考古資料
2-238，京大人文研考古資料
2-239，京大人文研考古資料
2-240，雙吉：上，23 葉
2-241，京大人文研考古資料
2-242，京大人文研考古資料
2-243，京大人文研考古資料
2-244，婦好，圖一四，4
2-245，婦好，圖一三，2
2-246，京大人文研考古資料
2-247，婦好，圖一三，1
2-248，京大人文研考古資料
2-249，京大人文研考古資料
2-250，京大人文研考古資料
2-251，京大人文研考古資料
2-252，京大人文研考古資料
2-253，京大人文研考古資料
2-254，京大人文研考古資料
2-255，京大人文研考古資料
2-256，京大人文研考古資料
2-257，京大人文研考古資料
2-258，京大人文研考古資料
2-259，武英：133 葉
2-260，京大人文研考古資料
2-261，京大人文研考古資料
2-262，京大人文研考古資料
2-263，考與文 1983—5：73 頁，圖二，7
2-264，紋飾，圖 193
2-265，京大人文研考古資料
2-266，京大人文研考古資料
2-267，京大人文研考古資料
2-268，文 1981—1：94 頁，圖三
2-269，*Lochow* *I*，I
2-270，文 1981—1：94 頁，圖四
2-271，武英：15 葉
2-272，京大人文研考古資料
2-273，花紋：5 頁
2-274，京大人文研考古資料
2-275，十二家：鏡，2 葉
2-276，京大人文研考古資料
2-277，文 1972—9：13 頁，圖八
2-278，十二家：式，14 葉
2-279，京大人文研考古資料
2-280，爵形器，插圖二十二：22
2-281，京大人文研考古資料
2-282，使華，Ⅷ
2-283，京大人文研考古資料
2-284，銅花紋，〔6〕
2-285，京大人文研考古資料
2-286，京大人文研考古資料
2-287，京大人文研考古資料
2-288，京大人文研考古資料
2-289，京大人文研考古資料
2-290，婦好，圖一五，2
2-291，京大人文研考古資料
2-292，京大人文研考古資料
2-293，使華，Ⅳ
2-294，京大人文研考古資料
2-295，京大人文研考古資料
2-296，十二家：雙，2 葉
2-297，京大人文研考古資料
2-298，Sackler Collection 拓本
2-299，京大人文研考古資料
2-300，頌，22（考釋 14 葉）
2-301，京大人文研考古資料
2-302，婦好，圖一一，4
2-303，婦好，圖一一，1
2-304，武英：151 葉
2-305，紋飾，圖 165
2-306，京大人文研考古資料
2-307，爵形器，插圖二十二：6
2-308，京大人文研考古資料

2-405，上海，61

2-406，婦好，圖一四，2

2-407，京大人文研考古資料

2-408，京大人文研考古資料

2-409，京大人文研考古資料

2-410，京大人文研考古資料

2-411，京大人文研考古資料

2-412，京大人文研考古資料

2-413，武英：51 葉

2-414，報 1981—4：500 頁，圖七，4、5

2-415，爵形器，插圖二十二：21

2-416，爵形器，插圖二十二：8

2-417，殷西區，圖六三，4

2-418，京大人文研考古資料

2-419，京大人文研考古資料

2-420，京大人文研考古資料

2-421，京大人文研考古資料

2-422，京大人文研考古資料

2-423，文 1982—1：87 頁，圖八

2-424，銅花紋，〔6〕

2-425，京大人文研考古資料

2-426，歐精：2，131

2-427，京大人文研考古資料

2-428，京大人文研考古資料

2-429，Sackler Collection 照片

2-430，京大人文研考古資料

2-431，京大人文研考古資料

2-432，京大人文研考古資料

2-433，日精：2，130

2-434，紋飾，圖 106

2-435，*Lochow* Ⅰ，Ⅶ

2-436，京大人文研考古資料

2-437，京大人文研考古資料

2-438，盂克：10 頁

2-439，京大人文研考古資料

2-440，銅花紋，〔27〕

2-441，雙吉：上，38 葉

2-442，歐精：1，19

2-443，上海，28

2-444，婦好，圖一四，3

2-445，京大人文研考古資料

2-446，日精：2，167

2-447，Sackler Collection 拓本

2-448，*Carter,* no. 7

2-449，京大人文研考古資料

2-450，京大人文研考古資料

2-451，京大人文研考古資料

2-452，京大人文研考古資料

2-453，京大人文研考古資料

2-454，京大人文研考古資料

2-455，*Carter,* no. 60

2-456，京大人文研考古資料

2-457，京大人文研考古資料

2-458，京大人文研考古資料

2-459，京大人文研考古資料

2-460，觚形器，插圖三十八

2-461，京大人文研考古資料

2-462，*Lochow* Ⅰ，Ⅷ

2-463，京大人文研考古資料

2-464，文 1982—9：41 頁，圖二六

2-465，京大人文研考古資料

2-466，京大人文研考古資料

2-467，京大人文研考古資料

2-468，日精：2，136

2-469，京大人文研考古資料

2-470，京大人文研考古資料

2-471，京大人文研考古資料

2-472，京大人文研考古資料

2-473，武英：134 葉

2-474，頌續，圖 26

2-475，甘肅博 1977：109 頁，圖九，3

2-476，京大人文研考古資料

2-477，文 1980—4：43 頁，圖八：1

2-478，京大人文研考古資料

2-479，京大人文研考古資料

2-480，京大人文研考古資料

2-481，婦好，圖一六，3

2-482，十二家：貯，24 葉 *

2-483，Sackler Collection 拓本

2-484，十二家：貯，21 葉

2-485，京大人文研考古資料

2-486，文 1974—11：93 頁，圖一六

2-487，使華，ⅩⅣ

2-488，京大人文研考古資料

2-489，京大人文研考古資料

2-490，京大人文研考古資料

2-491，*Lochow* Ⅰ，Ⅴ

2-492，京大人文研考古資料

2-493，京大人文研考古資料

2-494，京大人文研考古資料

2-495，京大人文研考古資料

2-496，京大人文研考古資料

---

* 譯按："十二家：貯，24 葉"的拓本與本册所收拓本不同，譯者未能查出拓本的確切出處。

2-497，京大人文研考古資料

2-498，京大人文研考古資料

2-499，紋飾，圖 205

2-500，京大人文研考古資料

2-501，文 1979—9：90 頁，圖二

2-502，文 1957—11：68 頁，圖九右

2-503，京大人文研考古資料

2-504，京大人文研考古資料

2-505，京大人文研考古資料

2-506，十二家：居，21 葉

2-507，京大人文研考古資料

2-508，辛村，圖版伍柒，1

2-509，照片：京大人文研考古資料；拓本：*Lochow II*，Ⅶ

2-510，京大人文研考古資料

2-511，Sackler Collection 拓本

2-512，京大人文研考古資料

2-513，京大人文研考古資料

2-514，北組：下，圖版壹玖玖：1

2-515，考與文 1980—2：19 頁，圖三

2-516，京大人文研考古資料

2-517，京大人文研考古資料

2-518，京大人文研考古資料

2-519，京大人文研考古資料

2-520，京大人文研考古資料

2-521，紋飾，圖 203

2-522，京大人文研考古資料

2-523，京大人文研考古資料

2-524，婦好，圖一四，1

2-525，文 1982—2：87 頁，圖二：4

2-526，上海，35

2-527，京大人文研考古資料

2-528，婦好，圖一二，1

2-529，雙吉：上，23 葉

2-530，上海，13

2-531，京大人文研考古資料

2-532，京大人文研考古資料

2-533，京大人文研考古資料

2-534，杕禁，圖版一八，（1）

2-535，京大人文研考古資料

2-536，京大人文研考古資料

2-537，十二家：舊，5 葉

2-538，京大人文研考古資料

2-539，京大人文研考古資料

2-540，京大人文研考古資料

2-541，京大人文研考古資料

2-542，*Carter*, no. 42

2-543，歐精：1，16

2-544，文 1978—5，圖版捌：7

2-545，文 1980—12：91 頁，圖二

2-546，京大人文研考古資料

2-547，紋飾，圖 170

2-548，*Lochow I*，Ⅷ

2-549，京大人文研考古資料

2-550，文 1982—2：87 頁，圖二：2

2-551，京大人文研考古資料

2-552，京大人文研考古資料

2-553，京大人文研考古資料

2-554，銅花紋，〔29〕

2-555，京大人文研考古資料

2-556，紋飾，圖 137

3　犧首

3-1，京大人文研考古資料

3-2，考 1980—3：214 頁，圖四，4

3-3，京大人文研考古資料

3-4，京大人文研考古資料

3-5，京大人文研考古資料

3-6，京大人文研考古資料

3-7，京大人文研考古資料

3-8，京大人文研考古資料

3-9，京大人文研考古資料

3-10，京大人文研考古資料

3-11，京大人文研考古資料

3-12，京大人文研考古資料

3-13，京大人文研考古資料

3-14，京大人文研考古資料

3-15，*Lochow I*，Ⅳ

3-16，京大人文研考古資料

3-17，使華，Ⅲ

3-18，京大人文研考古資料

3-19，京大人文研考古資料

3-20，京大人文研考古資料

3-21，京大人文研考古資料

3-22，京大人文研考古資料

3-23，京大人文研考古資料

3-24，京大人文研考古資料

3-25，京大人文研考古資料

3-26，京大人文研考古資料

3-27，京大人文研考古資料

3-28，京大人文研考古資料

3-29，Sackler Collection 拓本

3-30，京大人文研考古資料

3-31，京大人文研考古資料

3-32，京大人文研考古資料

3-33，十二家：朝，26 葉

3-34，京大人文研考古資料

3-35，京大人文研考古資料

3-36，京大人文研考古資料

3-37，京大人文研考古資料

3-38，The British Museum 照片

3-39，京大人文研考古資料

3-40，京大人文研考古資料

3-41，京大人文研考古資料

3-42，京大人文研考古資料

3-43，京大人文研考古資料

3-44，京大人文研考古資料

3-45，京大人文研考古資料

3-46，京大人文研考古資料

3-47，京大人文研考古資料

3-48，京大人文研考古資料

3-49，京大人文研考古資料

3-50，京大人文研考古資料

3-51，京大人文研考古資料

3-52，京大人文研考古資料

3-53，京大人文研考古資料

3-54，京大人文研考古資料

3-55，京大人文研考古資料

3-56，Fogg Art Museum 照片

3-57，中國美：36 頁，圖版 9

3-58，Minneapolis Institute of Art 照片

3-59，京大人文研考古資料

3-60，*Lochow I*，X

3-61，京大人文研考古資料

3-62，京大人文研考古資料

3-63，武英：52 葉

3-64，京大人文研考古資料

3-65，京大人文研考古資料

3-66，使華，IX

3-67，京大人文研考古資料

3-68，京大人文研考古資料

3-69，京大人文研考古資料

3-70，京大人文研考古資料

3-71，京大人文研考古資料

3-72，京大人文研考古資料

3-73，京大人文研考古資料

3-74，拓本：文 1959—10：84 頁；照片：京大人文研考古資料

3-75，京大人文研考古資料

3-76，十二家：居，11 葉

3-77，京大人文研考古資料

3-78，京大人文研考古資料

3-79，京大人文研考古資料

3-80，銅花紋，〔71〕

3-81，京大人文研照片資料

3-82，壽振黃等 1962，圖版 LXXII，9

3-83，文 1978—5：95 頁，圖四

3-84，京大人文研考古資料

3-85，左：京大人文研考古資料；右：Freer Gallery 照片

3-86，京大人文研考古資料

3-87，京大人文研考古資料

3-88，京大人文研考古資料

3-89，*Bul Coll.* 35

3-90，京大人文研考古資料

3-91，京大人文研考古資料

3-92，辛村，圖版玖壹，3

3-93，京大人文研考古資料（筆者測圖）

3-94，Nelson-Atkins Museum of Art 照片

3-95，京大人文研考古資料

3-96，考 1974—6：365 頁，圖二，2

3-97，京大人文研考古資料

3-98，京大人文研考古資料

3-99，辛村，圖版陸拾，2

3-100，陝二,一四

3-101，京大人文研考古資料

3-102，京大人文研考古資料

3-103，京大人文研照片資料

3-104，考集刊 2：45 頁，圖二

3-105，Sackler Collection 拓本

3-106，考 1981—6：498 頁，圖三，10

3-107，京大人文研考古資料

3-108，京大人文研考古資料

3-109，報 1981—4：499 頁，圖六，5

3-110，京大人文研考古資料

3-111，京大人文研考古資料

3-112，京大人文研考古資料

3-113，京大人文研考古資料

3-114，京大人文研考古資料

3-115，京大人文研考古資料

3-116，京大人文研考古資料

3-117，京大人文研考古資料

3-118，京大人文研考古資料

3-119，University Museum 照片

3-120，University Museum 照片

3-121，京大人文研考古資料

3-122，京大人文研考古資料

3-123，京大人文研考古資料

3-124，京大人文研考古資料

3-125，京大人文研考古資料

3-126，京大人文研考古資料

3-127，筆者攝

3-128，京大人文研考古資料

3-129，京大人文研考古資料

3-130，京大人文研考古資料

3-131，*Trésor*, D39

3-132，京大人文研考古資料

3-133，京大人文研考古資料

3-134，京大人文研考古資料

3-135，St. Louis Art Museum 照片

3-136，京大人文研考古資料

3-137，京大人文研考古資料

3-138，京大人文研考古資料

3-139，京大人文研考古資料

3-140，京大人文研考古資料

3-141，分類，A658

3-142，京大人文研考古資料

3-143，婦好，圖四三，1

3-144，婦好，圖版二六，2[*]

3-145，京大人文研考古資料

3-146，京大人文研考古資料

3-147，Karlgren 1951, Pl.1, c

3-148，新修泉屋：諸器解説，第 34 圖

3-149，京大人文研考古資料

3-150，京大人文研考古資料

3-151，京大人文研考古資料

3-152，甘肅博 1977：109 頁，圖九，2

3-153，京大人文研考古資料

3-154，京大人文研考古資料

3-155，Asian Art Museum of San Francisco 照片

3-156，Fogg Art Museum 照片

3-157，婦好，圖二二

3-158，京大人文研考古資料

3-159，Freer Gallery of Art 照片

3-160，使華，XVII

3-161，京大人文研考古資料

3-162，明信片

3-163，左：京大人文研考古資料；右：文 1961—11，封裏，圖 2

3-164，考 1981—6：498 頁，圖三，2

3-165，京大人文研考古資料

3-166，紋飾，圖 420

3-167，北組：下，圖版貳零壹：4

3-168，歐精：2，145

3-169，京大人文研考古資料

3-170，京大人文研考古資料

3-171，京大人文研考古資料

3-172，京大人文研考古資料

3-173，左：文 1961—11，封面；右：京大人文研考古資料

3-174，拓本：*Carter*, no. 46；照片：京大人文研考古資料

3-175，京大人文研考古資料

3-176，考 1981—6：498 頁，圖三，9

3-177，*Lochow I*，XV

3-178，歐精：2，73

3-179，鄴中三：下，15 葉

3-180，十二家：式，2 葉

3-181，京大人文研考古資料

3-182，Sackler Collection 拓本

3-183，京大人文研考古資料

3-184，武英：71 葉[†]

3-185，京大人文研考古資料

3-186，京大人文研考古資料

3-187，京大人文研考古資料

3-188，京大人文研考古資料

3-189，京大人文研考古資料

3-190，京大人文研考古資料

3-191，武英：86 葉

3-192，京大人文研考古資料

3-193，京大人文研考古資料

3-194，京大人文研考古資料

3-195，十二家：補，2 葉

3-196，陳夢家 1954，圖版拾玖

3-197，左：University Museum 照片；右：京大人文研考古資料

3-198，京大人文研考古資料

3-199，京大人文研考古資料

3-200，京大人文研考古資料

3-201，Asian Art Museum of San Francisco 照片

3-202，京大人文研考古資料

3-203，京大人文研考古資料

3-204，京大人文研考古資料

3-205，京大人文研考古資料

3-206，上海（平凡），50

3-207，京大人文研考古資料

3-208，京大人文研考古資料

3-209，京大人文研考古資料

3-210，京大人文研考古資料

3-211，京大人文研考古資料

3-212，京大人文研考古資料

3-213，京大人文研考古資料

3-214，京大人文研考古資料

3-215，京大人文研考古資料

3-216，京大人文研考古資料

3-217，京大人文研考古資料

3-218，京大人文研考古資料

3-219，京大人文研考古資料

3-220，京大人文研考古資料

---

[*]　譯按：此信息有誤，譯者未能查出照片的確切出處。

[†]　譯按：此信息有誤，譯者未能查出拓本的確切出處。

3-221，京大人文研考古資料

3-222，京大人文研考古資料

3-223，十二家：居，9 葉

3-224，京大人文研考古資料

3-225，中國美：37 頁，圖版 11

3-226，京大人文研考古資料

3-227，京大人文研考古資料

3-228，考 1981—6，498 頁，圖三，8

3-229，盂克：27 頁

3-230，盂克：43 頁

3-231，京大人文研考古資料

3-232，京大人文研考古資料

3-233，京大人文研考古資料

3-234，Seattle Art Museum 照片

3-235，京大人文研考古資料

3-236，京大人文研考古資料

3-237，京大人文研考古資料

3-238，京大人文研考古資料

3-239，京大人文研考古資料

3-240，京大人文研考古資料

3-241，歐精：2，112

3-242，河南吉金，圖 32

3-243，歐精：2，103

3-244，十二家：遐，2 葉

3-245，京大人文研考古資料

3-246，京大人文研考古資料

3-247，文 1976—7：49 頁，圖一；圖版壹

3-248，Freer Gallery of Art 照片

3-249，京大人文研考古資料

3-250，京大人文研考古資料

3-251，京大人文研考古資料

3-252，上海，58

3-253，京大人文研照片資料

3-254，京大人文研考古資料

3-255，Asian Art Museum of San Francisco 照片

3-256，京大人文研考古資料

3-257，The British Museum 照片

3-258，財團法人東京動物園協會照片

3-259，財團法人東京動物園協會照片

3-260，京大人文研照片資料

3-261，*Chinese Exhib,* Pl. 23, 165

3-262，*Art from Ritual,* p. 87, 31

3-263，文 1976—4，圖版叁：4

3-264，京大人文研考古資料

3-265，京大人文研考古資料

3-266，京大人文研考古資料

3-267，京大人文研考古資料

3-268，京大人文研考古資料

3-269，京大人文研考古資料

3-270，京大人文研考古資料

3-271，京大人文研考古資料

3-272，京大人文研考古資料

3-273，Asian Art Museum of San Francisco 照片

3-274，分類，A181

3-275，京大人文研考古資料

3-276，京大人文研考古資料

3-277，Asian Art Museum of San Francisco 照片

3-278，京大人文研考古資料

3-279，京大人文研考古資料

3-280，京大人文研考古資料

3-281，京大人文研考古資料

3-282，京大人文研考古資料

3-283，京大人文研考古資料

3-284，十二家：居，8 葉

3-285，京大人文研考古資料

3-286，灃西，圖版捌伍，8

3-287，分類，A698

3-288，上海，56

3-289，京大人文研考古資料

3-290，京大人文研考古資料

3-291，京大人文研考古資料

3-292，Victoria and Albert Museum 照片

3-293，京大人文研考古資料

3-294，京大人文研考古資料

3-295，京大人文研考古資料

3-296，考 1965—11：545 頁，圖四，5

3-297，京大人文研考古資料

3-298，京大人文研考古資料

3-299，京大人文研考古資料

3-300，京大人文研考古資料

3-301，京大人文研考古資料

3-302，The British Museum 照片

3-303，京大人文研考古資料

3-304，京大人文研考古資料

3-305，武英：49 葉

3-306，京大人文研考古資料

3-307，京大人文研考古資料

3-308，文 1977—8：6 頁，圖一九

3-309，京大人文研考古資料

3-310，Asian Art Museum of San Francisco 照片

3-311，京大人文研考古資料

3-312，京大人文研考古資料

3-313，上海，15

3-314，京大人文研考古資料

3-315，十二家：尊，17 葉

3-316，Asian Art Museum of San Francisco 照片

4-75，侯 M1001：下，圖版貳壹肆：4、1

4-76，文 1982—2：89 頁，圖二：2

4-77，京大人文研考古資料

4-78，京大人文研考古資料

4-79，京大人文研考古資料

4-80，京大人文研考古資料

4-81，張家坡，圖版叄拾，2

4-82，文 1976—5：43 頁，圖三二

4-83，文 1964—7：24 頁，圖一二

4-84，花紋：7 頁[*]

4-85，京大人文研考古資料

4-86，婦好，圖一九，8

4-87，文 1964—7：22 頁，圖八

4-88，京大人文研考古資料

4-89，京大人文研考古資料

4-90，文 1976—2：32 頁，圖三一：1

4-91，考 1964—8：421 頁，圖二

4-92，觚形器，插圖二十三

4-93，京大人文研考古資料

4-94，武英：145 葉

4-95，丙區：上，插圖七十三：2

4-96，紋飾，圖 352

4-97，京大人文研考古資料

4-98，京大人文研考古資料

4-99，京大人文研考古資料

4-100，冠斝：上，35 葉

4-101，武英：137 葉

4-102，頌續，圖 64

4-103，殷西區，圖六二，5

4-104，Sackler Collection 拓本

4-105，京大人文研考古資料

4-106，頌續，圖 65

4-107，京大人文研考古資料

4-108，Sackler Collection 拓本

4-109，京大人文研考古資料

4-110，京大人文研考古資料

4-111，歐精：1，56

4-112，京大人文研考古資料

4-113，京大人文研考古資料

4-114，*Lochow Ⅰ*，ⅩⅦ

4-115，京大人文研考古資料

4-116，京大人文研考古資料

4-117，京大人文研考古資料

4-118，京大人文研考古資料

4-119，京大人文研考古資料

4-120，京大人文研考古資料

4-121，十二家：栔，18 葉

4-122，Freer Gallery of Art 照片

4-123，上海，20

4-124，婦好，圖五五，2

4-125，京大人文研考古資料

4-126，婦好，圖五三，1

4-127，婦好，圖五〇，2

4-128，京大人文研考古資料

4-129，丙區：上，插圖三十：1

4-130，報 1981—4：499 頁，圖六，5

4-131，京大人文研考古資料

4-132，報 1981—4：500 頁，圖七，1

4-133，京大人文研考古資料

4-134，侯 M1004，圖版壹壹叄

4-135，侯 M1004，圖版壹零捌

4-136，使華，Ⅷ

4-137，武英：54 葉

4-138，京大人文研考古資料

4-139，使華，Ⅴ

4-140，十二家：雪，3 葉

4-141，Sackler Collection 拓本

4-142，京大人文研考古資料

4-143，*Carter*, no. 31

4-144，筆者攝

4-145，武英：135 葉

4-146，*Carter*, no. 67

4-147，拓本：日精：2，161；照片：京大人文研考古資料

4-148，報 1981—4：499 頁，圖六，6

4-149，婦好，圖五三，1

4-150，京大人文研考古資料

4-151，京大人文研考古資料

4-152，武英：20 葉

4-153，京大人文研考古資料

4-154，文 1979—12：91 頁，圖九

4-155，婦好，圖五七，1

4-156，婦好，圖一八，1

4-157，京大人文研考古資料

4-158，婦好，圖一八，2

4-159，Sackler Collection 拓本

4-160，京大人文研考古資料

4-161，京大人文研考古資料

4-162，武英：50 葉

4-163，京大人文研考古資料

4-164，十二家：居，30 葉

4-165，使華，ⅩⅡ

4-166，文 1964—4：41 頁，圖一

---

[*]　譯按：此信息有誤，譯者未能查出拓本的確切出處。

5-82，京大人文研考古資料

5-83，Karlgren 1951, Pl. 7, b

5-84，紋飾，圖 61

5-85，青山，12

5-86，*Lochow* Ⅰ，Ⅹ

5-87，京大人文研考古資料

5-88，京大人文研考古資料

5-89，*Lochow* Ⅰ，Ⅳ

5-90，武英：51 葉

5-91，歐精：2，124

5-92，京大人文研考古資料

5-93，京大人文研考古資料

5-94，京大人文研考古資料

5-95，十二家：雪，11 葉

5-96，扶風，圖 36

5-97，文 1978—3：17 頁，圖三一

5-98，十二家：居，2 葉

5-99，武英：147 葉

5-100，京大人文研考古資料

5-101，京大人文研考古資料

5-102，頌續，圖 62

5-103，上海，20

5-104，京大人文研考古資料

5-105，婦好，圖五〇，1

5-106，武英：137 葉

5-107，京大人文研考古資料

5-108，頌續，圖 26

5-109，頌，8（考釋 6 葉）

5-110，京大人文研考古資料

5-111，花紋：4 頁

5-112，京大人文研考古資料

5-113，京大人文研考古資料

5-114，紋飾，圖 57

5-115，京大人文研考古資料

5-116，頌續，圖 62

5-117，京大人文研考古資料

5-118，京大人文研考古資料

5-119，Sackler Collection 拓本

5-120，考 1982—2：140 頁，圖二，3

5-121，河南吉金，圖 3

5-122，京大人文研考古資料

5-123，京大人文研考古資料

5-124，京大人文研考古資料

5-125，殷西區，圖六二，6

5-126，文 1980—12：91 頁，圖三

5-127，歐精：1，16

5-128，歐精：2，93

5-129，京大人文研考古資料

5-130，*Carter*, no. 63

5-131，京大人文研考古資料

5-132，考與文 1980—4：20 頁，圖一八

5-133，京大人文研考古資料

5-134，考 1981—2：122 頁，圖三，2

5-135，京大人文研考古資料

5-136，京大人文研考古資料

5-137，婦好，圖二一

5-138，京大人文研考古資料

5-139，京大人文研考古資料

5-140，京大人文研考古資料

5-141，京大人文研考古資料

5-142，京大人文研考古資料

5-143，京大人文研考古資料

5-144，歐精：2，109

5-145，頌續，圖 74

5-146，京大人文研考古資料

5-147，京大人文研考古資料

5-148，京大人文研考古資料

5-149，雙吉：上，48 葉

5-150，Minneapolis Institute of Art 照片

5-151，京大人文研考古資料

5-152，京大人文研考古資料

5-153，京大人文研考古資料

5-154，京大人文研考古資料

5-155，京大人文研考古資料

5-156，考 1982—2：141 頁，圖四，4

5-157，十二家：雪，9 葉

5-158，三代：13，19 葉

5-159，三代：13，45 葉

5-160，文 1981—9：29 頁，圖一〇：2

5-161，京大人文研考古資料

5-162，黃縣：59 頁

5-163，歐精：1，66

5-164，歐精：1，68

5-165，報 1981—4：499 頁，圖六，7

5-166，報 1981—4：500 頁，圖七，1

5-167，婦好，圖九，2

5-168，武英：135 葉

5-169，京大人文研考古資料

5-170，Sackler Collection 拓本

5-171，京大人文研考古資料

5-172，婦好，圖九，4

5-173，婦好，圖八，2

5-174，京大人文研考古資料

5-175，京大人文研考古資料

5-176，使華，Ⅻ

5-177，京大人文研考古資料

5-274，京大人文研考古資料

5-275，考與文 1980—2：19 頁，圖二

5-276，考 1974—1：2 頁，圖二

5-277，京大人文研考古資料

5-278，Sackler Collection 拓本

5-279，張家坡，圖版貳貳

5-280，盂克：26 頁

5-281，京大人文研考古資料

5-282，文 1977—8：6 頁，圖一六、一七

5-283，京大人文研考古資料

5-284，武英：88 葉

5-285，十二家：絜，26 葉

5-286，日精：2，146

5-287，京大人文研考古資料

5-288，京大人文研考古資料

5-289，京大人文研考古資料

5-290，京大人文研考古資料

5-291，枒禁，圖版八，（2）

5-292，青山，32

5-293，十二家：居，2 葉

5-294，京大人文研考古資料

5-295，安徽文隊 1959，圖九，8

5-296，武英：102 葉

5-297，京大人文研考古資料

5-298，文 1975—8：61 頁，圖五

5-299，*Heusden*, Pl. 33

5-300，上村，圖九，6

5-301，京大人文研考古資料

5-302，文 1979—9：92 頁，圖八

5-303，考與文 1980—4：21 頁，圖一九

5-304，歐精：2，122

5-305，文 1978—11：8 頁，圖九

5-306，京大人文研考古資料

5-307，文 1978—11：8 頁，圖七

5-308，京大人文研考古資料

5-309，文 1976—6：65 頁，圖一六

5-310，十二家：尊，16 葉

5-311，考 1974—6：369 頁，圖六，1

5-312，文 1978—11：8 頁，圖五

5-313，文 1978—4：95 頁，圖四

5-314，京大人文研考古資料

5-315，頌續，圖 45

5-316，考 1965—11：545 頁，圖四，4

5-317，婦好，圖一九，7

5-318，武英：40 葉

5-319，京大人文研考古資料

5-320，京大人文研考古資料

5-321，京大人文研考古資料

5-322，Sackler Collection 拓本

5-323，京大人文研考古資料

5-324，銅花紋，〔67〕

5-325，考 1966—4：219 頁，圖一，3、4

5-326，考 1965—11：545 頁，圖四，4

5-327，上海，66

5-328，文 1981—9：29 頁，圖一〇：1

5-329，京大人文研考古資料

5-330，歐精：1，59

5-331，京大人文研考古資料

5-332，京大人文研考古資料

5-333，文叢 3：42 頁，圖四

5-334，文 1980—4：43 頁，圖八：6

5-335，河南吉金，圖 34

5-336，斷代六，圖版陸

5-337，頌，2（考釋 1 葉）

5-338，京大人文研考古資料

5-339，陝西文管 1957，圖七，3

5-340，*Carter*, no. 27

5-341，上海，58

5-342，京大人文研考古資料

5-343，考 1965—9：447 頁，圖一，1

5-344，文 1979—11：13 頁，圖三：3

5-345，盂克：25 頁

5-346，京大人文研考古資料

5-347，十二家：居，20 葉

5-348，考 1982—2：141 頁，圖四，4

5-349，張家坡，圖版柒，3

5-350，張家坡，圖版貳拾，2

5-351，郭沫若 1957a，圖版伍

5-352，武英：74 葉

5-353，花紋：9 頁

5-354，文 1976—5：44 頁，圖三六

5-355，考與文 1980—4：22 頁，圖二〇，6

5-356，京大人文研考古資料

5-357，京大人文研考古資料

5-358，京大人文研考古資料

5-359，京大人文研考古資料

5-360，京大人文研考古資料

5-361，扶風，圖 7

5-362，*Lochow II*, Ⅷ

5-363，鄴中二：上，16 葉

5-364，鄴中初：上，14 葉

5-365，京大人文研考古資料

5-366，文 1963—3：45 頁，圖二：3

5-367，Sackler Collection 拓本

5-368，京大人文研考古資料

5-369，京大人文研考古資料

5-370，上村，圖八，10

5-371，京大人文研考古資料

5-372，Sackler Collection 拓本

5-373，文 1976—2：33 頁，圖三四

5-374，文 1955—10：36 頁，圖版十一

5-375，The Museum of Far Eastern Antiquities 照片

5-376，日精：3，194

5-377，京大人文研考古資料

5-378，婦好，圖六八，3、4

5-379，婦好，圖六八，1、2

5-380，京大人文研考古資料

5-381，京大人文研考古資料

5-382，京大人文研考古資料

5-383，京大人文研考古資料

5-384，京大人文研考古資料

5-385，京大人文研考古資料

5-386，十二家：貯，14 葉

5-387，歐精：1，41

5-388，十二家：貯，15 葉

5-389，*Carter*, no. 61

5-390，京大人文研考古資料

5-391，*Carter*, no. 70

5-392，文 1982—9：42 頁，圖三五

5-393，*Trésor*, D39

5-394，文 1978—3：18 頁，圖四〇

5-395，京大人文研考古資料

5-396，花紋：7 頁 *

5-397，文 1979—11：14 頁，圖四：1

5-398，京大人文研考古資料

5-399，文 1979—9：92 頁，圖八

5-400，丙區：上，插圖六十一：4

5-401，鄴中三：上，17 葉

5-402，文 1977—9：62 頁，圖九

6　介於龍鳥之間的鬼神

6-1，歐精：2，111

6-2，Nelson-Atkins Museum of Art 照片

6-3，京大人文研考古資料

6-4，斷代三，圖版伍

6-5，京大人文研考古資料

6-6，京大人文研考古資料

6-7，京大人文研考古資料

6-8，紋飾，圖 313

6-9，文 1976—4：56 頁，圖五八

6-10，文 1976—5：44 頁，圖四一

6-11，京大人文研考古資料

6-12，京大人文研考古資料

6-13，雙吉：上，16 葉

6-14，京大人文研考古資料

6-15，紋飾，圖 320

6-16，京大人文研考古資料

6-17，觚形器，插圖二十一

6-18，觚形器，插圖十四

6-19，文 1976—2：32 頁，圖三一：12

6-20，觚形器，插圖二十七

6-21，文 1965—7：26 頁，圖八：2

6-22，青山，24

6-23，京大人文研考古資料

6-24，武英：143 葉

6-25，京大人文研考古資料

6-26，京大人文研考古資料

6-27，京大人文研考古資料

6-28，*Heusden*, Pl. 1

6-29，京大人文研考古資料

6-30，京大人文研考古資料

6-31，使華，XII

6-32，婦好，圖一九，3

6-33，婦好，圖一九，2

6-34，婦好，圖四八，1

6-35，京大人文研考古資料

6-36，京大人文研考古資料

6-37，使華，II

6-38，京大人文研考古資料

6-39，京大人文研考古資料

6-40，京大人文研考古資料

6-41，京大人文研考古資料

6-42，*Lochow* I，II

6-43，京大人文研考古資料

6-44，京大人文研考古資料

6-45，京大人文研考古資料

6-46，京大人文研考古資料

6-47，京大人文研考古資料

6-48，武英：6 葉

6-49，京大人文研考古資料

6-50，*Carter*, no. 76

6-51，京大人文研考古資料

6-52，京大人文研考古資料

6-53，婦好，圖一九，10

6-54，京大人文研考古資料

6-55，京大人文研考古資料

6-56，京大人文研考古資料

6-57，Sackler Collection 拓本

---

*　譯按：此信息有誤，譯者未能查出拓本的確切出處。

6-58，京大人文研考古資料

6-59，京大人文研考古資料

6-60，京大人文研考古資料

6-61，銅花紋，〔33〕

6-62，武英：8 葉

6-63，十二家：居，2 葉

6-64，文 1978—11：2 頁，圖二

6-65，京大人文研考古資料

6-66，京大人文研考古資料

6-67，京大人文研考古資料

6-68，京大人文研考古資料

6-69，京大人文研考古資料

6-70，京大人文研考古資料

6-71，考與文 1980—2：19 頁，圖四

6-72，上海，9

6-73，丙區：上，插圖二十三：1

6-74，京大人文研考古資料

6-75，南組，插圖八

6-76，京大人文研考古資料

6-77，文 1976—2：31 頁，圖三〇：1

6-78，瓠形器，插圖二十三

6-79，輝縣，圖三七，9

6-80，京大人文研考古資料

6-81，*Pillsbury,* Pl. 15, no. 12

6-82，京大人文研考古資料

6-83，頌續，圖 3

6-84，考 1981—2：114 頁，圖四，4

6-85，婦好，圖一九，5

6-86，婦好，圖一九，6

6-87，京大人文研考古資料

6-88，銅花紋，〔6〕

6-89，*Heusden,* Pl. 20

6-90，京大人文研考古資料

6-91，文叢 3：205 頁，圖七

6-92，頌續，圖 72

6-93，*Carter,* no. 21

6-94，京大人文研考古資料

6-95，京大人文研考古資料

6-96，紋飾，圖 574

6-97，文 1955—8：21 頁，圖版七

6-98，京大人文研考古資料

6-99，京大人文研考古資料

6-100，雙吉：上，14 葉

6-101，京大人文研考古資料

6-102，武英：137 葉

6-103，京大人文研考古資料

6-104，京大人文研考古資料

6-105，日精：2，137

6-106，京大人文研考古資料

6-107，京大人文研考古資料

6-108，婦好，圖九，1

6-109，報 1981—4：499 頁，圖六，5

6-110，歐精：1，27

6-111，京大人文研考古資料

6-112，*Lochow II* ，VIII

6-113，京大人文研考古資料

6-114，五十三件，插圖二十八：11

6-115，京大人文研考古資料

6-116，考 1980—3：214 頁，圖四，1

6-117，京大人文研考古資料

6-118，黃縣：112 頁

6-119，紋飾，圖 86

6-120，京大人文研考古資料

6-121，京大人文研考古資料

6-122，京大人文研考古資料

6-123，*Carter,* no. 52

6-124，京大人文研考古資料

6-125，文 1976—6：65 頁，圖一九

6-126，文 1977—11：5 頁，圖七

7　鳳凰

7-1，筆者摹

7-2，Freer Gallery of Art 照片

7-3，京大人文研考古資料

7-4，文 1964—7：12 頁，圖一

7-5，京大人文研考古資料

7-6，雙吉：上，28 葉

7-7，分類，A535

7-8，尊古：2，6 葉

7-9，京大人文研考古資料

7-10，武英：99 葉

7-11，聞宥 1955，第 38 圖

7-12，沂南，圖版 29

7-13，京大人文研考古資料

7-14，尊古：1，32 葉

7-15，京大人文研考古資料

7-16，考 1963—5：239 頁，圖一二，10

7-17，戰國式，圖版四八

7-18，戰國式，圖版九〇

7-19，*White 1939,* Pl. 103a

7-20，劉志遠 1958，74

7-21，鄭作新 1963，圖版一三，44

7-22，望都，圖版九

7-23，鄭作新 1963，圖版一三，43

7-24，Freer Gallery of Art 照片

7-25，*White 1939,* Pl. 98

8-76，京大人文研考古資料

8-77，京大人文研考古資料

8-78，京大人文研考古資料

8-79，京大人文研考古資料

8-80，文 1980—5：63 頁，圖二：2

8-81，京大人文研考古資料

8-82，考 1981—2：128 頁，圖四

8-83，京大人文研考古資料

8-84，Sackler Collection 照片

8-85，婦好，圖二四，1

8-86，婦好，圖二四，4

8-87，京大人文研考古資料

8-88，京大人文研考古資料

8-89，鄴中二：上，35 葉

8-90，京大人文研考古資料

8-91，京大人文研考古資料

8-92，京大人文研考古資料

8-93，陝西文管 1957，圖七，4

8-94，頌續，圖 41

8-95，京大人文研考古資料

8-96，武英：102 葉

8-97，京大人文研考古資料

8-98，京大人文研考古資料

8-99，紋飾，圖 526

8-100，歐精：2，117

8-101，銅花紋，〔86〕

8-102，銅花紋，〔88〕

8-103，歐精：2，137

8-104，武英：48 葉

8-105，京大人文研考古資料

8-106，京大人文研考古資料

8-107，京大人文研考古資料

8-108，京大人文研考古資料

8-109，武英：130 葉

8-110，京大人文研考古資料

8-111，京大人文研考古資料

8-112，張家坡，圖版肆，2

8-113，京大人文研考古資料

8-114，文 1979—11：6 頁，圖九：1、2

8-115，京大人文研考古資料

8-116，紋飾，圖 533

8-117，京大人文研考古資料

8-118，京大人文研考古資料

8-119，文 1963—3：45 頁，圖二：2

8-120，京大人文研考古資料

8-121，京大人文研考古資料

8-122，京大人文研考古資料

8-123，*Lochow* I，XV

8-124，京大人文研考古資料

8-125，京大人文研考古資料

8-126，京大人文研考古資料

8-127，京大人文研考古資料

8-128，杕禁，圖版一五，下

8-129，*Pillsbury,* Pl. 9, no. 8

8-130，京大人文研考古資料

8-131，京大人文研考古資料

8-132，杕禁，圖版一三，（1）

8-133，歐精：1，78

8-134，杕禁，圖版一五，下

8-135，Sackler Collection 拓本

8-136，京大人文研考古資料

8-137，京大人文研考古資料

8-138，Sackler Collection 拓本

8-139，京大人文研考古資料

8-140，京大人文研考古資料

8-141，京大人文研考古資料

8-142，京大人文研考古資料

8-143，京大人文研考古資料

8-144，京大人文研考古資料

8-145，*Carter,* no. 51

8-146，紋飾，圖 537

8-147，婦好，圖二三，4

8-148，鄴中三：上，50 葉

8-149，京大人文研考古資料

8-150，京大人文研考古資料

8-151，紋飾，圖 493

8-152，京大人文研考古資料

9 鳳凰以外的鳥形神

9-1，京大人文研考古資料

9-2，使華，XIII

9-3，京大人文研考古資料

9-4，紋飾，圖 586

9-5，侯 M1001：下，圖版貳壹捌：2

9-6，侯 M1001：下，圖版貳壹捌：1

9-7，京大人文研考古資料

9-8，文 1964—7：12 頁，圖一

9-9，*Lochow* II，VI

9-10，上海，33

9-11，京大人文研考古資料

9-12，京大人文研考古資料

9-13，日精：4，267

9-14，京大人文研考古資料

9-15，十二家：朲，26 葉

9-16，文 1977—9：59 頁，圖三

9-17，考 1981—6：498 頁，圖三，4

10-88，*Trésor*, D39

10-89，Pelliot 1925, Pl. 24, 2

10-90，Pelliot 1925, Pl. 37, 1

10-91，考 1973—3：141 頁，圖一三，3

10-92，廟與三，圖版玖，1

10-93，考 1965—5，圖版伍，3

10-94，侯 M1001：下，圖版玖柒：1

10-95，文 1977—11：2 頁，圖四

10-96，文 1981—8：54 頁，圖二

10-97，京大人文研考古資料

10-98，京大人文研考古資料

10-99，金匱：158 頁

10-100，日精：1，63

10-101，文 1980—4：43 頁，圖八：4

10-102，文 1977—11：5 頁，圖八

10-103，考 1980—1：95 頁，圖一

10-104，南組，插圖九

10-105，京大人文研考古資料

10-106，日精：1，12A

10-107，京大人文研考古資料

10-108，日精：2，128

10-109，京大人文研考古資料

10-110，考 1965—5，圖版伍，1

10-111，報 1960—1：46 頁，圖十九，7

10-112，京大人文研考古資料

10-113，十二家：尊，6 葉

10-114，婦好，圖四八，2

10-115，Sackler Collection 拓本

10-116，京大人文研考古資料

10-117，Sackler Collection 拓本

10-118，觚形器，插圖三十七

10-119，京大人文研考古資料

10-120，十二家：貯，15 葉

10-121，觚形器，插圖三十九

10-122，日精：2，136

10-123，使華，Ⅶ

10-124，鄴中二：上，7 葉

10-125，Sackler Collection 拓本

10-126，紋飾，圖 619

10-127，京大人文研考古資料

10-128，京大人文研考古資料

10-129，考 1981—6：498 頁，圖三，11

10-130，*Trésor*, D39

10-131，花紋：4 頁

10-132，京大人文研考古資料

10-133，安陽，圖版九七，上，1

10-134，京大人文研考古資料

10-135，京大人文研考古資料

10-136，京大人文研考古資料

10-137，京大人文研考古資料

10-138，雙吉：下，13 葉

10-139，上海，15

10-140，Freer Gallery of Art 照片

10-141，古玉初：3，36 葉

10-142，古玉初：3，36 葉

10-143，*Loo 1950*, Pl. 25, no. 7

10-144，考與文 1983—3：49 頁，圖二，2

10-145，考與文 1983—3：50 頁，圖六，2

10-146，河南文博 1980—4：14 頁，圖一

10-147，筆者攝

10-148，*Wermuth und Mertens* 1961, abb. 274[*]

10-149，*Trésor*, D39

10-150，侯 M1001：下，圖版玖肆：2

10-151，侯 M1001：下，圖版壹玖壹：2

10-152，京大人文研考古資料

10-153，歐精：2，159

10-154，拓本：*Lochow Ⅱ*，XI；照片：京大人文研考古資料

10-155，京大人文研考古資料

10-156，京大人文研考古資料

10-157，京大人文研考古資料

10-158，京大人文研考古資料

10-159，京大人文研考古資料

10-160，京大人文研考古資料

10-161，*Pillsbury*, Pl. 20, no. 15

10-162，文 1976—4：53 頁，圖三五

10-163，考 1972—2：36 頁，圖三，2

10-164，婦好，圖八四，6

10-165，辛村，圖版壹零貳，8

10-166，京大人文研考古資料

10-167，*G. Adolf*, Pl. 42, 8

10-168，京大人文研考古資料

10-169，文 1984—6，圖版貳：2

10-170，考 1983—9：482 頁，圖一

10-171，殷玉，圖版 94

11　人形鬼神

11-1，泉屋博古：2 頁

11-2，京大人文研考古資料

11-3，鐵：100 葉，2

11-4，殷墟五號墓，圖一三，1、2

---

[*]　譯按：此書不見於引用文獻目錄，疑是 Wermuth, H., Mertens, R., *Schildkröten, Krokodile, Brückenchsen*, VEB Gustav Fischer Verlag, Jena, 1961。書名的意思是 "龜鼇、鼉鱷、楔齒蜥"。譯者未見。

11-5，左：三代：15，32 葉，5；右：京大人文研考古資料（The British Museum 藏方彝）

11-6，山東，圖版 84

11-7，*Pillsbury*, Pl. 9, no.8

11-8，文 1959—7：65 頁

11-9，*Sonnenschein*, Pl. 63, 8

11-10，*Loo 1950*, Pl. 31, no. 6

11-11，殷墟五號墓，圖一三，3、4

11-12，内蒙古展，14

11-13，甘肅博 1977：120 頁，圖一九，1

11-14，左，*Palmgren*, Pl. 19, 9；右，BMFEA, no. 15, Pl. 187

11-15，京大人文研考古資料

11-16，Freer Gallery of Art 照片

11-17，*Siren*, Pl. 58

11-18，甘肅博 1977，圖版拾叁，1

11-19，Victoria and Albert Museum 照片

11-20，Hentze 1936, Pl. 1, B

11-21，Hentze 1936, Pl. 1, A

11-22，中國美，護封；中國美，43 頁，圖版 43；林 1971，圖一三，1

11-23，文 1955—6：70 頁，圖版四

11-24，考 1958—3，圖版柒，10

11-25，十鐘山房：30，38 葉

11-26，林 1971，圖一三，9

11-27，*Siren*, Pl. 66

11-28，京大人文研考古資料

11-29，*Eumorfopoulos I*, Pl. 66, C

11-30，寶雞展

11-31，Freer Gallery 照片

11-32，文 1959—7：65 頁，右上圖 [*]

11-33，京大人文研考古資料

11-34，京大人文研考古資料

11-35，上村，圖版肆柒；林 1960，圖三

11-36，考 1964—11：592 頁，圖一，5

11-37，考與文 1983—5，圖版柒，1、2

11-38，京大人文研考古資料

12　罔兩類

12-1，文 1976—2，31 頁，圖三〇：11

12-2，文 1955—10：38 頁，圖版十三

12-3，中原文 1984—1：15 頁，圖九：7

12-4，文 1982—9：49 頁，圖二：5

12-5，文 1982—9：49 頁，圖二：3

12-6，京大人文研考古資料

12-7，京大人文研考古資料

12-8，京大人文研考古資料

12-9，武英：141 葉

12-10，侯 M1001：下，圖版貳壹陸：3

12-11，京大人文研考古資料

12-12，Sackler Collection 拓本

12-13，文 1976—6：65 頁，圖二二

12-14，武英：66 葉

12-15，京大人文研考古資料

12-16，上海，58

12-17，京大人文研考古資料

12-18，京大人文研考古資料

12-19，斷代五，圖版玖

12-20，京大人文研考古資料

12-21，文 1978—3：17 頁，圖二六

12-22，京大人文研考古資料

12-23，京大人文研考古資料

12-24，文 1976—5：43 頁，圖三一

12-25，京大人文研考古資料

12-26，京大人文研考古資料

12-27，京大人文研考古資料

12-28，京大人文研考古資料

12-29，武英：88 葉

12-30，文 1977—8：6 頁，圖二〇

12-31，考 1963—12：679 頁，圖一，5

12-32，京大人文研考古資料

12-33，十二家：雪，9 葉

12-34，十二家：居，15 葉

12-35，銅花紋，〔71〕

12-36，文 1981—9：27 頁，圖五：6

12-37，南組，插圖八：3

12-38，考 1979—1：21 頁，圖三，7

12-39，京大人文研考古資料

12-40，婦好，圖八，7

12-41，上海，22

12-42，鄴中三：下，10 葉

12-43，京大人文研考古資料

12-44，京大人文研考古資料

12-45，武英：4 葉

12-46，林 1970，圖一〇，26

12-47，京大人文研考古資料

12-48，京大人文研考古資料

12-49，辛村，圖版伍玖，1

12-50，京大人文研考古資料

12-51，Sackler Collection 拓本

12-52，鄴中三：下，26 葉

12-53，五十三件，插圖三十四

12-54，文 1981—8：55 頁，圖四

12-55，林 1970，圖六，10；圖一〇，17 ～ 21；圖一二，11 ～ 14

---

[*]　譯按：此信息有誤，譯者未能查出這張圖的確切出處。

12-56，文 1976—2：31 頁，圖三〇：12

12-57，丙區：上，插圖二十三：2

12-58，文 1955—10：39 頁，圖版十四

12-59，京大人文研考古資料

12-60，京大人文研考古資料

12-61，Sackler Collection 拓本

12-62，*Carter*, no. 14

12-63，京大人文研考古資料

12-64，京大人文研考古資料

12-65，使華，X

12-66，京大人文研考古資料

12-67，武英：37 葉

12-68，斷代五，圖版玖

12-69，*Carter*, no. 51

12-70，京大人文研考古資料

12-71，辛村，圖版伍捌，3

12-72，京大人文研考古資料

12-73，京大人文研考古資料

12-74，頌續，圖 27

12-75，京大人文研考古資料

12-76，京大人文研考古資料

12-77，京大人文研考古資料

12-78，文 1982—9：86 頁，圖九

12-79，文 1976—2：32 頁，圖三一：11

12-80，京大人文研考古資料

12-81，京大人文研考古資料

12-82，文 1976—5：44 頁，圖四〇

12-83，文 1982—1：87 頁，圖一：3

12-84，京大人文研考古資料

12-85，京大人文研考古資料

12-86，京大人文研考古資料

12-87，京大人文研考古資料

12-88，京大人文研考古資料

12-89，京大人文研考古資料

12-90，武英：130 葉

12-91，三代：2，16 葉，10

12-92，三代：2，25 葉，7

12-93，三代：12，56 葉，8

12-94，右：粹，第 1535 片；左：寧：1，431

12-95，右：京大，2071；左：京大，2505

12-96，京大人文研考古資料

12-97，考 1981—6：498 頁，圖三，1、3

12-98，京大人文研考古資料

12-99，京大人文研考古資料

12-100，甘肅博 1977：109 頁，圖九，1

12-101，二里岡，圖叄壹，9

12-102，歐精：2，102

12-103，侯 M1001：下，圖版貳壹零：6

12-104，*Pillsbury*, Pl. 14, fig. 13

12-105，頌續，圖 64

12-106，婦好，圖八，8

12-107，京大人文研考古資料

12-108，京大人文研考古資料

12-109，京大人文研考古資料

12-110，京大人文研考古資料

12-111，殷西區，圖六三，6

12-112，拓本：日精：2，137；照片：京大人文研考古資料

12-113，武英：133 葉

12-114，歐精：1，22

12-115，Sackler Collection 拓本

12-116，*Wessén*, Pl. 33

12-117，十二家：居，2 葉

12-118，林 1970，圖一一，9 ～ 12

12-119，輝縣，圖三七，4；圖三七，5

12-120，京大人文研考古資料

12-121，文 1955—10：35 頁，圖版九

12-122，京大人文研考古資料

12-123，京大人文研考古資料

12-124，文 1955—10：32 頁，圖版五

12-125，丙區：上，插圖五十八：1

12-126，京大人文研考古資料

12-127，京大人文研考古資料

12-128，武英：76 葉

12-129，十二家：居，11 葉

12-130，京大人文研考古資料

12-131，京大人文研考古資料

12-132，京大人文研考古資料

12-133，京大人文研考古資料

12-134，京大人文研考古資料

12-135，花紋：8 頁

12-136，上村，圖八，5

12-137，雙吉：上，8 葉

12-138，文 1981—9：27 頁，圖五：5

12-139，十二家：雪，11 葉

12-140，頌續，圖 42

12-141，考 1982—2：141 頁，圖四，9

12-142，文 1976—5：44 頁，圖四二

12-143，京大人文研考古資料

12-144，武英：103 葉

12-145，考與文 1980—4：17 頁，圖一二，2

12-146，頌續，圖 48

12-147，京大人文研考古資料

12-148，文 1974—11：89 頁，圖二二

12-149，侯 M1001：下，圖版貳壹玖：10

12-150，録遺，209

12-151，Nelson-Atkins Museum of Art 照片

12-152，船棺，插圖 51，6

13　亞動物紋

13-94，考 1976—1：33 頁，圖四，5

13-95，Sackler Collection 拓本

13-96，京大人文研考古資料

13-97，雙吉：上，29 葉

13-98，斷代五，圖版玖

13-99，歐精：1，64

13-100，上海，43

13-101，京大人文研考古資料

13-102，陝西文管 1957，圖五，2

13-103，京大人文研考古資料

13-104，京大人文研考古資料

13-105，文 1980—9：4 頁，圖七：1

13-106，花紋：9 頁

13-107，文 1976—6：59 頁，圖二五

13-108，文 1955—10：34 頁，圖版八

13-109，輝縣，圖三七，8

13-110，文 1976—2：31 頁，圖三〇：8

13-111，文 1976—2：32 頁，圖三一：2

13-112，頌，10（考釋 6 葉）

13-113，武英：100 葉

13-114，京大人文研考古資料

13-115，京大人文研考古資料

13-116，十二家：居，6 葉

13-117，文 1981—9：25 頁，圖二：3

13-118，京大人文研考古資料

13-119，京大人文研考古資料

13-120，十二家：補，2 葉

13-121，京大人文研考古資料

13-122，頌續，圖 48

13-123，考 1982—2：141 頁，圖四，10、11

13-124，十二家：居，9 葉

13-125，頌續，圖 27

13-126，頌續，圖 15

13-127，考 1981—2：129 頁，圖三，2

13-128，京大人文研考古資料

13-129，京大人文研考古資料

13-130，京大人文研考古資料

13-131，巖：上，9 葉

13-132，文 1982—9：84 頁，圖四

13-133，Sackler Collection 拓本

13-134，考 1965—11：545 頁，圖四，5

13-135，京大人文研考古資料

13-136，文 1981—9：29 頁，圖一〇：3

13-137，京大人文研考古資料

13-138，十二家：雪，9 葉

13-139，文 1979—4：91 頁，圖五

13-140，雙吉：上，20 葉

13-141，京大人文研考古資料

13-142，上村，圖九，7

13-143，十二家：遐，8 葉

13-144，文 1982—12：48 頁，圖二：4

13-145，十二家：絜，26 葉

13-146，十二家：絜，26 葉 *

13-147，武英：99 葉

13-148，京大人文研考古資料

13-149，文 1982—12：44 頁，圖五

13-150，頌續，圖 47

13-151，京大人文研考古資料

13-152，考 1963—12：679 頁，圖一，3

13-153，武英：87 葉

13-154，京大人文研考古資料

13-155，京大人文研考古資料

13-156，十二家：居，11 葉

13-157，京大人文研考古資料

13-158，紋飾，圖 421

13-159，京大人文研考古資料

13-160，京大人文研考古資料

13-161，文 1964—7：23 頁，圖一一

13-162，雙吉：上，20 葉

13-163，考與文 1980—4：22 頁，圖二〇，2

13-164，文 1976—5：44 頁，圖三九

13-165，十二家：居，11 葉

13-166，紋飾，圖 846、848

13-167，張家坡，圖版叁拾，1

13-168，京大人文研考古資料

13-169，文 1982—12：53 頁，圖四

13-170，京大人文研考古資料

13-171，文 1976—5：44 頁，圖三三

13-172，文 1978—11：8 頁，圖八

13-173，京大人文研考古資料

13-174，上村，圖八，7

13-175，京大人文研考古資料

13-176，京大人文研考古資料

13-177，武英：86 葉

13-178，文 1976—5：44 頁，圖三八

13-179，京大人文研考古資料

13-180，紋飾，圖 882

13-181，京大人文研考古資料

13-182，考與文 1980—4：22 頁，圖二〇，3

13-183，文 1982—12：55 頁，圖一一

13-184，銅花紋，〔71〕

13-185，黄縣，62 頁

---

* 譯按：此信息有誤。看圖版，似是林先生或其他學者拍攝的照片。

14　幾何紋

---

* 譯按：此信息有誤，譯者未能查出拓本的確切出處。

14-32，京大人文研考古資料

14-33，京大人文研考古資料

14-34，丙區：上，插圖五十九：2

14-35，丙區：上，插圖七十七：1

14-36，京大人文研考古資料

14-37，京大人文研考古資料

14-38，辛村，圖版伍陸，4

14-39，婦好，圖八，5

14-40，侯 M1001：下，圖版貳壹玖：3

14-41，京大人文研考古資料

14-42，鄴中二：下，5 葉

14-43，鄴中二：下，6 葉

14-44，京大人文研考古資料

14-45，京大人文研考古資料

14-46，安陽，圖版八三，1

14-47，侯 M1004，圖版壹壹叁

14-48，夢郼：上，23 葉

14-49，考 1964—1，圖版伍，21

14-50，文 1983—8：53 頁，圖三；52 頁，圖一

14-51，辛村，圖版伍壹，6

14-52，尊古：1，2 葉

14-53，十二家：雪，9 葉

14-54，乙 8518；林：2，26，4

14-55，青海彩陶，圖版 84、85

14-56，二次年會：150 頁，圖七

14-57，五十三件，插圖二十八：14

14-58，京大人文研考古資料

14-59，侯 M1001：下，圖版貳伍壹：9

14-60，燒溝，圖四六，6

14-61，林 1969，圖一，1

14-62，（1）（2）《說文》；（3）乙 1877；（4）前：7，26，3

14-63，雙古：上，3 葉

14-64，文 1984—6，圖版叁：2

14-65，京大人文研考古資料

14-66，（1）前：5，5，2；（2）錄遺，220.1*；（3）（4）《說文》

14-67，安志敏 1954：104 頁，圖 11，14

14-68，乙 7009

14-69，前：2，21，2

14-70，文 1978—10：92 頁，圖五

14-71，文 1977—12：87 頁，圖一：5

14-72，丙區：上，插圖二十三：4

14-73，考 1965—10：502 頁，圖三，1

14-74，文 1976—2：32 頁，圖三一：13

14-75，紋飾，圖 895

14-76，文 1977—11：7 頁，圖二一、二二

14-77，文 1977—11：7 頁，圖二三

14-78，丙區：上，插圖七十三：4

14-79，京大人文研考古資料

14-80，武英：145 葉

14-81，武英：143 葉

14-82，京大人文研考古資料

14-83，京大人文研考古資料

14-84，雙吉：上，19 葉

14-85，京大人文研考古資料

14-86，京大人文研考古資料

14-87，京大人文研考古資料

14-88，漢以前，圖版九，4

14-89，林 1969，圖一六，3

14-90，出土文物展，23

14-91，河南空心磚，42

14-92，*Beginning*, fig. 6, a

14-93，安志敏 1954：103 頁，圖 10，9

14-94，三代：12，34 葉；三代：12，25 葉；三代：9，33 葉，2

14-95，京大人文研考古資料

14-96，十二家：雪，14 葉

14-97，京大人文研考古資料

14-98，廟與三，圖版拾陸，3

14-99，考 1965—12：604 頁，圖六，4

14-100，安志敏 1954：103 頁，圖 10，4

14-101，安志敏 1954：104 頁，圖 11，17

14-102，林 1969，圖一三，2、3

14-103，前：5，15，1

14-104，新修泉屋：諸器解說，第 36 圖

14-105，續殷存：下，71 葉

14-106，三代：5，16 葉，2

14-107，五十三件，圖版貳零

14-108，五十三件，圖版貳壹

14-109，京大人文研考古資料

14-110，京大人文研考古資料

14-111，*Lochow I*, X

14-112，京大人文研考古資料

14-113，鄴中三：上，11 葉

14-114，京大人文研考古資料

14-115，殷西區，圖五九，2

14-116，京大人文研考古資料

14-117，京大人文研考古資料

14-118，*Leth*, no. 15

14-119，上海，33

14-120，京大人文研考古資料

14-121，京大人文研考古資料

14-122，京大人文研考古資料

14-123，拓本：花紋：4 頁；照片：陝西，圖六

---

* 譯按：此信息有誤，譯者未能查出拓本的確切出處。

13-186，雙吉：上，8 葉

13-187，上村，圖九，3

13-188，京大人文研考古資料

13-189，京大人文研考古資料

13-190，文 1976—6：52 頁，圖五

13-191，考與文 1980—4：14 頁，圖九，8

13-192，京大人文研考古資料

13-193，武英：87 葉

13-194，武英：103 葉

13-195，花紋：3 頁

13-196，京大人文研考古資料

13-197，銅花紋，〔71〕

13-198，考 1965—7：372 頁，圖二，3

13-199，考 1982—2：141 頁，圖四，2

13-200，上村，圖八，9

13-201，上海，66

13-202，京大人文研考古資料

13-203，文 1978—11：8 頁，圖四

13-204，考 1981—2：129 頁，圖三，3

13-205，考 1965—11：544 頁，圖三，6

13-206，林 1969，圖三，2

13-207，花紋：13 頁[*]

13-208，文 1972—5：5 頁，圖七

13-209，京大人文研考古資料

13-210，Sackler Collection 拓本

13-211，武英：99 葉

13-212，京大人文研考古資料

13-213，京大人文研考古資料

13-214，京大人文研考古資料

13-215，京大人文研考古資料

13-216，武英：87 葉

13-217，頌續，圖 19

13-218，頌續，圖 42

13-219，京大人文研考古資料

13-220，盂克：25 頁

13-221，頌續，圖 20

13-222，考 1963—12：681 頁，圖一

13-223，京大人文研考古資料

13-224，京大人文研考古資料

13-225，京大人文研考古資料

13-226，紋飾，圖 832

13-227，考 1965—7：372 頁，圖二，5

13-228，京大人文研考古資料

13-229，上村，圖九，5

13-230，京大人文研考古資料

13-231，武英：105 葉

13-232，考與文 1980—4：17 頁，圖一二，1

13-233，歐精：2，135

13-234，*Lochow* I，I

13-235，京大人文研考古資料

13-236，京大人文研考古資料

13-237，Sackler Collection 拓本

13-238，陝西文管 1957，圖三、四

13-239，文 1974—11：87 頁，圖六、七

13-240，京大人文研考古資料

13-241，文 1975—8：62 頁，圖八

13-242，京大人文研考古資料

13-243，京大人文研考古資料

13-244，考與文 1980—4：15 頁，圖一〇

14　幾何紋

14-1，二里岡，圖叁壹，9

14-2，文 1955—10：37 頁，圖版十二

14-3，小屯·陶器，圖版伍拾貳，23

14-4，Karlgren 1945, Pl. 21, 111

14-5，三代：6，49 葉，2；三代：9，33 葉，2

14-6，美全：1，彩版八

14-7，文 1976—2：31 頁，圖三〇：13

14-8，文叢 3：34 頁，圖五，6

14-9，京大人文研考古資料

14-10，京大人文研考古資料

14-11，上海，22

14-12，京大人文研考古資料

14-13，辛村，圖版伍陸，1

14-14，文 1977—12：30 頁，圖三一

14-15，文 1976—6：65 頁，圖一八

14-16，文 1978—3：18 頁，圖三六

14-17，文 1977—11：5 頁，圖七

14-18，郭沫若 1957a，圖版貳，I

14-19，郭沫若 1957a，圖版五

14-20，京大人文研考古資料

14-21，文 1977—8：6 頁，圖一九

14-22，考 1981—2：129 頁，圖三

14-23，京大人文研考古資料

14-24，Sackler Collection 拓本

14-25，文 1977—12：31 頁，圖四四

14-26，文 1977—12：31 頁，圖四一

14-27，武英：69 葉

14-28，十二家：契，19 葉

14-29，京大人文研考古資料

14-30，Sackler Collection 拓本

14-31，陝西文管 1957，圖五，1

---

[*]　譯按：此信息有誤，譯者未能查出拓本的確切出處。

14-32，京大人文研考古資料

14-33，京大人文研考古資料

14-34，丙區：上，插圖五十九：2

14-35，丙區：上，插圖七十七：1

14-36，京大人文研考古資料

14-37，京大人文研考古資料

14-38，辛村，圖版伍陸，4

14-39，婦好，圖八，5

14-40，侯 M1001：下，圖版貳壹玖：3

14-41，京大人文研考古資料

14-42，鄴中二：下，5 葉

14-43，鄴中二：下，6 葉

14-44，京大人文研考古資料

14-45，京大人文研考古資料

14-46，安陽，圖版八三，1

14-47，侯 M1004，圖版壹壹叁

14-48，夢郼：上，23 葉

14-49，考 1964—1，圖版伍，21

14-50，文 1983—8：53 頁，圖三；52 頁，圖一

14-51，辛村，圖版伍壹，6

14-52，尊古：1，2 葉

14-53，十二家：雪，9 葉

14-54，乙 8518；林：2，26，4

14-55，青海彩陶，圖版84、85

14-56，二次年會：150 頁，圖七

14-57，五十三件，插圖二十八：14

14-58，京大人文研考古資料

14-59，侯 M1001：下，圖版貳伍壹：9

14-60，燒溝，圖四六，6

14-61，林 1969，圖一，1

14-62，（1）（2）《説文》；（3）乙 1877；（4）前：7，26，3

14-63，雙古：上，3 葉

14-64，文 1984—6，圖版叁：2

14-65，京大人文研考古資料

14-66，（1）前：5，5，2；（2）録遺，220.1[*]；（3）（4）《説文》

14-67，安志敏 1954：104 頁，圖 11，14

14-68，乙 7009

14-69，前：2，21，2

14-70，文 1978—10：92 頁，圖五

14-71，文 1977—12：87 頁，圖一：5

14-72，丙區：上，插圖二十三：4

14-73，考 1965—10：502 頁，圖三，1

14-74，文 1976—2：32 頁，圖三一：13

14-75，紋飾，圖895

14-76，文 1977—11：7 頁，圖二一、二二

14-77，文 1977—11：7 頁，圖二三

14-78，丙區：上，插圖七十三：4

14-79，京大人文研考古資料

14-80，武英：145 葉

14-81，武英：143 葉

14-82，京大人文研考古資料

14-83，京大人文研考古資料

14-84，雙吉：上，19 葉

14-85，京大人文研考古資料

14-86，京大人文研考古資料

14-87，京大人文研考古資料

14-88，漢以前，圖版九，4

14-89，林 1969，圖一六，3

14-90，出土文物展，23

14-91，河南空心磚，42

14-92，*Beginning*, fig. 6, a

14-93，安志敏 1954：103 頁，圖 10，9

14-94，三代：12，34 葉；三代：12，25 葉；三代：9，33 葉，2

14-95，京大人文研考古資料

14-96，十二家：雪，14 葉

14-97，京大人文研考古資料

14-98，廟與三，圖版拾陸，3

14-99，考 1965—12：604 頁，圖六，4

14-100，安志敏 1954：103 頁，圖 10，4

14-101，安志敏 1954：104 頁，圖 11，17

14-102，林 1969，圖一三，2、3

14-103，前：5，15，1

14-104，新修泉屋：諸器解説，第36圖

14-105，續殷存：下，71 葉

14-106，三代：5，16 葉，2

14-107，五十三件，圖版貳零

14-108，五十三件，圖版貳壹

14-109，京大人文研考古資料

14-110，京大人文研考古資料

14-111，*Lochow I*，X

14-112，京大人文研考古資料

14-113，鄴中三：上，11 葉

14-114，京大人文研考古資料

14-115，殷西區，圖五九，2

14-116，京大人文研考古資料

14-117，京大人文研考古資料

14-118，*Leth,* no. 15

14-119，上海，33

14-120，京大人文研考古資料

14-121，京大人文研考古資料

14-122，京大人文研考古資料

14-123，拓本：花紋：4 頁；照片：陜西，圖六

---

* 　譯按：此信息有誤，譯者未能查出拓本的確切出處。

14-124，文 1975—6，圖版壹

14-125，婦好，彩版一

14-126，考 1974—6，圖版柒，3

14-127，*Lochow Ⅰ*，Ⅵ

14-128，*Freer C. B.*, no. 34

14-129，*Freer C. B.*, no. 66

14-130，京大人文研考古資料

14-131，殷西區，圖六二，4

14-132，侯 M1217，圖版玖貳：5

14-133，*Loo 1924*, Pl. 17

14-134，京大人文研考古資料

14-135，京大人文研考古資料

14-136，京大人文研考古資料

14-137，文 1963—3，圖版伍：3

14-138，京大人文研考古資料

14-139，京大人文研考古資料

14-140，扶風，圖 17

14-141，扶風，圖 10

14-142，安志敏 1954：103 頁，圖 10，12

14-143，京大人文研考古資料

14-144，紋飾，圖 891

14-145，泉：3，第 121 圖

14-146，京大人文研考古資料

14-147，頌續，圖 75

14-148，*Lochow Ⅰ*，Ⅰ [*]

---

[*]　譯按：圖 14—148 與 *Lochow Ⅰ*，Ⅰ 所收圖版似不一致。另外，本卷收錄圖 14—149，但沒有交代出處。